# XINMEITI ZHENGHE YINGXIAO CHUANBO
# 新媒体整合营销传播

主编 张敏 许焕 张国军

南京大学出版社

# 前　言

　　整合营销传播是20世纪90年代以来，在市场营销和营销传播领域兴起的一种新型观念，其理论基础随着经济的发展与市场的转型而不断发展。与此同时，近三十年来，以新媒体为代表的新兴技术不断突破，传播方式不断创新和衍生。有关新媒体的研究也逐渐形成了一定的规模，并逐渐渗透到整合营销传播理论的研究范畴，推动着整合营销传播理论不断向前发展，逐渐形成了"新媒体整合营销"这一新兴理论体系。

　　与其他营销传播模式一样，新媒体整合营销作为一种极具实用价值的营销传播模式，其发展基本上遵循着这样一个过程：实践先行—认识深化—理论建构。

　　就理论形态而言，新媒体整合营销传播的理论体系虽然受到了一定的认同，但并未形成系统性的理论认识。在我国，新媒体整合营销传播一直处在探索阶段，迄今为止还没有产生较为深入系统的研究成果。加之新媒体传播和整合营销理论发展周期比较短，与其相应的各种关联因素比较复杂，因此，新媒体整合营销传播虽然受到了业界的普遍认同，但是作为一种理论形态的建设却显得很不充分。

　　互联网与新媒体的出现及不断发展，使企业在整合营销传播过程中可使用的手段变得更加多样化，并增强了企业与消费者之间的互动性，这使得传播效果在一定程度上得到了优化。此外，新媒体与大数据的运用使得营销传播体系发生变革并得以重构，消费者注意力的高度分散主要由于传播主体的无限增多和传播内容的激增，为互动式整合营销传播提供了新的推动力。因此，"大数据新媒体"背景下，企业在整合营销传播时要善于利用大数据进行数据分析，把握消费者行为趋势，整合新媒体、新的传播资源，以达到更优的传播效果，要坚持数据先行、内容为王、渠道制胜，而这也应该成为我们审视整合营销传播理论体系的主要视角。

　　因此，本教材的编写思路在于：注重社会主义核心价值观的融入，紧扣营销主题对整合营销传播领域加以研究和阐述，以"互联网大数据"和新媒体为背景，突出以顾客为中心的营销理念和由顾客到企业的问题导向，以确保企业整合营销传播工作对其品牌关系和品牌资产价值的贡献度最大化。教材分为"背景""理论""实践"以及"管理"四个部分，包括13章，对"互联网大数据"和新媒体背景下整合营销传播的基本原理、理论、方法进行全面、深入的介绍和分析，并能够突出财经类本科院校的特点与人才培养的需要。

　　背景篇，分别介绍了新媒体整合营销传播概述、移动互联时代的用户体验与营销传播等内容；理论篇，分别介绍了新媒体背景下的营销传播理论、新媒体背景下的品牌接触点管理、新媒体背景下的品牌传播战略等内容;实践篇,分别介绍了流量营销与整合营销传播、自媒体平台与整合营销传播、视频网站与整合营销传播、门户网站与整合营销传播、社交媒体平台与整合营销传播、网络直播平台与整合营销传播等内容;管理篇,重点介绍了新媒体背景下整合营销传播战略管理以及新媒体背景下整合营销传播组织与控制等内容。

本书由张敏、许焕、张国军编著,其中,张敏博士负责全书的框架结构设计和统稿工作,并承担了第六、十、十一、十二和十三章的编写;许焕博士承担了第一、二、三、四、五和七章的编写;张国军博士承担了第八、第九章的编写。同时,南京财经大学企业管理专业的硕士研究生孙宝成、吴欣洋、赵晓贞、尤婷婷等为本书的资料收集和整理做了大量工作。在各位编写者完成各章初稿后,张敏、许焕进行了系统的修改和统稿工作。

本书的编辑出版,得到了南京财经大学市场营销校级以及国家级一流本科专业和南京大学出版社的大力支持。对此,我们表示诚挚的谢意!

本书既适用于工商管理类和新闻传播类的老师和学生,又适用于企业界从事整合营销传播实践的朋友阅读。由于水平有限,书中定有许多不足之处,恳请广大读者批评指正。

张　敏　许　焕　张国军

2023 年 11 月

# 目 录

## 第一篇 背 景

第一章　新媒体整合营销传播概述……………………………………………………1
第二章　移动互联时代的用户体验与营销传播………………………………………18

## 第二篇 理 论

第三章　新媒体背景下的营销传播理论………………………………………………34
第四章　新媒体背景下的品牌接触点管理……………………………………………49
第五章　新媒体背景下的品牌传播战略………………………………………………62

## 第三篇 实 践

第六章　流量营销与整合营销传播……………………………………………………76
第七章　自媒体平台与整合营销传播…………………………………………………98
第八章　视频网站与整合营销传播……………………………………………………110
第九章　门户网站与整合营销传播……………………………………………………122
第十章　社交媒体平台与整合营销传播………………………………………………136
第十一章　网络直播平台与整合营销传播……………………………………………149

## 第四篇 管 理

第十二章 新媒体背景下整合营销传播战略管理……………………………… 162

第十三章 新媒体背景下整合营销传播组织与控制……………………………… 185

参考文献 ……………………………………………………………………………… 205

# 第一篇 背 景

# 第一章 新媒体整合营销传播概述

**本章要点：**
- 新媒体的概念、特征与分类
- 新媒体营销的内涵与主要方式
- 整合营销传播的理论基础、概念及特征
- 新媒体环境下整合营销传播的基本特点与价值探析

## 第一节 新媒体与新媒体营销

### 一、新媒体的概念、特征与分类

（一）新媒体的概念界定

目前，有关新媒体的研究已逐渐形成了一定规模，大众传播研究方法被广泛应用到新媒体的研究领域。同时，新媒体的相关研究还延伸到其他领域，并与大众社会转化为信息社会的进程密不可分。

早期，联合国教科文组织曾对新媒体下过一个定义：新媒体就是网络媒体。还有类似的定义认为，新媒体即"以数字技术为基础，以网络为载体进行信息传播的媒介"。然而，在新技术与新媒体不断互动发展的今天，新媒体已经超越了这种定义的界定范围。《连线》杂志把新媒体定义为"所有人面向所有人进行的传播"（Communications for all by all）。互联网实验室将新媒体定义为：基于计算机技术、通信技术、数字广播等技术，通过互联网、无线通信网、数字广播电视网和卫星等渠道，以电脑、电视、手机、个人数字助理（PDA）、视频音乐播放器等设备为终端的媒体。由于能够实现个性化、互动化、细分化的传播方式，部分新媒体在传播属性上能够实现精准投放、点对点的传播，如新媒体博客、电子杂志等。

熊澄宇（2006）提出，"所谓新传媒或称数字媒体、网络媒体，是建立在计算机信息处理技术和互联网基础之上,发挥传播功能的媒介总和。它除了具有报纸、电视、电台等传统媒体所具有的功能外,还具有交互、即时、延展和融合的新特征。互联网用户既是信息的接收者,又是信息的提供和发布者。包括数字化、互联网、发布平台、编辑制作系统、信息集成界面、传播通道和接收终端等要素的网络媒体,已经不仅仅属于大众媒体的范畴,而是全方位立体化地融合大众传播、组织传播和人际传播的方式,以有别于传统媒体的方式影响着我们的社会生活"。王诚(2006)在《通信文化浪潮》中从广义和狭义两个方面界定了新媒体的概念,认为新媒体形成于二战以后,广义的新媒体是依托于数字化、网络化信息处理技术和通信网络的新型信息媒介的总称;狭义的新媒体则是指依托于数字化、网络化、平民化信息处理技术和通信网络,由专业信息网络机构主导,以各种数字化信息处理终端为输出装置,通过向大量用户大规模提供交互式信息和娱乐服务以获取经济利益的各种新型传媒形态的总称。

随着社会的发展,新的传播媒体和手段被不断创造,按照媒体出现的先后顺序可以被概括为五种形式:第一媒体以纸质为媒介,如报纸、杂志、期刊等;第二媒体以电波为媒介,即广播媒体;第三媒体以电视画面和声音为媒介,即电视媒体;第四媒体以网络为媒介,即互联网媒体;第五媒体以移动网络为媒介,即手机媒体。前三种媒体在当前被归为传统媒体,而互联网和手机媒体被称为"新媒体"。也就是说,所谓新媒体是相对于传统媒体而言的。新媒体形态是随着科学技术的发展而不断发展变化的。在现阶段,广播、电视等曾经的"新"媒体形态,已经被归入传统媒体范畴。正如熊澄宇(2006)所言:新媒体是一个相对的概念,代表一定时间段的新媒体形态;新媒体是一个发展概念,它永远不会终结在某个固定的媒体形态上。

总结起来,凡是利用数字技术、网络技术,通过互联网、宽带局域网、无线通信网等渠道,以及计算机、手机、数字电视机等数字或智能终端,向用户提供信息和服务的网络化传播形态,都可以看作是新媒体。

(二) 新媒体的特征

新媒体的基本技术特征是数字化,基本传播特征是互动性。具体到内容、主客体和传播特性,可以概括为以下特征。

1. 内容方面

(1) 信息量大。新媒体蕴含了海量信息,其广度和深度是传统媒体无法企及的。同时,由于新媒体中"把关人"角色的淡化或缺失,信息来源无限扩张,重复信息在多媒体中无可避免,冗余信息大量存在。

(2) 形式多样。新媒体覆盖了多种形式的媒体,文字、图像、声音、视频等综合性地表现在新媒体之中,覆盖了纸媒、广播、电视等,成了"前无古人,后无来者"的集成体。

(3) 检索快捷。多媒体时代,特别是搜索引擎的出现,使得用户能够快速有效地查找精准信息,并能够将信息进行分类和智能推送,时间成本被降到最低。同时,信息的复制、再编辑、再传播只需要借助电脑前的小小鼠标就能轻松实现。

2. 主体与受众方面

传统媒体通常将传播者和传播对象严格划分开来,不是传播主体就是传播受众,不是播出方就是收看方,两者被独立地割裂开来,两者之间有明显的界线和区别。传播者是信息的发布者,受众是信息的接受者,传播者所表达的信息无论优劣,受众只能一味接受,对话的空间被压制,交流沟通的渠道没有建立起来。此外,报纸杂志出版、广播电视节目的播出都有一定的时间安排和规律,受众只能服从传播者的节奏。

新媒体则大有不同,新媒体不仅给受众创造了灵活的时间和空间,而且使传播者和受众之间的界限和区别被极大地弱化,双向交流的方式成为新媒体最大的特点。新媒体使传播者和受众组成的集合体都有了表达的权利,受众不再单方向地接受信息,而是可以表达自己的观点,形成了信息双向交流和纠错的渠道。新媒体的受众在得到传播者信息的同时,可以根据自己的兴趣,出于自己的角度,对信息进行加工和修正,并将二次加工的信息通过新媒体再次传播出去,在此过程中,受众无形中已经转化为传播者,实现了两者的无缝对接。传播者与受众的互动转化,使得传播者更加多元化,受众覆盖面更广。因此,新媒体时代,每个人都可以成为传播的主体,人人都能发出声音。

3. 传播方面

(1) 速度迅猛。新媒体的传播速度不容小觑,信息以极快的速度在世界范围内传播,世界的每一个角落因为新媒体的存在而变得没有时差了。

(2) 视野开放。新媒体传播是站在全球视野上的,它使人们的眼界空前扩大,信息的获得方式空前丰富,全世界的信息被汇总于新媒体平台上。

(3) 扩张力强。新媒体传播能够进行病毒式繁殖,并进行快速扩张。一条信息如果足够重要和引人注目,就会被来自世界各地的人以超乎想象的速度传播出去,并不断加入中间传播者的思想和看法,成为一个热点话题,而一旦被广泛传播,甚至信息的最初发布者都将无法控制局面。

(4) 针对性强。新媒体强化了信息传播的针对性,使传统的一对多的传播转化成了一对一的交流。综合新媒体互动性强的特点,使得信息传播的针对性达到了更高的程度。

(5) 互动性强。新媒体传播的互动性非常强。新媒体传播创造了一种双向传播的模式,传播者与接受者之间可以实时互动,接受者能够提前预设定制信息,并在看到信息的同时立刻发表意见和看法,传播者在看到互动信息后,可以对其进行一定的修改和完善。

(6) 成本低廉。随着信息技术的快速发展,通信技术的日渐成熟,移动终端设备的广泛应用,新媒体的传播成本得到了有效降低。新媒体不再依赖于传统媒体所必须借助的印刷业、物流业、广播电视等,在传播范围不断扩展的同时,新媒体的传播成本优势已经明显显现。

(三) 新媒体的分类

根据新媒体的传播特性,本书将新媒体划分为人际传播新媒体、大众传播新媒体、搜索引擎、社会媒体和移动媒体五类。

1. 人际传播新媒体

人际传播指人与人之间的信息交流,既可以是两个人面对面的直接传播,又可以是以媒体为中介的间接传播。人际传播是新媒体中最常见的传播形态之一,并与其他传播形态相互交融、互相作用。对新媒体人际传播的需求已经日渐成为人们生活的一部分,常见的形式有电子邮件、即时通信等。

2. 大众传播新媒体

大众传播是人类最重要的一种传播形式,是专业化的媒介组织通过一定的传媒,对受众进行大规模的信息传播活动。大众传播对社会有潜移默化的作用,它改变着人们的传统观念、工作方式和生活方式。新媒体大众传播仍然具有大众传播的一般性特点:具有组织性;在传播内容上具有公开性;在受众、传播工具、传播内容和参与时间上具有很强的可选择性;受众不知名且参差不一。传播速度更加快速以及信息流通由单向性向互动性发展是新媒体大众传播有别于传统媒体的新特点。门户网站、电子杂志等都属于新媒体大众传播。

3. 搜索引擎

搜索引擎(Search Engine)指在新媒体环境中的信息检索系统。随着信息资源在新媒体上大量涌现和沉淀,用户越来越难以快速准确地获得所需要的信息,有的人甚至产生了信息焦虑。搜索引擎以其基于关键词匹配的信息检索机制,可以瞬间响应用户提交的搜索请求,并搜索出所需要的相关信息,成为缓解用户信息焦虑的有效工具。搜索引擎已经成为畅游互联网不可或缺的重要工具,在海量的信息中找到精准的信息,除了搜索引擎没有其他更好的途径。

谭天(2015)认为,搜索引擎完全具备媒体应该具备的渠道、内容和商业模式三大要素。搜索引擎本身是一个信息传播的渠道,其商业模式是搜索引擎平台运用得最为成熟的地方。在内容上,搜索引擎本身(如百度)除了作为搜索信息的工具与平台,也发展到制作新闻、文库等产品,具备了出色的内容制造功能。搜索引擎作为媒体最根本的变化在于通过平台的打造,略去了信息传播过程中的"信道"环节,"信源"直接面对"信众"。随着搜索引擎的广泛应用和快速发展,其专业化、智能化、多元化、多媒体化等技术优势将愈加凸显。

4. 社会媒体

维基百科将社会媒体(Social Media)定义为一系列基于网络或者移动设备的工具,方便人与人之间分享和讨论信息。百度百科将社会(交)媒体定义为:"允许人们撰写、分享、讨论、评价、相互沟通的网站和技术,是大批网民自发贡献、提取、创造新闻资讯,然后传播的过程。"360百科将社会(化)媒体定义为"一种给予用户极大参与空间的新型在线媒体"。李银玲认为,社会媒体是一个将人与人连接起来的中介,在其中人们可以进行交流沟通,共同协作完成任务,构建知识并分享思想和观点。Kaplan & Haenlein 将社会媒体定义为:基于 Web 2.0 思想和技术的互联网应用,并支持用户自主创造和修改内容。

社会媒体首先强调用户的参与性。用户既是社会媒体的信息创造者，又是信息的分享和传播者。社会媒体的主要特性有参与性、开放性、协作性、互动性、连接性和聚类性。

研究者分别从社会媒体的功能作用、处理内容、使用方法和自身属性等角度对社会媒体进行了分类。从社会媒体的社会性和媒体性两大要素，从内容和传播方式两个维度，可以大致将社会媒体分为七类（见图1.1）。内容从单一到丰富，即从文本到图片再到视频直至三者的叠加；传播方式从集中到扩散，即从访问固定单一的网站到通过社交节点蔓延的病毒式传播。

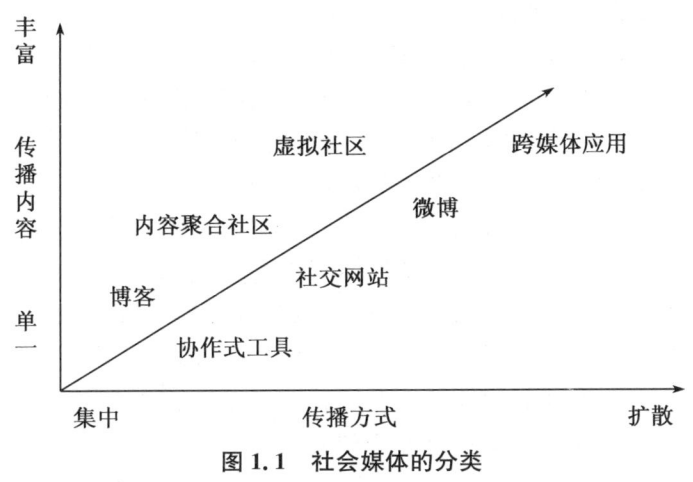

图1.1 社会媒体的分类

5. 移动媒体

移动媒体是指以移动数字终端为载体，通过无线数字技术与移动数字处理技术运行各种平台软件及相关应用，以文字、图片、视频等方式展示信息和提供信息处理功能的媒介。媒体、数字和移动是移动媒体的三个关键词。移动媒体顺应了移动互联网蓬勃发展的趋势，其应用具有使用便捷、不受时间和地点的限制等特点，使其可个性化订制；可覆盖面更广；受众范围更广以及新闻发生后可通过推送使用户第一时间获得。随着信息技术的发展和通信网络融合，一切能够借助移动通信网络沟通信息的个人信息处理终端都可以作为移动媒体的运用平台，这些都是移动媒体相较于其他任何媒体的优势。

## 二、新媒体营销的内涵与主要方式

（一）新媒体营销的内涵理解

新媒体营销是一个通俗的说法，新媒体在各领域的应用是近年来才出现的新现象。尽管新媒体营销已经成为耳熟能详的名词，但是目前的研究对于新媒体营销内涵的认识较为模糊。目前对新媒体营销的研究主要包括以下三个方面：

一是具体的传播手段和营销方式相结合的研究及实际应用,主要涵盖网络营销和移动营销。例如,菲利普·科特勒(Philip Kotler)所著《市场营销原理》一书,引用了迈克尔·波特(Michael Porter)的原文:"关键问题不是是否运用了因特网技术,而是如何运用它,因为企业若要保持竞争力就没有别的选择。"这揭示了一些新兴的营销方式在信息化技术发展的基础上应运而生,并在早期就受到了关注。

二是聚焦于成熟营销案例的剖析和解读,提出营销建议。例如,美国学者 Sandy Carter 以众多国外知名企业利用新媒体进行营销并取得成功的案例为分析对象,出版了《营销2.0最佳实践》一书,对企业利用新媒体进行营销提出一些具体的方法。

三是新媒体时代的营销转型、变革时机和广告创新,主要是以视频网站、微博、微信、社区网站等引发的新媒体营销的改革创新。

随着 Web 2.0 技术环境下社会性媒体的迅速崛起,一系列新媒体营销的相关概念和营销传播模式被广泛提及和专题论述。而对于新媒体营销内涵的理解,目前尚不明确,且存在界定不明确甚至逻辑混乱的问题。有的研究简单地将长期存在却刚被发现传播价值的营销渠道或是传统媒体营销的新应用归为新媒体营销,也有研究将新媒体中的各种信息传播(如"口碑")都归于新媒体营销主体传播的范畴,还有研究将通过新媒体形式开展的传统营销方式作为对新媒体营销内涵的理解。清晰界定与理解新媒体营销的内涵,还之以本来面貌,是新媒体营销研究的前提。尽管随着新媒体的进步,新媒体营销处于不断发展的过程,但是新媒体营销的本质内涵是营销组织为实现整体营销目标,运用信息技术、利用新媒体特性开展营销活动的方式、手段和过程。本书从以下四个方面对新媒体营销的内涵加以理解和澄清:

一是新媒体营销以现代营销学理论为前提和基础,属于营销学范畴;

二是新媒体营销是整体营销活动的有机组成部分,遵循市场营销的基本规律;

三是营销组织是新媒体营销主体,通过运用可以有效操控的各种新媒体渠道,传递自己所希望传达的营销信息,进而实现营销目标;

四是在新的媒体环境和技术环境下,新媒体营销包括部分传统营销手段的新媒体化,以及基于新媒体特性对传统营销方式改造过程中产生的新的营销方式。

### (二)新媒体营销的主要方式

根据新媒体平台类别的不同,新媒体营销方式也不同。目前使用比较广泛和集中的新媒体营销方式有以下几种。

#### 1. 搜索引擎营销

所谓的搜索引擎营销(Search Engine Marketing,SEM),就是根据消费者使用和依赖搜索引擎的行为和习惯,设计合适的关键词,并提高品牌、产品、服务、活动、组织或网站在搜索结果中的可见性和可寻性的营销传播活动。搜索引擎已经成为消费者和企业之间的最重要沟通桥梁,更成为"精准营销"的最优平台之一。搜索引擎营销是基于搜索引擎平台,利用人们对搜索引擎的依赖和使用习惯,在人们搜索信息的时候尽可能地将营销信息传递给目标客户。对于信息提供者来说,目前很大程度上都是依靠搜索引擎实现用户导入。搜索引擎营销主要有两种模式：一是基于搜索引擎的自然搜索进行网站的搜索引擎优化（SEO），包括关键词分析、网站架构分析、网站目录和页面优化、内容发布和链接布置、与搜索引擎的互动、网站流量分析六个环节；二是基于搜索引擎提供的竞价排名和关键词购买等付费手段开展网络营销。

2. 社交平台营销

社交平台营销是企业或个人使用对应的社交平台功能传播企业信息、宣传产品或服务信息以及发布促销信息进行销售活动等营销行为。不同的社交平台营销用户的特征不同，目前主流的社交平台营销方式有微信营销、微博营销等。微信营销是基于私域流量的营销方式。用户通过注册微信，实现熟人联系与交流，微信上的公众号信息则可以为用户提供其所需要的信息资讯。企业则可以通过用户感兴趣的内容和需求信息，通过企业微信或公众号等对其产品或服务进行推广，实现较为精准的点对点营销。微博营销则是企业运用其官方账号通过发布产品或服务信息与微博用户建立联系。微博内容发布较为广泛，比如可以与其代言人进行互动，吸引其"粉丝"，以提高品牌知名度。相对于微信营销，微博营销媒体属性更强，更适用于品牌宣传和用户互动的信息传递。另外，基于大数据技术，品牌在社交平台上进行新媒体营销时，选择目标用户会更具有针对性，可以实现精准营销，提高营销效率。

3. 内容社区电商平台营销

内容社区电商平台营销是指企业或个人在内容社区平台将具有相同或相似兴趣爱好的网友进行聚集，与目标用户群体构建长期沟通渠道，通过向目标用户群体提供产品或服务满足其需求的营销过程。且该社区平台拥有自己的电商渠道，不用依附于其他电商渠道，可实现一体化营销过程。目前的主要代表平台有小红书等内容社区电商平台。用户或企业可以通过注册账号，在该平台分享信息或者发布产品信息，其他用户可以通过搜索相关兴趣爱好找到相应内容。小红书内容社区电商平台兼具社交和网购功能于一体，解决了用户发现心仪产品后需要再去其他平台搜索购买的繁复过程，用户可以在该平台上查找自己感兴趣的产品，浏览产品测评和评价，再决定是否购买。

4. 视频内容平台营销

视频内容平台营销是指企业或个人利用视频平台账号发布产品信息视频、进行产品使用、测评、讲解或剧情演绎等的一种营销方式。视频内容平台营销是目前比较流行的新媒体营销方式，目前主要以短视频营销为主。当前的短视频营销主流平台有快手、抖音等 App。短视频平台的流量分配并不是随机的，其会根据用户的兴趣，通过独特的算法推荐机制，主动向用户推荐其可能感兴趣的内容，从而满足不同用户的差异化需求。因此，企业可以借此机会充分进行品牌宣传，用更快的速度获得更高的知名度。在视频内容平台上，直播带货是最主要的营销方式，由此也催生了带货主播等崭新的职业。新的就业形态的出现，也从侧面反映了直播营销的重要性。

5. 知识平台营销

知识平台营销是近几年兴起的新媒体营销方式。企业在相应的知识平台上通过问答或者相关专业信息发布等方式将其产品或服务信息进行传播,其传播内容较为广泛,包括企业文化、品牌理念、产品知识等。比如新媒体问答平台、百科平台都是以传播、互动、分享知识见长的平台,一些小企业往往可以利用这些平台,将潜在用户转化为现实用户。当然主要的知识平台如知乎 App 等,集中了部分行业或者个人代表以及普通用户,通过问答形式对企业或产品进行知识普及从而达到营销的效果。

## 第二节　整合营销传播的理论基础及其发展阶段

### 一、整合营销传播的理论基础

整合营销传播理论是随着这种经济的发展与市场的转型而不断变化的。

(一) 产品经济下的 4P 理论的缺陷

杰罗姆·麦卡锡(E. Jerome McCarthy)于 1960 年在其《基础营销》中提出了 4P 营销理论——产品(Product)、价格(Price)、渠道(Place)、促销(Promotion)。1967 年,菲利普·科特勒(Philip Kotler)在其畅销书《营销管理:分析、规划与控制》中进一步确认了以 4Ps 为核心的营销组合方法。

4P 营销理论的出发点是从企业的自身条件出发来考虑生产产品,片面强调企业可以控制的因素,而对于营销的关键环节,也是最难把控的消费者力量则未给予足够的重视。在市场经济并不繁荣、大众消费供不应求的时代,"由内而外"的方式是可行的。然而,4P 营销理论的不足在时代和环境的发展中显得越来越明显。早在麦卡锡提出 4P 营销理论的同时,哈佛大学著名营销学家泰德·李维特(Ted Levitt)就提出"根本没有所谓的成长行业,只有消费者的需要,而消费者的需要随时都可能改变"。在市场和营销环境的演变中,4P 营销理论已经不能满足需要,随着市场竞争的加剧,销售过剩产品的压力迫使企业开始重新寻找营销理论的突破。

(二) 市场权力的转移与 4C 营销理论的兴起

自 20 世纪 70 年代开始,世界经济全球化与科技革命给社会经济和市场带来了巨大的变化。其一,社会商品极大丰富,社会商品消费的需求和欲望被空前满足;产品生命周期缩短,更新换代加快。其二,产品同质化现象严重,同类产品之间的差异越来越小;科学技术的进步与市场利益的驱使,使高速度仿制产品成为可能。其三,社会生产规模化造成市场空间范围极大扩展。传统的 4P 营销理论已经不能适应新的市场背景,伴随着整合营销理论的提出,4C 营销理论由此产生。

1990 年,美国学者罗伯特·劳朋特(Robert Lauterborn)在其《4P 退休 4C 登场》一文中提出了与传统的 4P 营销理论相对应的 4C 营销理论,认为企业应该以消费者的需要和期望为导向——顾客(Customer)、成本(Cost)、便利(Convenience)和沟通(Communication)。

与 4P 营销理论相比,4C 营销理论包括以下四项原则:

(1) 消费者重于产品。4P营销理论关注的是企业自身的产品,所以往往是从自身的产品出发去规划消费者的需求;而4C营销理论主张消费者第一,完全从消费者的欲望和需求出发,以此为基础,反过来去规划产品。

(2) 成本先于价格。4P营销理论往往从企业的生产成本出发来为产品定价,4C营销理论则认为,价格不是由企业来定的,而是由消费者定的,制定价格时要考虑消费者为获得产品所愿意付出的心理成本。

(3) 便利先于渠道。4P营销理论将销售渠道的选择和策略看作产品销售的关键,4C营销理论则认为,消费者在购买产品时总是选择最方便的渠道,所以渠道的设计首先要考虑消费者在购物等交易过程中如何给消费者以方便。

(4) 传播大于促销。传统的促销属于传递品牌信息的单向传播,4C营销理论则强调企业与消费者的双向沟通,将促销上升到传播的高度。为达成营销的目标,企业必须以消费者为中心,通过互动性沟通,将企业与包括消费者在内的各个利益相关者进行整合。

4C营销理论是20世纪90年代营销哲学关键性转折的代表,即从以企业或产品为中心的"由内而外"的思维模式向以消费者为中心的"由外而内"的思维模式的彻底转变,把消费者当作企业经营的核心价值,始终作为营销的出发点、焦点和终点。4P、4C营销理论对比分析如表1-1所示。

表1-1 4P、4C营销理论对比分析表

| 项目类别 | 4P组合 | 4C组合 |
| --- | --- | --- |
| 营销理念 | 生产者导向 | 消费者导向 |
| 营销模式 | 推动型 | 拉动型 |
| 满足需求 | 相同或相近需求 | 个性化需求 |
| 营销方式 | 规模营销 | 差异化营销 |
| 营销目标 | 满足现实的具有相同或相近的顾客需求,并获得目标利润最大化 | 满足现实或潜在的个性化需求,培养顾客忠诚度 |
| 营销工具 | 4P | 4C |
| 顾客沟通 | "一对多"单向沟通 | "一对一"双向沟通 |

(三) 整合营销传播与5R营销理论

唐·舒尔茨(Don E. Schultz)认为"对于营销组织的最大的挑战是更多地去理解他们的客户和潜在客户的需求,在竞争的市场环境中营销公司必须从原来营销的4P理论转移到5R理论"。也就是说,企业应当以客户为中心,注重于缔造一种营销传播与客户之间的关系。5Rs理论具体内容如下:

(1) 相关性(Relevance)。相关性指的是产品和消费者之间有某种关联,企业提供的产品能够满足消费者需要。此外,企业还需要提供相关的服务和传播,富有竞争力的定价和高效的分销体系,这样才能真正满足消费者的需要。

(2) 接受度(Receptivity)。接受度包含两方面的意思：一是，营销人员希望能在客户与潜在客户最能接受信息时找到他们，因此，客户或潜在客户在什么时候、在什么接触点上更容易接受信息是关键。二是组织能在多大程度上采纳新的想法、新的观念以及做生意的新方法。

(3) 响应力(Response)。首先，响应力是指客户或潜在客户响应公司所卖的产品的容易程度。其次，响应力是指企业能否很快地察觉、适应以及迎合顾客及潜在顾客需求的能力。在互动型市场中，快速响应客户需求和愿望是营销人员所需具备的关键技能。

(4) 识别度(Recognition)。识别度的高低表现在两个方面：一方面，企业能不能在重要接触点上认出客户并立刻找出所储存的相关客户资料。另一方面，客户能否认出企业品牌、是否对这一品牌有特定的记忆、能否联系上特定的用途并能和竞争对手的品牌相区别。

(5) 关系(Relationship)。关系的选择权在顾客手中，在整合营销中，建立关系的是客户，而不是销售人员。客户自主决定和谁进行交易，建立怎样的一种关系，以及关系持续的时间的长短。客户的权利是最关键的，营销人员只是负责响应，或者说企业在这个过程中尽力去迎合顾客的需求和愿望，给他们以良好的体验，小心翼翼地维护关系。

与传统的4P、4C营销理论相比，5R营销理论更加进步，表现在两个方面：第一，它考虑到了日益激烈的市场竞争趋势，是一种以品牌竞争为导向的新营销理论框架；第二，相对于同样注重消费者力量的4C营销理论而言，5R营销理论对消费者的需求不是被动地迎合，而是主动地寻找、发现和创造，最终实现品牌竞争优势与消费者利益的双赢。当然，更重要的是，5R营销理论是关系营销理论的具体化，提出了在品牌与消费者之间主动建立长久互动关系的具体操作方式。

## 二、整合营销传播的发展阶段

要使营销传播真正实现整合，组织必须出色地完成四个阶段的各项活动，达到每一阶段的要求。

### (一) 营销传播的战术协调

在整合营销传播的第一阶段，公司要协调其营销传播活动，并利用各种传播手段向外界提供协调一致的品牌形象。该阶段，公司的主要重点在于运用整合营销传播，使对外的传播形成"一种形象、一种声音、一种表达"(One Sight, One Sound, One Voice)。这就意味着公司要在各方面整合信息，同时，公司希望在多媒介、多维度的传播过程中形成协同效应。之所以采用整合营销传播，是因为想使各种战术性的外部传播活动之间能够具有更好的协调性、更好的一致性以及更好的配合。其目标是：更加有效地将信息的传递与市场结合起来；充分发挥各种传播手段或技术的优势，使整体效果大于部分效果之和，并产生最佳的信息影响。

### (二) 营销传播范围的重新定义

在整合营销传播的第二个阶段,公司的传播视角强调要"由外而内",站在顾客或潜在顾客甚至是其他利益相关者的立场上实施传播活动,并要认识到与顾客及潜在顾客建立持续对话的必要性。因此,有必要从内部实践以及方针政策上支持这些员工,并通过外部传播把承诺传达给顾客。在这个阶段,注重整合营销传播的公司会以下列三种方式把核心重点从简单的策略协调转变为比较广泛的传播活动:公司开始不仅仅只关注营销传播部门所管理的营销传播业务,还把顾客可能与公司进行接触并可能会带来信息的方方面面纳入其中;公司试图广泛而深入地了解其顾客以及潜在顾客,不仅仅限于顾客的感受,还包括他们所做的事以及做这些事的原因;以一致的行动在所有可能接触顾客的方面去识别、了解以及创造跨职能的机会。

### (三) 信息技术的应用

在整合营销传播的第三个阶段,公司会运用信息技术的力量来建立顾客数据库。在建立数据库的过程中,公司仅仅掌握了顾客与潜在顾客的广泛数据,既不能确保整合,也不一定能得到高品质的消费者见解。公司需要根据顾客的消费行为和兴趣取向对顾客进行适当的分类,对不同类型的顾客分别采用不同的传播策略。而信息技术的运用则会以下列三种方式发生:运用一个或多个数据库来获取、储存并管理顾客与潜在顾客的相关信息,尤其是关于他们对公司经济价值方面的信息;利用新技术改善给顾客和潜在顾客与其他目标对象传送信息的方式与时间;利用电子传播来促进顾客信息在公司内部的散布,并让各个业务单位了解公司上下的营销与传播状况。

### (四) 财务整合以及战略整合

当公司开始运作第一阶段到第三阶段所形成的资料和技能时,就会达到整合的最高层次。只要经理人处理完基本的整合问题,就可以着手把这方面的经验推广到公司的各个部门。一般来说,重点在于公司的战略重要性,比如营销传播计划的投资与回报。简而言之,整合营销传播的第四个阶段更加重视管理高层所要面对的问题,而不再是营销传播团队所面临的问题。营销传播主管必须要从相对更具战略性的角度看待他们要做什么以及要如何分配公司的有限资源。

整合的第四个阶段代表了整合的未开拓领域。整合营销传播最后一阶段的推动者在很多情况下是高级管理层,因为它为解决两个重要问题提供了框架:资源分配和企业合作。在该阶段中,有两个问题极为重要:

(1) 测试对客户投资回报的能力。当企业将必要的程序和基础结构就位,开始大量并且精确地进行客户投资回报测量时,它就可以对投资的任何传播层次进行测试,从而为将来制订出更为准确的计划。在这种方法下,顾客的收入流是重要的测试因素。在此之后,企业可以分配资源,即资金、时间和管理人员注意力,以确定和确保最大回报的投资。

(2) 运用整合营销传播来推动企业和战略决策的能力。通过对进程的概括,整合营销传播变成了一个比想象中更加强有力的工具。为了能够在 21 世纪市场上有大发展,企业需要从以运行为主导的、由内而外的方式转向从品牌体验的各个方面为客户创造价值的、由外而内的方式,这需要关注企业的每一个方面(从客户反映到产品质量、人力资源补充和培训,再到售后服务等问题)。企业必须进行战略、组织方面的全面改造,以使整合营销传播发挥出最大的效用。

## 第三节　整合营销传播的概念与特征

### 一、整合营销传播的概念

作为理论意义上的整合营销传播概念,最初由唐·舒尔茨(Don E. Schultz)等人在1993年提出,但是数年来,对于整合营销传播概念的理解却存在多种不同的看法,甚至就连舒尔茨本人也在不断地修正自己的观点,其中很重要的一个原因就是整合营销传播目前正处于不断发展和完善之中。对于整合营销传播的概念,即使是在它的发源地——美国,对于它的解释也存在着诸多分歧。

美国广告公司协会(America Association of Advertising Agency,4A)对整合营销传播的定义如下:这是一个营销传播计划概念,要求充分认识用来制订综合计划时所使用的各种能够带来附加值的传播手段——如普通广告、直接反应广告、销售促进和公共关系——并将之结合,提供具有良好清晰度、连贯性的信息,使传播影响力最大化。这个定义的关键是致力于各种促销手段的综合运用,以达到传播影响力的最大化。其缺陷是,容易被理解为从传播者角度观察接受者的单向式传播,视野比较狭窄。

1993年,美国西北大学麦迪尔学院营销沟通课程的教师们提出了一种普遍接受的看法:整合营销传播是发展和实施针对现有和潜在客户的各种劝说性沟通计划的长期过程。整合营销传播的目的是对特定沟通受众的行为施加影响或间接作用。整合营销传播理论认为,现有或潜在客户与产品或服务之间发生的一切有关品牌或公司的接触,都可能是将来讯息的传播渠道。也就是说,整合营销传播运用与现有和潜在的客户有关并可能为其接受的一切沟通形式。

汤姆·邓肯(Tom Ducan)博士对整合营销传播理论的发展做出了进一步的卓越贡献。他认为,随着顾客和关系利益人对公司重要性的日益显著,一种以顾客为中心的组织结构比之于以公司为中心的组织结构更加富有成效。因此,整合营销传播也就意味着顾客关系管理、一对一营销、整合营销、关系营销以及策略性的整合营销传播等。这些传播模式虽然侧重点有所不同,但归根到底却是出于同一目的:获得、保持或者提升顾客与公司或品牌的关系。因此,汤姆·邓肯认为:整合营销传播是一个运用品牌价值管理客户关系的过程。具体而言,整合营销传播是一个交叉作用的过程,一方面通过战略性地传递信息、运用数据库操作和有目的的对话来影响顾客和关系利益人,另一方面创造和培养可获利的关系。

唐·舒尔茨(2003)对整合营销传播进行了早期的界定:整合营销传播不是以一种

表情、一种声音,而是以更多的要素构成的概念。整合营销传播是以潜在及现有顾客为对象、开发并实行说服性传播的多种形态的过程。整合营销传播的目的是直接影响听众的传播形态,整合营销传播考虑消费者与企业接触的所有要素(如品牌)。整合营销传播甚至使用以往不被看作是传播形态,但消费者认为是传播形态的要素。概括地讲,整合营销传播是为开发出反映经过一定时间可测定的、有效果的、有效率的、相互作用的传播程序而设计的。

在早期对整合营销传播进行界定的基础上,舒尔茨(2013)对整合营销传播的定义进行了进一步的发展和完善:整合营销传播是一个战略性的业务流程,企业利用这一流程在一定时间内对消费者、已有客户、潜在客户以及其他有针对性的内外相关受众来规划、发展、执行和评估品牌的传播活动,使之协调一致、可以衡量,并具有说服力。这一定义包含四个关键要素:第一,它明确地提升了营销传播的角色和地位,使整合营销传播从营销战术上升为经营战略;第二,拓展了营销传播的范围,整合营销传播覆盖了公司与各个层面所有利益相关群体之间的关系;第三,这一定义表明,整合营销传播需要进行不间断的衡量和评估;第四,这一定义与其他定义的不同之处在于,它将重点放在商业过程上,强调整合营销对品牌传播与塑造的作用,认为应该深入分析消费者的感知状态及品牌传播情况,通过各种手段的整合更好地达到在消费者心中树立品牌形象的目的。

## 二、整合营销传播的特征

整合营销传播的理论和实践应该建立在以下五个重要特征之上。

### (一)传播过程始于消费者的需求

整合营销传播的第一个重要特征就是要从现有或潜在消费者的需求出发,再反馈到品牌沟通者,以便他们在开展劝说性沟通活动时选择最恰当、最有效的方法。在接触方法和沟通渠道的选择上,整合营销传播摒弃了"由内而外"(inside-out),即由公司到消费者的方式,而是从消费者的真实需求出发,"由外而内"(outside-in)地选择最能够满足消费者需要的信息,并促使他们购买有关品牌的沟通方法。

### (二)使用各种方法和消费者接触

整合营销传播把一切沟通方式和一切有关品牌或公司的接触来源作为潜在的讯息传递渠道。接触这个词在这里是指任何能够接触到目标客户并传达有关品牌正面形象的讯息传递媒体。整合营销传播的第二个特征的关键就在于,它愿意运用有利于触及目标受众的任何沟通途径,而不是先入为主地固守一种或一类媒体。整合营销传播的目的就是运用一切恰当的接触的方法,迅速有效地同目标受众进行沟通。整合营销传播的这一特征的主要价值在于,它向以前大多数营销活动过度依赖大众媒体的做法提出了挑战。

### (三)营销传播要素要协同发挥作用

一切沟通要素(广告、购买现场、促销、活动等)都必须"用一个声音说话"。要想建立有力和统一的品牌形象并促使消费者采取购买行动,协调是非常重要的。如果不能严密协调所有的沟通要素,就可能会导致事倍功半的后果,甚至可能会使消费者得到相互矛盾的品牌讯息。

（四）和消费者建立关系

整合营销传播的第四个特征是,它相信成功的营销沟通要求在品牌和消费者之间建立一种关系。事实上建立关系是现代营销学的关键,而整合营销传播是建立关系的关键。关系是品牌和消费者之间的一种持久联系,意味着多次购买甚至忠诚。现在很多公司已经认识到,适当建立和保持与消费者的关系比不断寻找新的客户更有利可图。

（五）最终影响消费者的行为

整合营销传播的目的是影响目标受众的行为。这意味着营销传播所做的不只是增强品牌认知或改善消费者对品牌的态度,成功的整合营销传播要求沟通行为必须力图鼓励某种行为反应。一个整合营销沟通计划成功与否,最终要看它是否影响了人们的行为。在消费者购买一个新品牌之前,营销者一般都需要使他们了解这个品牌及其能够带来的利益,并引导他们对这个品牌产生积极正面的态度。但是,一个成功的营销沟通计划不能只是鼓励消费者喜爱一个品牌,或仅仅让他们知道有这么一个品牌。这也部分说明了为什么促销和直接广告如此盛行——这两种办法都比其他营销沟通形式见效更快。

## 第四节　新媒体环境下的整合营销传播

### 一、新媒体环境下整合营销传播的基本特点

互联网的发展和新媒体时代的到来,改变了企业目标消费群体获取信息的方式和消费行为模式,也改变了企业整合营销传播的环境与方式。新媒体环境下的整合营销传播,是一种新时代背景下为了顺应时代发展潮流而衍生的新型营销传播模式,其与传统营销模式存在较大差异,可以获得相对比较优良的营销传播效果。

第一,直接与受众对接。相较于传统营销模式,新媒体环境下整合营销传播可以更加深入、全面地与受众进行互动与交流,确保受众可以快速接收到更加全面、真实的信息资源,企业也可以在短时间内获取源于客户的真实反馈。所以,新媒体时代下,越来越多的企业选取整合营销模式。整合营销不但可以帮助企业广泛宣传产品,还可以拉近企业与用户之间的关系,有效提升用户满意度,为企业创造更多的经济收益。

第二,丰富的营销传播方式。新媒体时代下,企业应用整合营销传播模式将会为企业带来更加广泛的发展机遇,传播形式变得更加多元化、广泛化,可以使营销发挥出更大的宣传效果,可以使企业整体形象得到显著提升。对于口碑营销来讲,新媒体环境下,利用大众之口进行宣传将会获得更加优良的宣传效果,有效提升宣传质量,吸引更多消费者的关注。另外,利用新媒体数据采集方式,受众信息将全部被展现,可以帮助企业优化营销传播策略,推动企业实现精准营销的目的。

第三，信息面广泛、信息资源丰富。由于新媒体的门槛低、传播速度快，所以消费者一般无法从传播信息中获取精准、有效的信息资料，这是企业营销过程之中必须要进行思考的一个重要问题，只有高度关注产品宣传的有效性、创新性才可以吸引更多用户，让更多用户关注产品。

第四，受众具备一定的主导权。在新媒体平台上，受众可以根据个人需求自主选取相关商品，而这同样是企业吸引受众的一个重大优势。在营销模式方面，由传统的单向选择转变为双向选择，消费者可以按照个人喜好选取恰当的商品，而企业也可以根据销售情况制定、调整促销策略，从而提高企业销售量和经济收益。

## 二、新媒体环境下整合营销传播的价值探析

作为依托数字技术、网络技术和现代通信技术的不断创新而形成的一种新的传播方式，新媒体是对现有传播形态的摒弃和超越，新媒体正渐渐以其不可替代的优势和卓越的价值成为整合营销传播的主流媒体。新媒体环境下整合营销传播的价值主要表现在以下几个方面：

### （一）可以形成良好的双向互动效果

新媒体技术的应用将会进一步强化与消费者的互动性，可以获取更加优良的传播效果。在当今崇尚体验、参与个性化的信息时代，新媒体营销与现代营销理念高度相符，与消费者的沟通更加高效、便捷，关系营销的构建也变得更加方便，精准营销、数据库营销也已经成为现实，消费者日益多元化的消费需求被基本满足。新媒体营销传播过程中，口碑营销也逐渐发展成为营销传播结构中至关重要的一个环节，无论是形象营销，还是公众传播、数据库营销，均存在十分紧密的关联，并非呈相互独立的关系。企业必须结合实际情况，对上述一系列营销手段进行高效整合，才可以顺利实现营销传播效果最大化的目标。因此，在新媒体平台上，整合营销传播相对比较复杂，营销创新方式更加多元化，但是也使得与客户的沟通更加频繁，形成了较为优良的双向互动效果。

### （二）品牌传播、品牌构建更加精准

新媒体技术具有较高的"精准性"，因此可以按照"宣传效果"收取相关费用，这一点在传统媒体品牌传播中几乎不可实现。正是基于该点优势，新媒体被越来越多的企业所应用，同时在线上与线下结合方面，传统媒体也严重滞后于新媒体。新媒体在帮助企业构建产品品牌的过程中参与企业决策、经营的范围越来越广。传统媒体存在大众化传播的特点，导致大量信息无用，成为垃圾信息，对受众产生了不利影响。而新媒体整合营销传播，将会进一步提高信息的精准度，并对信息进行筛选，挑出那些与企业发展高度相关的信息，实施营销传播计划，从真正意义上提高整合营销传播的精准度。

### （三）利用多媒体、多渠道提高传播效果

新媒体可以通过多媒体渠道，利用丰富的内容表达形式，如用一些图形的可视化表现形式，将企业的亮点直观地展示出来。因为表现力强是典型的新媒体优势，通过强化信息传播的广度和宽度，让客户能够感受到强烈的冲击力，吸引客户点击相关内容，这

相较于传统媒体具有更好的多渠道传播效果。

**（四）客户的体验效果增强**

当客户与新媒体进行互动时，会从头到尾参与全过程，这是新媒体所具备的突出优势，也是未来新媒体发展的趋势。新时代背景下，必须要通过一些新模式吸引消费者的关注，如设计小游戏、社交聊天等形式，使客户参与其中，在体验的过程中充分了解企业的基本信息。如此一来，新媒体传播效果将会得到显著改善。

### 三、新媒体环境下整合营销传播的新业态

媒介多元化和受众行为方式多样化，导致整合营销传播呈现出了渠道整合、内容整合、受众整合和数据整合等新业态。

**（一）渠道整合（跨屏营销）**

新媒体的诞生和发展并不会导致传统媒体的灭亡，新媒体的逐步壮大发展意味着传统媒体的传播渠道将会更加宽泛。对于企业来说，可以综合新媒体与传统媒体的优势来增强企业的传播范围和受众，加强传播的力度。企业可以利用传统媒体传递信息，再利用新媒体将信息扩散。除此以外，企业还可以进行跨屏营销。跨屏营销较为成功的案例是天猫双十一晚会的电视手机联动和春节联欢晚会利用手机抢红包。

**（二）内容整合（内容营销）**

企业可以充分利用微博和微信公众号平台来加强与受众之间的交流和沟通，与顾客（或受众）建立起良好而亲密的关系，这是内容营销的主要方式之一。现如今媒体的发展趋势是自媒体化，传统媒体大都向自媒体转型，而自媒体也在不断通过提高自身的专业性来向媒体转型。在这些转型的过程中，内容和创意决定了其是否能够转型成功。在整合的过程中，不同媒体之间要在内容上相互配合，只有这样才能让效益发挥到最大化。除此以外，内容营销对于企业公关也有很大的帮助，如果能够好好利用，就可以在企业遇到危机时发挥巨大的作用。

**（三）受众整合（关系营销、口碑营销）**

随着数字化的推进和网络技术的不断发展，信息数据正在一步步地累积、输出和飞速传递，而在这个过程中这些不断被累积的"数据"就是我们平时所说的"大数据"。随着新媒体的发展和大数据时代的来临，整合营销传播不再仅仅是传统意义上的大众传播，而是人际传播和大众传播的结合。整合营销传播的关键就是利用人际传播的优势，通过人际传播来扩大品牌的影响力并为企业赢得良好的口碑。在品牌的传播中可以运用六度空间理论，这样不仅可以达到扩大传播范围和扩大品牌影响力的目的，还能维护企业和其受众之间的关系从而大大提升品牌的信誉度、形象和影响力。IMC 的营销传播考核标准就是企业与顾客（即消费者）之间的关系是否被有效地建立和是否被维持和改善。

**（四）数据整合（精准营销）**

建立在全新数据库上的整合营销传播理论为传播对象、时机以及渠道和方式等提

供了强大的基础。其数据不仅包含消费者的态度,还包含消费者的购买行为和兴趣行为等一系列的消费者行为。建立在全新数据库上的整合营销传播理论的内容不仅包含消费者,还包含竞争者和其他有关系的利益相关者,它不是单纯的一系列数字,而是需要应用于整合营销全过程的重要工具。大数据的主要特征就是有很大的体量和很广泛的来源,除此以外,大数据还有很大的价值,但是密度相对来说较低且无法用当前的IT技术和工具进行处理。在大数据质量高的情况下,企业可以通过数据的整合进行精准营销,这样广告主就可以从购买传播媒介转变为购买自己的受众,在提高了广告的投放效率的同时还能够满足受众的信息需求。

**案例**　　　　　　　　　　完美日记的新媒体营销传播

完美日记的目标客户为新潮的年轻人,这一类年轻人喜欢动态视频却不希望花费太多时间,因此微电影在这类年轻人中十分火热。完美日记根据这一特点为"猫咪"眼影盘推出了一支微电影《猎心者》,并且邀请在青年人中很受欢迎的一位男明星(内地男歌手、演员)担任其色彩代言人。"不论日夜,猫的眼中只有灰色。"这支微电影以猫咪作为创意点,以该男明星的镜头诠释出如何探索色彩的可能。世界是彩色的,但在该男明星的眼里是黑白的,拍摄过很多照片,却从未看到过这些图景真正的颜色。一次偶遇,彩色终于闯进了他的世界。突然出现的女人,一闪而过,追寻无果,他的世界再次重归黑白。抱回一只猫咪,他的色彩探索之旅开始。究竟哪个是虚幻哪个是真实?闯入镜头的双眸,见者猎心,"猫咪"眼影盘成为唯一线索。

## 复习讨论题

1. 如何理解新媒体营销的内涵?
2. 联系实际阐述整合营销传播5R理论的主要内容。
3. 新媒体环境下整合营销传播的价值主要体现在哪里?
4. 联系实际说明新媒体环境下整合营销传播新业态的主要类型。

# 第二章 移动互联时代的用户体验与营销传播

> **本章要点：**
> - 移动互联网时代营销传播的变化
> - 移动互联背景下的用户体验模型
> - 移动互联网的思维
> - 移动互联时代营销传播的场景革命

通过上一章的学习，我们了解了什么是新媒体营销、整合营销的重要理论、新媒体环境下整合营销新业态的主要类型以及整合营销的价值。了解了新媒体，接下来我们要一起探讨：在移动互联网时代，如何进行营销传播，与之前的营销传播相比都有哪些变化？营销传播完成后消费者的体验如何？如何感知消费者体验？为什么说消费者体验重要？

## 第一节 移动互联背景下营销传播模式的变化

### 一、移动互联网：营销传播的全新生态系统

对于营销传播来说，移动互联网正在塑造一种全新的信息生态系统。在这一生态系统中，信息渠道、信息本身以及消费者都呈现出前所未有的特征。

（一）移动智能终端带来信息渠道的变化

移动智能终端作为人类感官的延伸，是目前人类与外界（包括现实世界和虚拟世界）保持信息连接的最便利工具，为营销传播信息渠道带来了前所未有的变化。

1. 人机合一带来的私密性和贴身式传播特征

与以往所有媒介不同的是，移动智能终端真正实现了人手一机、人机合一。它们是外部信息"专门"流向某个用户个体的最佳通道；同时也是用户个体源源不断向外界发送自身信息的端口。这些信息包括位置信息、消费信息、社交信息、精神活动信息等，在智能可穿戴设备的支持下，这些信息还包括与用户身体状态、运动状态相关的生理和物

理信息。这种锁定个体、极具私密性和贴身性的传播通道,使用户个体能够比以往任何时候都更多地为数字世界生产和贡献有关自身的信息;同时也使很多机构、组织和品牌能够对普通社会公众和消费者进行更加精准的洞察,并且有可能与用户进行一对一的沟通、建立一对一的关系。

2. 全时全景的传播特性

作为人的感官延伸,移动智能终端的信息流入与流出呈现出"随时随地""时时处处"的特性,这种信息交换甚至在睡眠中都未曾停歇(如可穿戴智能设备对用户睡眠数据的监测与发送)。这一部分来自移动终端对传统电脑端流量的争夺,另一部分则是移动终端独创的、具有全新特性的用户注意力资源增量。对于营销传播来说,这是一个新涌现的、具有独特规律的资源宝藏。同时,对于广电、报刊、户外等传统媒体和个人电脑来说,接触场景和使用场景相对静止、单一,而移动终端的使用场景则大为丰富。这可以提高对用户身份和行为进行识别的精度,也可能提高与用户进行信息交互的情景准确度。因此,全时全景性是移动传播生态中的一个重大基础性变化。

3. 线上与线下相融的传播特性

"线上"(online)和"线下"(offline)的概念发端于通过个人电脑接入互联网的时代背景。前者通常意味着人们坐在家中或办公室内,通过个人电脑进入互联网信息空间。后者则指人们离开了个人电脑,即离开了互联网,进入"离线"状态。而移动智能终端给这种人们习以为常的划分方式带来了巨大的冲击。在移动互联时代,人们随时随地都处于"在线"状态,互联网已成为一个用户随时可用的"标准配置"。同时,移动智能终端是一座超级桥梁,它可以与任何其他"屏"(如电视屏、户外看板屏、电影屏以及他人的移动屏等)以及"非屏"(如广播、报刊、书籍、招贴、产品包装等)进行信息交互。因此,通过移动智能终端,人们可以在"线下"场景和"线上"场景中实现自由转换,使现实场景中的信息流与虚拟场景中的信息流实现流畅的对接,颠覆了传统的"线上"和"线下"的概念界限,甚至实现了信息通道与购买通道、支付通道和服务通道的合二为一。

(二)移动互联背景中消费者的变化

移动智能终端在消费者中迅速普及,不仅为消费者提供了更多的品牌信息接触点和商品购买渠道,更重要的是这一趋势或许正在改变着消费者的认知规律、决策规律和消费规律。在移动智能终端和各种O2O技术的支持下,消费者的购买流程越来越能够在"任何时间""任何地点""任何情景"下实现动态一体化,甚至实现所有环节的无缝贯通。

同时,在移动社交网络的支持下,消费者可以突破时空和场景的限制彼此相连,成为一个高度连接的在线群体。例如,当消费者在进入某个消费场景或进行某项消费行为时,可以通过手机端的社交平台,随时随地在自己的社交圈子中对品牌、产品或服务进行展示、赞扬或批评。可以说,借助手机和以微信为代表的移动社交平台,人类的社交圈子从未像今天这样,与每个人的思想、行为时时刻刻紧密相连——当我们做出任何消费决策和行为时,都可以把我们的亲人、朋友、同学和同事(的注意力)一起带入相应场景，并随之产生判断。移动互联网上这种新型的口碑产生方式及影响方式，将深深地改变品牌与消费者的关系，改变品牌与消费者沟通的方式。

（三）移动互联平台上营销传播信息的变化

与个人电脑相比，人们通过移动智能终端接收和发送的信息具有高度碎片化、高速流转、高度个体化和私密化等特点。除此之外，移动互联平台上的营销传播信息还有一些意义重大的特点。

一方面，移动端上的信息类型大大增加。具备可触屏、麦克风、摄像头、传感器、定位功能、扫描器等功能的移动智能终端，不仅可以传递传统视听设备善于传递的文字、图片、视频和声音等视觉和听觉信息，还能传递诸如触觉和地理位置等多种信息。而智能可穿戴设备甚至能传递诸如用户的步伐、姿势等体态信息，以及心跳、血压、体温和视觉焦点等生理信息。

另一方面，从信息的呈现方式上来说，移动端出现了越来越多的与个人电脑和其他传统媒体不同的独特形式。例如，Facebook 移动端的"newsfeed"广告形式和谷歌、YouTube 移动端的广告位置，都呈现比个人电脑端更大的冲击力。在语音技术方面，苹果 Siri 通过自然语言识别技术新推出的 Nuance Voice Ads 产品中，用户可以通过语音直接与广告进行对话，同时各类语音搜索广告也在研发和推广中。在移动端技术的支持下，诸如"摇一摇""划屏""重力加速"和"现实增强"影像等手段也得到越来越多的应用，以提升移动端广告的用户体验和互动性。

## 二、移动互联时代营销传播模式的升级

在移动互联网这种全新的信息生态系统中，营销传播活动具有前所未有的复杂性和动态性，同时也具有更大的想象空间和创意空间。这使得今天的营销传播策划具有与过去完全不同的思考逻辑和战略要点。

（一）"超链接"策略提升营销传播效率及地位

对于营销传播来说，移动智能终端不仅仅是新增一块或几块屏幕，也不仅仅意味着能够实现对消费者的认知和行为进行全时全景式信息覆盖；更重要的是移动智能终端不应仅仅被视为可以帮助品牌或产品进行"宣传"或"推广"的信息中介（即传统意义上的"媒介"），它更是一个"链接者"：一个在消费者与消费者、消费者与产品/服务、消费者与品牌、消费者与企业组织、企业组织与企业组织之间进行连接的"超级链接者"。而新技术的不断推进，正在不断降低这种连接的成本、缩减这种连接的步骤、提升这种连接的效率。在这种背景下，今天的营销传播策划已不再仅仅是"找到消费者、告诉消费者、让消费者记住"这样单向、线性的宣传模式，而成为一个追求更高效率、充满无限创意和直达销售效果的复杂动态过程。

（二）针对个体的精准性进一步提升

在移动平台上，精准性的含义正在得到拓展。在移动端，Cookie 的作用被弱化，但由于移动智能终端具有"唯一性"，且其具有全时段、全场景覆盖的特性，因此，在移动平

台上,营销传播的精准性将体现在营销传播方案与用户个体属性、使用时间、使用地点、使用场景更高程度的匹配上。

1. 与消费者个体特性的匹配

例如,移动智能终端的地理位置、机型、操作系统、运营商、IMEI、MAC Address 和 IDFA 等信息已逐步成为移动广告投放平台对移动用户进行身份识别的重要数据类型。同时,通过用户使用 App 或浏览网页的类型和内容,对用户的使用时间和行为习惯等数据进行分析,再辅以广告主第一方数据和数据超市中的相关数据进行分析和挖掘,可以对用户的身份特征进行进一步的估算和识别。可以预见,移动互联网中用户身份特征识别的精准性会进一步提升,这使得营销传播与商业服务能够在更大程度上实现与消费者之间更为个性化、精准化、高效化的信息交互。同时,智能可穿戴设备,则为品牌和用户之间更高级别的"个性化交互"带来了前所未有的想象空间。例如,谷歌眼镜和 BaiduEye 等智能眼镜主要的交互方式来自用户语音、手势和头部动势以及图像视觉的输入。

2. 与消费者使用时间/场景/地点的匹配

在移动互联平台上,营销传播具备了提升精确性的更大可能空间,即在最恰当的时间、最恰当的地点、最恰当的情景中,与消费者进行互动。例如,通过对用户使用 App、刷微信朋友圈的时间特性进行计算,品牌主可以选择在最适合某位用户的时间点向其发起互动。有广告投放代理公司这样总结:"以腾讯新闻客户端为例,用户多以碎片化时间为主,使用时间多集中在上午,而腾讯音乐客户端则主要弥补下午及其他休闲时段,停留时间比较长。在这样的不同的个性化场景中,我们通过定制 mobile content(移动化内容),在不同的 mobile moment 中去突出我们要传达的主要信息,然后通过合适的交互机制,进行移动广告的投放和优化,从而提升移动媒体广告投放的效果。"位置数据同样是移动互联平台上的黄金数据。通过 LBS 技术,品牌主可以依据消费者的实时地理位置进行信息推送,如移动端 App 高德地图推出的"优惠地图"功能中,用户可以看到附近的生活服务项目,并且这一功能可将正在进行相关优惠活动的商铺结合地理位置信息以更直观的形式展现给用户。

(三)"移动型"创意提升用户体验

1. 适于实时分享、在移动中分享的创意

不同于个人电脑端的分享特性,移动端用户们的分享行为更加"随时""随地""随性"。因此,在移动智能终端投放营销传播活动的策划和创意时,需要满足并激发用户进行实时分享的欲望和行为。

例如,汽车品牌 MINI Coupé 在 2014 年日本东京车展中开展的"Hunting 大作战"营销活动,就是通过一款移动端的 App 让用户争抢一台虚拟的 MINI Coupé。此款 App 可以利用 GPS 定位让用户实时掌握这台虚拟车的位置、车子和自己之间的距离以及其他玩家的所在地,伴随着玩家的移动,车子被不同玩家争抢,而游戏截止时刻拥有这辆 MINI Coupé 的玩家,就可以得到一台真正的 MINI Coupé。而以微信红包、微信朋友圈小游戏等为例的移动社交平台应用,成为越来越多的品牌或企业进行消费者卷入、黏着以及构建消费者社区的重要手段。因此,在移动互联背景下,无论企业采用何种具体技术或形式,"移动式分享"都是其重要的创意原则。

2. 跨屏式创意

"跨屏"不仅是移动互联背景下营销传播策略的实现手段,也为移动营销传播带来创意的新空间。例如 Gadget Show 这一 BBC 5 频道颇受欢迎的电子科技节目,利用 360 度视频技术,让用户在观看节目的时候可以通过 iPad App 观看节目现场 360 度的全景,并以此创意吸引了数万名科技爱好者关注这档电视节目,并在 Twitter、Facebook 上展开了讨论。而引入院线的"弹幕",则可以实现影院大屏幕和观众移动屏幕的实时互动。可见,如果将"屏"的概念推广到除电视屏、电影屏、户外电子屏和车载屏之外更广的范围内,那么诸如户外广告看板、报刊、书籍、服装和产品包装等一系列信息载体,都可与移动智能终端实现充满创意的"跨屏"联动,将移动时代的营销传播创意水平推向一个新的高度。

3. 运用全息化、多感官化创意手段

在传统媒体和个人电脑上无法实现(或无法轻易实现)的全息化、多感官化创意表现手段,在移动智能终端上第一次具备了广阔空间。越来越多品牌在视觉和听觉的呈现方面开始尝试移动端的独特表现。而作为移动端广告积极探索者的快消品牌"杜蕾斯",早在数年前就在其品牌推广的 App 中应用两个手机之间的摩擦感应进行创意表现,而后又在其移动广告中使用了更多的多感化表现手段,如用户可以用手机麦克风吹动手机画面中的风车、用摄像头生成该用户的个性图像等。可以预见的是,视觉、听觉和触觉(甚至嗅觉和味觉)都将在未来被综合应用于移动端的信息设计,实现全息化创意。

## 第二节　移动互联背景下的用户体验

### 一、移动互联网络的主体及关键维度

用户是移动互联网络以及各种上网行为当仁不让的主体,时间、空间及内容是物理世界和网络空间中描述用户行为的基本维度,主体和基本维度构成了移动互联网这一完整的有机系统。而数据是联系人类社会、物理世界和网络空间的重要纽带,使得这个有机系统能够正常运转,它们的关系如图 2-1 所示。解决上述问题的关键在于从海量的移动互联网用户上网数据中理解用户在物理世界和网络空间中的行为模式规律,构建人、物理世界和网络空间的统一信息系统。因此,移动互联网用户行为分析需要综合考虑时间、空间和内容维度的信息。

具体而言,移动互联网用户行为分析需要回答如下问题:

第一,移动互联网用户上网行为在时间、空间和内容维度上的特征是怎样的?

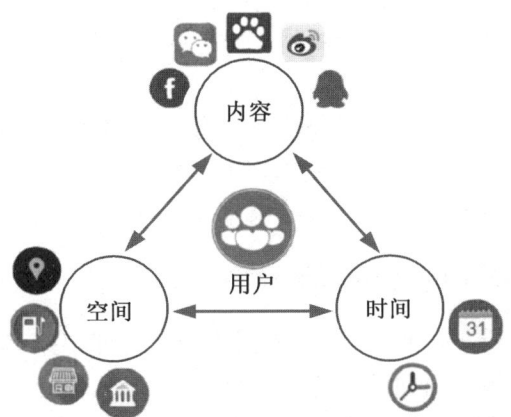

图 2-1　移动互联网中的主体及关键维度

第二，如何在个体和群体层面构建时间、空间和内容维度之间的关系？

反映到物理世界的实际应用中，移动互联网用户行为分析需要研究：

一是在移动大数据场景中，如何及时、准确获取用户感兴趣的内容？

二是如何高效地将用户感兴趣的内容提供给用户？

在移动互联网的发展过程中，上述每个基本问题均面临实际挑战：

首先，随着智能手机性能的显著提升，智能手机已成为人们享受移动互联网服务的主要方式。面对如此巨大的市场，无论是网络运营商，设备制造商还是内容服务提供商都急需了解不同类别的用户群体在时间、空间和内容维度上的上网行为模式特征。运营商可以根据用户行为的模式特征对不同用户群体设计合理的套餐；内容服务提供商可根据用户的行为模式选择合适的时机推荐用户可能感兴趣的服务。因此，如何细致地刻画不同类别的用户群体在时间、空间和内容维度上的行为模式特征是网络运营商、服务提供商及设备制造商实现自身发展的必要措施。

其次，在移动大数据的浪潮中，各种服务如雨后春笋般涌现。移动大数据为数据分析带来了许多困难，包括数据的非一致性、不完整性、可伸缩性、时效性及安全性。在以往的数据分析中，数据结构必须被很好地构造，但是移动大数据中存在各种各样的数据集，这给数据的有效表达、访问、非结构化或半结构化数据的分析带来很多问题。同时，大数据的处理、存储和通信都需要巨大的开销，如何利用在各种数据集中广泛存在的时间维度和空间维度信息，建立它们与内容维度的关系，并利用少量的已知数据，及时、准确和高效地获取用户访问内容是移动互联网个性化服务的基础。

此外，移动互联网是传统互联网的扩展，其本质是以用户为中心，让用户摆脱线缆的约束，用户能够在时间和位置上自由地享用各种网络服务，这给以"自由"为资源的管理及优化带来了极大挑战。在大规模用户的背景下，由于每个用户都可随时、随地使用任意移动互联网资源，受到用户行为在时间、空间及内容多个维度偏好的综合影响，势必出现部分地区或时段某种业务流量密集，其他地区或时段业务流量稀疏的现象，流量密集区域受到通信资源总量的制约，难以保证服务质量，从而影响用户体验；流量稀疏区域资源利用率低下,造成资源的浪费。因此,如何统一时间、空间和内容维度发现用户行为,从而合理分配网络资源,提升用户体验,是移动互联网可持续发展的重要保证。

因此,在移动大数据环境下,如何整合现有技术和资源,从海量互联网用户数据中全方面、多维度、立体地理解移动互联网用户上网行为,并根据获得的知识设计科学合理的内容预测方法和资源优化策略是应对移动互联网挑战的关键。

### 二、移动互联背景下的用户体验模型

"用户体验"一词是在20世纪90年代中期,由心理学家、计算机工程师、设计师Donald Norman(1993)所提出和推广的。目前业界专家学者已经为不同领域的用户体验提出了针对其领域的用户体验模型,即用户体验在该领域的原则和思想。现有的用户体验模型有Robert Rubinoff(2004)提出的用户体验四要素,Bernd Schmitt(2008)提出的用户体验体系,Whitney Quesenbery(2014)提出的5E模型,Peter Morville(2004)提出的信息架构3大饼模型和用户体验蜂窝模型,以及比较被业界广泛接受和推广应用的Garrett Jesse James(2002)提出的用户体验要素模型。

(1) Robert Rubinoff将用户体验分为四个要素,即品牌(Branding)、可用性(Usability)、功能性(Functionality)和内容(Content),并整合运用这四个要素来对产品的用户体验设计进行评价。

(2) Bernd Schmitt通过人脑模块分析和心理社会学说研究了消费者的体验,提出了感官、情感、思考、行为、关联五大用户体验体系。

(3) Whitney Quesenbery提出了5E模型:有效性(Effective),表明软件是可用的,而且能帮助用户准确地实现他们的目标;效率(Efficient)是所做工作的速度(与精确性要求相关);吸引性(Engaging),就是一个界面所带来的愉快、满意或兴趣程度;(Error tolerant),包含产品防止错误的程度和帮助用户从错误出现中恢复;易学(Easy to learn),产品如何支持首次引导和更深度的相关学习。

(4) Peter Morville提出了用户体验的信息架构3大饼模型(见图2-2):情景,即商业目标、资金、政治、文化、技术、资源和限制;内容,即文档数据类型、内容对象、数量和现存架构;用户,即受众、任务、需求和信息搜寻行为体验。

(5) Peter Morville提出了用户体验蜂窝模型(见图2-3):有用,即作为参与者,我们需要查看产品和系统是否有用,有没有更有创造性的想法使方案更加有用;可用,即网站的可用性是必要的,但还不足够;合意,即情感设计的各个方面,图形、品牌和形象等都是有独特价值的;可寻,即导航与定位非常重要,用户可以找到他们需要的东西;可接近,即使网站是高效的,我们也要对障碍人士友好;可靠,即有很多因素影响用户相信和信赖一个网站;价值,即对非营利性网站来说,网站要为投资人贡献价值并提升客户的满意度。

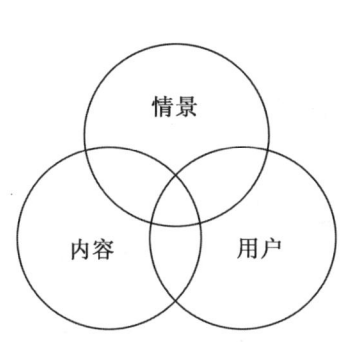

图 2-2　信息架构 3 大饼模型

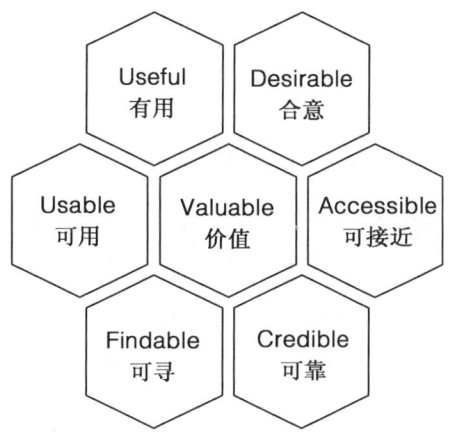

图 2-3　用户体验的蜂窝模型

（6）Garrett Jesse James 提出了著名的用户体验要素模型：

① 战略层——网站目标和用户需求。

成功的用户体验，其基础是一个被明确表达的"战略"。知道企业与用户双方对网站的期许和目标，有助于确立用户体验各方面战略的制定。

② 范围层——功能规格和内容说明。

带着"我们想要什么""我们的用户想要什么"的明确认识，我们就能弄清楚如何去实现所有战略的目标。当把用户需求和网站目标转变成网站应该提供给用户什么样的内容和功能时，战略就变成了范围。

③ 结构层——交互设计与信息架构。

在收集完用户需求并将其排列好优先级别之后，对于最终展品将会包括什么特性已经有了清楚的图像。然而，这些需求并没有说明如何将这些分散的片段组成一个整体。这就是范围层的上面一层：为网站创建一个概念结构。

④ 框架层——界面设计、导航设计和信息设计。

在充满概念的结构层中开始形成大量的需求，这些需求都是来自我们的战略目标的需求。在框架层，需要更进一步地提炼这些结构，确定详细的界面外观、导航和信息设计，这能让结构变得更实在。

⑤ 表现层——视觉设计。

在这个五层模型的顶端，我们把注意力转移到网站用户会先注意到的那些方面：视觉设计。将内容、功能和美学汇集到一起来生成一个最终设计，这将满足其他四个层面的所有目标。

移动互联背景下用户体验贯穿在一切设计和创新过程中，如网页设计、App 设计、产品设计和服务设计等。随着计算机和互联网技术的发展，用户体验逐渐在软件设计和互联网产品设计中占据重要地位。市场竞争的重点正在从技术转向用户体验，消费者对用户体验的要求越来越高，人们对产品关注的焦点已不仅仅停留在功能性和实用性的层面，更多的是关注易用性和愉悦感。用户体验并不是指一件产品本身是如何工作的,而是指"产品如何与外界发生联系并发挥作用"。用户体验带有很强的主观性,因此具有很多不确定的因素,但是对于一个界定明确的用户群体而言,良好的用户体验是可以通过设计来实现的。

### 三、用户体验在移动互联时代的应用

用户体验在移动设备上的媒体接触点表现主要涉及交互设计和界面设计。

移动设备中的交互设计要注意以下原则:

(1) 清楚的错误提示,即用户在误操作之后,系统提供有针对性的提示。

(2) 界面提供用户可控性,比如出现"上一步""下一步""取消"等操作界面,给用户提供选择的机会,允许用户实施主动返回等操作。

(3) 支持手写和键盘输入等不同的输入方式,满足不同用户和不同场景需求。

(4) 允许工作中断。例如,用户用手机编辑新短信的时候,接到电话,接完电话后回来仍能够找到刚才正编辑的内容。

(5) 使用用户熟悉的语言而非晦涩难懂的技术语言。

(6) 提供快速反馈。例如,在任务缓冲时,给用户心理上的暗示,避免用户焦急。

(7) 方便退出。是一键完全退出,还是一层一层地退出,提供两种可能性。

(8) 导航功能。方便功能的切换,也就是说能够较容易地从一个功能跳到另外一个功能。

(9) 让用户知道自己当前的位置,使其能够做出下一步行动的决定。

在移动设备中的视觉设计则要遵循以下原则:

第一,界面清晰明了。根据使用场景为移动中的设备设计界面而不是直接复制电脑桌面上面的设计。

第二,减少用户的短期记忆的负担,依赖认知而非记忆,也就是向自然用户界面方向发展,减少用户过多的思考,使其行为是出于习惯和本能的反应。

第三,尊重用户以往的使用经验。

第四,保持协调和一致性:通过视觉层次、颜色、质感和版面布局等在界面设计上达到协调和一致性,可以提高产品所塑造的品牌形象,在一定程度上减少用户的认知成本。

## 第三节 移动互联背景下的营销传播

### 一、移动互联下的品牌传播理念与互联网思维

技术变革改变了社会环境,也改变了营销传播的环境。设备的移动化、智能化和用户体验至上等使移动互联时代营销传播环境发生了重要改变,进而对营销传播提出了新的要求。而移动互联时代对品牌营销最大的影响是传播理念的变化与互联网思维。

首先，营销者需要从营销观念、思考方式、行为习惯以及营销策略等方面改变经营者原有的思维模式。如纸媒和电视等传统媒体如今日趋式微，互联网和移动互联下形成的媒体迅速发展，正有取代传统媒体之势。

其次，营销传播方式的变化，使得互联网和移动互联下产生了很多新的营销模式，如精准广告、电子商务、网络社区、视频网站、网络软文和网络电视等。

再次，社群的形成造就了一个个神话，使得经营者需要重新认识消费者的主体性。传统企业讲消费者和用户，而如今讲"粉丝"，这三种群体看似是一类人，却有不同。"粉丝"未必是购买者，他们可以是对这个产品或品牌极度热爱，但又没有在短时间产生购买的一类人；他们也可以是购买者，已经对产品产生情感，有忠诚度，如苹果手机用户。

最后，扁平化管理方式。这是在移动互联下企业能否做到协作、开放、分享、沟通和品牌营销传播的关键。基于互联网思维的企业能不能做到扁平化管理对其发展十分重要。

移动互联下的互联网思维主要有以下几种表现：

1. "粉丝"思维

"粉丝"这个词恐怕是今天互联网上提及最高的词语之一，它也是互联网思维的核心。从有互联网开始，就离不开用户，用户的注册数和活跃率等都伴随着各种互联网产品，到了 SNS、微博、微信产品出现时，"粉丝"成为衡量一个平台影响力的重要指标之一。衡量一个明星的人气，会看微博有多少"粉丝"、贴吧有多少用户等。"粉丝"的参与和体验，也成为产品最好的创新源泉，"粉丝"也是品牌的一部分，或者说有"粉丝"才有品牌，否则就只是 LOGO 而已。

2. 迭代思维

互联网的产品很多都具备迅速迭代的特性，快速试错、快速更新。传统企业做一个产品，从调研到上市有一个漫长的周期，且流程复杂；互联网时代需要的是快，具备迭代思维才能跟得上速度。新产品的调研在"粉丝"中进行，测试也在"粉丝"中进行，这一切源于一个思维，"粉丝"会帮助我们的产品和营销实现快速迭代，比如 360 的产品、小米手机和一些 App。

3. 大数据思维

企业不论大小都可以利用大数据思维。在大数据中，当人们浏览了一个网页，购买了产品，评论了产品，又看了其他产品时，对这一系列的行为都可以进行分析判断。以往分析产品的目标用户更多基于经验判断，或者抽样调查等；而现在，确定用户属性时不能仅限于男女、地域、年龄和收入等基础信息，更多维度让数据更具个性和针对性，大数据的思维会让我们的营销触及更加精准，呈现的结果也是显著的。

4. 极致思维

极致这件事情会让人很兴奋，不论从产品的极致还是价格，总有一块要做到让人尖叫。产品在锻造时考虑的因素有很多，希望突出的亮点有很多，但是哪一个才是需要放大、做到极致的，这一点需要思考。只有你的产品有极致的特点才会脱颖而出，才会令"粉丝"聚集、乐意分享。像海底捞，把服务做到极致，就是一个值得称道的例子。

5. 平台思维

平台思维的特点首先是开放,就如同众多平台提出的开放一样,这也是互联网的精神;其次就是共享和共赢。平台可以从传统领域向互联网转变,建立共赢的生态圈,上下游加入进来,如 BAT 已经构建了一个强大的生态圈;对于电商的开放平台,如京东或者 360 等企业的平台,要学会借势。

## 二、移动互联下的营销传播特质

### (一)营销传播环境的日新月异

整体来说,传播环境的实时化、扁平化和去中心化是一种趋势,传播环境大的趋势决定了营销传播各要素的发展方向。新媒体时代的 SoMoLo,即本土化、社交化和移动化三大特征,给传播要素带来了根本性的改变,为信息网络用户创造了形态多样的信息传播单元和信息交换关系。移动互联网对整合营销传播的影响也体现在品牌关系的改变上。品牌关系既包含品牌与品牌的关系,也涉及品牌与消费者的关系。空间、时间、信息结构和互动方式上的变革使得品牌与消费者进行新的沟通。我们所能看到的诸如宝洁和欧莱雅等大型快速消费品公司正在积极地寻求品牌营销方式的转型。无论是数字营销革命还是个性化整合营销传播之路,都体现了企业对消费者地位和作用的重新审视。

以社交化的趋势为例,互联网发展过程中,人际交往的便捷性与人们天然地对社交的需求性并没有成弥合趋势。人们渴望自己生活在群体中,在虚拟世界也是一样。人们已经有很多的交流工具,但还需要更多,语言、文字,或者是一次大型的活动,任何有传递性的标志都可以成为社交的一种符号。消费者对品牌所寄予的态度已经不仅仅是获取商品使用价值的信息来源,品牌本身就成了一种交流工具,连接着品牌主和消费者。对于品牌来说,"品牌今天要考虑的不再是简单的广告覆盖多少人,发布多少频次,而应该思考如何让广告成为人们愿意分享和扩散的内容,让大家看到你的品牌后,愿意积极主动地通过移动互联网与其他人进行分享"。

### (二)品牌受众的精准定位

品牌传播是指企业告知消费者品牌信息、劝说消费者购买品牌以及维持品牌记忆的各种直接或间接的方式。移动互联网时代,随着智能化的发展,从"识别记忆"到"识别人心",已不再是难事。与传统媒体时代的品牌营销传播相比,显然"i 时代"拥有了获取"人心"的科技能力,这使得整合营销传播能更直接地面对消费者。企业品牌营销传播者可以清楚自己受众的消费倾向、兴趣爱好和审美标准——"i 时代"帮助其有效地找到了这些对象所处的地域、阶层乃至消费水平。根据这些获取的"消费者画像"可以使其更为准确、客观地实施品牌精准传播,甚至可以制造所谓的"临场感"。以电子商务为例,随着移动互联的不断进步,由网络所塑造出的消费者的意识、社会和情感的"临场感",对购买意愿都具有积极影响,而整合营销传播借助移动互联,在创造临场感方面拥有丰富的手段,使得整合营销传播对人心精准的渗透能力和贴近能力得到加强。

### （三）营销传播的多元化思维

在"i时代"，倘若依旧采取单向的传播方式来进行品牌刻画，将很难建立与消费者的亲密关系。在当下复杂的传播格局中，只有通过多元化的品牌塑造、传播方式，才能聚合起消费者的人气，营造出品牌关注点和中心点。换而言之，只有不断地营造企业及其品牌的丰富内涵，即不断地制造品牌魅力来吸引消费者，不断地释放品牌信息，才能消除消费者的抵触情绪。

"去中心化"让民众、消费者有了平等选择消费品、平等掌握品牌信息的权利。在消费领域，"i时代"给人们带来了更多的"平等"与"平权"。权利意识的增长不仅体现在政治领域，也体现在市场法则方面，亦彰显于营销传播之中。"i时代"的企业品牌塑造传播不再是高高在上，也不再是单向度的品牌灌输，而是尊重消费者的选择权利，以平等甚至谦逊的姿态面对消费者。"去中心化"让消费者有了海量的品牌选择机会，"去中心化"的同时，在消费者情绪上，也滋生出"反权威"的消费主张。只有充分考量当代社会民众的心理变迁，考量使用更为平等的品牌话语传播体系，不冒犯消费者这种反权威的"逆反心理"，才能适应消费者的情与理。

## 三、移动互联时代营销传播的场景革命

移动互联时代，数字化场景正在重构商业、媒介、消费和社交的模式，场景成为营销传播的连接点、触发点与消费点。

### （一）营销传播场景概述

#### 1. 场景的释义与特征

"场景"一词原本多出现在影视行业，指特定时间、空间和人物行为等构成的用来表现剧情的一个个具体画面。后经Robert Scoble & Shel Israel之手，"场景"被引入传播领域。他们在作品中预测场景时代的到来，展示场景的五种技术力量带来的个人处于各种身份时的体验变化以及大大小小的企业将面临的变化。其实场景传播的核心实质，就是个性化、精准匹配的信息和服务。实际上，场景感知和信息（服务）适配就是移动传播的本质。在经过内容、形式和社交时代之后，场景成为当下的核心要素。

20世纪80年代中期，美国传播学者Joshua Meyrowitz在对Erving Goffman的"拟剧理论"以及Marshall McLuhan的"媒介决定论"进行考查的基础上，将"场景"作为构建社会事实的重要维度，即将社会的"情境"（Situation）定义为"信息系统"。这一系统实现了场景从"物质场景"到"信息场景"的延伸，并在此基础上提出了"新媒介—新情境—新行为"理论。

综上，可以将场景视为一种"物理场"和"心理场"的集合，场景所反映的是人与周围环境之间的关系，而信息则在两个"场"之间不断地交换。换言之，场景本身就是一个信息传播渠道。

#### 2. 链接与体验：移动互联时代场景化营销传播的核心

伴随着互联网移动化的发展，"移动设备、社交媒体、大数据、传感器和定位系统"构

成了场景的五大全新技术力量。在这些技术力量的支撑下,场景更成为当前社会形态下的新的空间呈现方式:它作为一种数字生活空间,是以互联网为基础的新的传播形态,是依托数字技术对人类日常生活中的各种信息传播和交流活动进行的虚拟的还原和放大。

首先,移动互联实现了碎片化场景的重新链接。在移动技术的支撑下,借助移动终端设备,人与人、人与产品、人与商家和人与服务等各种关系的多维链接均得以实现,从而形成了连环的场景。其次,移动互联技术带来更为丰富多元的消费体验。消费者浸润在场景之中可以获得更为丰富的、更具动态化的"时空一体化"场景体验,从而使企业有关品牌和产品等方面的信息对消费者产生更为积极的影响。最后,场景链接和体验是一个不断扩张的过程。场景通过重构企业与消费者的链接带来体验,既构成了重要的传播点,也成了消费者之间分享的重要触发点——处在场景中的人本身也成了渠道。

(二)营销传播竞争的核心:建构数字化场景

传统的营销传播大多依赖广告,依赖广告的创意表现。在印刷场景时代,广告是"印在纸上的推销术"。在电子场景时代,品牌的营销传播就是用广告提出"独特的销售主张(USP)",或者用广告塑造品牌形象并广而告之,营销传播就是在消费者的心智空间寻找一个恰当的定位。纵观这些营销传播的思想和方式,其核心理念就是利用媒介广告来传播品牌的信息,而传播得好坏取决于广告表现得优劣。因此,在营销传播的过程中,广告创意成为核心要素,成为企业、广告公司和媒介共同关注的问题,而品牌信息的接收者(品牌潜在的消费者)却被不同程度地忽视,即便有重视,也缺乏直接捕获注意力市场(消费者的"眼球经济")的有效途径或工具。因为印刷媒介和电子媒介是单向的传播,信息的传播者和接收者是分离的。对消费者来说,绝大多数广告是被动接收的,消费者是信息传播的旁观者,甚至是信息接收的逃避者(如在电视广告时段就调台)。

进入移动互联时代,数字化媒介的传播是双向的、即时的和移动的,信息的生产者、传播者和接收者之间是互动的,甚至彼此的角色是互换的。相较于传统媒介提供的场景,数字化场景的连接更快、更广、更方便,它可以搭建各种各样的超越时空限制的互动、多元和沉浸式的体验平台,充分满足人们个性化的生活方式、价值追求与情感满足。不仅如此,移动互联技术不断打破行业壁垒、推动跨界融合。现代企业价值的获取不再是以自身运营为中心,而是需要从渠道和自身资源的角度出发,打破品牌与行业壁垒,围绕用户的个性化需求搭建出适宜的数字化场景,形成互补的品牌跨界和连接,创造新的场景用户群,进而实现品牌价值。要改变传统品牌营销传播中品牌与消费者之间的弱连接状态,使消费者与品牌在关系网中产生强连接,现代企业必须利用数字化媒介和移动互联技术来建构数字化场景,利用场景来整合、加强品牌与消费者的连接关系。

(三)营销传播数字化场景的建构策略

1. 建构"连接、互动"的应用场景,增加品牌接触点

企业应该精确定位品牌的应用场景,为品牌与消费者搭建可以快速连接、即时互动的通道,使两者身处同一个信息空间以增加品牌接触点。消费者只有与品牌亲密接触,

才会对品牌进行关注。

如何建构应用场景？这就需要采用定位系统识别消费者的空间位置，使用移动设备和移动通信网建立连接通道。例如，滴滴出行利用定位系统为车与行人提供连接，携程网通过"非常准App"将航班信息与乘客连接，耐克通过"耐克跑步"将耐克品牌与跑步爱好者连接。这些连接构成不同的信息空间，就像建构了一个"集市"供人们进行信息交流。只是这个"集市"是虚拟的，而且是互动的。

应用场景连接的目的就是为了加强消费者与品牌的互动，因为互动可以使消费者由被动变为主动、由围观变为参与、由疏离变为亲密。这就要求应用场景里应该设计一些方便用户参与品牌互动的环节，并提供技术和服务支持。例如，韩国一则著名的跑步运动鞋品牌推广，就是在地铁月台的防护墙上装上一个带有鞋柜的游戏显示屏，然后采用定位传感系统识别从此经过的人，一次识别出两个人并将识别出的人脸显示在屏幕上，提醒二人进行跑步按键游戏对决，获胜的一方可以从鞋柜即刻挑选一款喜欢的运动鞋。这个品牌推广活动非常受欢迎，销售效果也很好。其原因就在于它为品牌和消费者提供了连接与互动，将本无关联的行人带入一个与运动相关的场景，通过游戏比赛活动将被动变成主动，将疏离变为与品牌的亲密接触。

2. 搭建"沉浸式"消费场景，提升营销传播效应

企业应该基于应用场景搭建便利的消费场景，使身处同一信息空间的品牌和消费者之间产生信息交流或价值交换。例如，阿里集团通过"淘宝网"将商品与消费者连接在一起，并进行在线买卖。在移动互联时代，"传播成为一种数据驱动下的信息流动过程，数据联结着传播的各个要素和环节"。数据也是整合营销传播的基础。大数据技术的运用可以充分挖掘、无限细分、精确把握消费者的个性需求和日常消费习惯，为品牌捕获目标消费者提供了支持。而网络平台和移动通信平台作为社会化媒体的一部分，也可以通过云端的数据分析用户，为用户提供适合的信息、社交、服务等。

搭建消费场景的目的就是要促成品牌消费行为的产生，这要求所构建的消费场景能为用户提供沉浸式体验。沉浸式体验既包括人的感官体验，又包括人的认知体验。只有包含丰富的感官经验和认知活动才能创造出最令人投入的体验行为。虚拟现实是能带来沉浸式体验的有效方式，因为虚拟现实的本质就是提高现实感，让用户参与到媒介产品的互动和游戏中，产生身临其境之感。

3. 构建便捷的支付场景，促进品牌增值

企业应该选用合适的支付场景，为消费者完成品牌的消费提供及时便利的支付空间。移动互联技术重新定义了消费时空观，消费不再局限于特定的时间、地点，而是随时随地。品牌要满足即时消费，就需要为用户提供方便快捷的支付条件，那么就需要与能提供支付功能的企业合作，实现跨界连接。德国一家银行与一个公益组织合作，在户外广告荧屏上内置刷卡支付系统，每当行人想自愿捐助时，可以拿出银行卡在广告荧屏的卡槽上刷一下，而荧屏上伴随的显示是一片面包被切下，一双饥饿的手获得了面包片；或者是束缚在一双手上的绳子被割断，人获得了自由。最后，捐助者会收到银行对

账单,对支付结果予以确认。这样的跨界连接,获得了双赢。银行通过提供支付服务,参与了公益事业,不仅树立了企业良好的社会责任形象,也传播了该银行的服务品牌;而公益组织借助银行的支付功能在宣传公益事业的同时即可获得捐助款;对于捐助者来说,捐助的方式更形象,捐助的渠道更方便,捐助的价值感更强烈。

  4. 建构多元分享的传播场景,共创品牌营销传播价值

  数字化媒介的广泛使用,完全改变了媒介与媒介用户的关系。随着自媒体和社交媒体的发展,用户借助于网络空间越来越多地参与到媒体的生产与经营中来,用户的主动性、自发意识越来越强烈,用户内容生产已经成为时代潮流;移动互联使媒介信息消费的空间由固定变得飘移,如今媒介用户接收信息是随时随地,且是多媒体、多终端和多渠道的即时性消费;随着共享经济的到来,不受经济利益驱动的用户出现,用户进行媒介信息消费的目的发生变化,用户接触媒体、消费信息的目的是为了交换信息或免费分享。企业只有正视这些变化,建构多元分享的传播场景,才能为品牌营销传播提供更好的价值增值渠道。

  一方面,企业应该具有跨界整合传播场景的能力。比如能将应用场景、消费场景和支付场景进行有效整合,形成多元跨界的品牌营销传播场景。著名品牌可口可乐公司为了提升其"零度可乐"的品牌与销售,成功建构了多元跨界场景,收效颇丰。在户外,可口可乐公司搭建了一个巨型可乐饮用广告牌,该广告牌不仅供看而且可以使用。消费者只要按下饮用开关,可乐液体就顺着长长的输水管流出。可口可乐公司还在宣传单页和某些杂志的内页附带有二维码的吸管,用户手机扫码即可获赠一张优惠券,可去任意销售点兑换产品。与此同时,可口可乐公司在智能手机上推出一款"音乐神搜"软件,只要广播上响起可口可乐的音乐、电视上出现可口可乐的瓶子,打开"音乐神搜"软件,手机界面即刻出现可乐水杯,将水杯对准广播或电视屏幕里的瓶口,就有可乐液体注满水杯的画面与声音,注满一杯即可去任意销售点兑换一瓶可口可乐。这就是一场整合运用多种场景的品牌传播,即整合了户外媒介、平面媒介和电子媒介等传播应用场景,建构了即时消费场景与多种支付场景,充分满足了消费者互动、沉浸和多元的体验需求,扩大了品牌营销传播的价值。

  另一方面,企业还必须充分挖掘和利用媒介用户多元分享的需求,将潜在的消费者变成品牌价值的共创者。比如,利用日渐兴起的社群,来建构协同分享的传播场景。网络社群的兴起正在为商业打开新的价值空间,社群经济成为新的价值增长形式。互联网为人们提供了"公开寻找知己"的通道,使人们更容易获取感兴趣的同人或社群。而社会化媒介的广泛使用也降低了人们发现同人或社群的成本,还为同人或社群提供了共享空间。同时,社群具有协同分享的能力。社群的形成源于人的内在动机和社会化动机,内在动机就是希望在同人群里获得自治和胜任感的满足;社会动机就是对成员资格和分享内容的渴望。正因如此,社群里的人往往具有共同的兴趣和价值追求,他们彼此也乐于协同分享。对企业来说,因为社群具有可以被识别的符号特征,企业可以通过细分社群,找到与品牌相契合的消费群体,将其作为协同分享的传播渠道;再借助于社群的凝聚力与分享力,把社群用户变成对品牌有着真实感情和价值认同的"粉丝"和拥

护者，而这些拥护者常常会主动通过社交网络进行品牌分享和传播，从而影响到更多的消费者。这样一来，社群里的每一位成员都将变成品牌的价值传播者，变成品牌价值的共创者。社群的协同分享传播成本低廉，却使传播价值倍增。

**案例** 亚马逊的体验营销

亚马逊影业是一家提供电影服务的公司。它主要通过发行 DVD 和蓝光光盘来向客户销售电影。亚马逊影业的业务范围主要包括电影的宣传、发行、放映和销售等方面。宣传方面，亚马逊影业会通过各种渠道来宣传电影的内容和优势。

随着科技的发展，品牌开始更多利用 AR、VR 等交互技术进行互动营销，增强体验。亚马逊流媒体平台曾为了推广剧集 The Boys 2，请体验营销代理商 Jam3 和 AKQA 制作了一款 App。这是一款使用了 AR 技术的移动端游戏。下载该 App 后，玩家首先用手机记录周围环境实况，当数据录入之后，从手机里看到的场景将会出现一些虚拟图像，将环境打造成剧集中的场景，与此同时，手机则成了射击设备，玩家可以攻击剧集中的反派角色，并和剧集中出现的物件合影，深化体验观影的快感。与发布预告片或者设置线下体验装置相比，这种混合现实的营销能给受众带来更为独特的体验和记忆。

请思考：尝试运用 Peter Morville 提出的用户体验蜂窝模型讨论亚马逊体验营销的策划思路。

## 复习讨论题

1. 移动互联网时代营销传播的变化有哪些？
2. 简要概述移动互联网背景下消费者体验模型。
3. 联系实际说明移动互联场景下的互联网思维有哪些。
4. 结合实际说明移动互联时代如何进行品牌营销传播的场景革命。

# 第二篇 理 论

# 第三章 新媒体背景下的营销传播理论

**本章要点：**
- 信息传播的概念及其构成要素
- 消费者信息传播说服的理论模型
- 传播学的十大核心理论
- 传播学十大核心理论的嬗变

上一章我们了解到移动互联时代营销传播的变化、用户体验模型、互联网思维以及进行营销传播的场景革命等，对于移动互联时代的营销传播有了较深刻的认识。接下来我们将要深入了解新媒体背景下的营销传播理论，首先认识信息传播，接着学习信息传播说服的理论模型，传播学的十大核心理论，以及十大核心理论的嬗变。只有深入学习理论，深刻把握理论，才能在实际中更好地运用。

## 第一节 一般传播过程

### 一、信息传播的概念及其构成要素

（一）信息传播的概念界定

"传播"一词是从英语单词 communication 翻译过来的，原意包含通知、传达、传授、传染、联络、共享等意思。学界对于"传播"的定义多至上百种，且各有侧重。例如，1988年出版的我国第一部《新闻学字典》将传播定义为："一种社会性传递信息的行为，是个人之间、集体之间以及集体个人之间交换、传递新闻、事实、意见的信息过程。"邵培仁（2015）则将"传播"定义为："传播是人类通过符号和媒介交流信息以期发生相应变化的活动。"综合上述定义，可得知对"传播"的共性认识：传播是人类（自身及相互之间）通过传送与接收的行为使信息流动的过程。

(二) 信息传播的构成要素

一个完整的信息传播活动主要包括以下八个要素：发送者（信源）、编码、渠道（信息）、接收者、解码、反应、反馈与噪音。

1. 发送者（信源）和编码

传播过程始于发送者。信源（source）是指一个拥有可以与另一个人或群体共享的信息的人或组织。信源既可以是个人（如销售人员或聘请的发言人），也可以是非个人的实体（如公司或组织本身）。当信源选择词语、标志和图像等来代表它将要传递给接收者的信息时，传播过程就开始了。上述过程就是编码（encoding）过程，需要将想法、注意或信息装进一个象征性的符号里。发送者的目的是最终能够按照接收者可以理解的方式进行编码。这也意味着，发送者要使用目标受众熟悉的语言、符号和标志等。

2. 渠道（信息）

编码的过程导致了信息（message）的产生，包含信源希望传达的意义和内容。信息可以是语言形式的或非语言形式的，可以是口头的或书面的，也可以是象征性的。信息的传递必须选用合适的信道进行传播。信道（channel）是指传播从发送者到接收者所经过的通道，既可以是人员信道，也可以是非人员信道。传播的人员信道是指与传播对象进行面对面直接沟通，当销售人员将销售信息传向一个买家或潜在消费者时，他们的服务就是传播中的人员信道传播。这也被称为口碑传播（word-of-mouth communication），是消费者获取信息的有效途径。传播的非人员信道是指发送者和接收者之间的信息携带不存在人际联系。非人员信道通常是指大众媒体（mass media），因为信息可以在同一时间向许多个人进行传递，主要包括两种形式：平面媒体和广电媒体。平面媒体包括报纸、杂志和广告牌等；广电媒体包括广播和电视等。

3. 接收者和解码

接收者（receiver）是指与发送者共享信息的人。一般来说，接收者是指市场上的消费者或读到、看到、听到营销信息并进行解码的受众。解码（decoding）是指将发送者信息还原为自身认识的过程。这个过程主要受到来自接收者的参考框架或个人经验的影响。为了实现信息的有效传播，接收者的解码过程必须与发送者的编码过程相匹配。信源与接收者都把各自的参考框架（环绕彼此的圆圈）引入传播环境中，如果二者有共同背景（重合部分），实现有效传播的可能性就会比较大。发送者对接收者的了解越多、越深入，对其需求把握越准确，双方的沟通就越顺畅，信息传播也就越有效。

4. 反应和反馈

反应（response）是指接收者在看、听或读信息之后的一系列举动。反应的范围很广，可以是无法观察到的行为过程，如记忆中的储存信息；也可以是即时反应，如拨打电话订购电视广告中的产品。而反馈（feedback）则是指接收者发回发送者的那一部分信息，如消费者对产品的不满或夸赞等。信息反馈有很多种形式，它是传播流的环形的终点，并使发送者能够监控所发出信息的解码与接收。

5. 噪声

在信息传播过程中，外部的不相干因素常常会扭曲或干扰信息的接收，这些计划外的干扰或扭曲就是噪声（noise）。噪声可能产生于传播过程中的任何阶段。在解码过程中出现的错误或问题、广播或电视信号失真、接收时的偏差都属于噪声。噪声也可能是因为发送者的经验领域与接收者不重叠而产生。缺乏共同背景也会导致错误的信息编码——发送者使用了接收者陌生的或有不同意义的符号、象征或文字。双方的共同背景越多，发生这类错误的可能性就越小。

## 二、信息传播的一般过程

传播是信息传递的一个动态过程，信息在传播活动中所涉及的诸要素之间相互影响、密切联系，有着缜密的结构性与序列性，共同构成一个系统，即传播过程。传播过程主要由信息的编码、传递与译码构成。

（一）信息编码

编码（encoding）就是"将目的、意愿或意义转化成符号或代码的过程"。编码属于传播者的行为，将信息转换成符号或代码以便于媒介载送与受传者接收。信息是通过作为信息外在形式的符号来传递，符号与意义共同组合成信息。在传播学中，符号与意义是密不可分的共生体。如果没有符号，意义无法传播；没有意义，符号的传播就没有价值。符号的作用就是携带和传递意义。编码就是传播者通过符号传递其携带的意义和内容，实现信息共享的过程。所以，编码就是信息符号化的过程。此时，在传播者身体上汇集的待编码的信息是已经经传播者收集、加工与整合过的处于预备发送状态的信息，并不是未经处理的原生态信息。

（二）信息传递

当传播者完成信息内容的符号化过程，把信息转换为可供传递的形态，如文字、图像、动作后，需要进行信息传递。传播者需要选择传递信息的方式，即应用一定的工具或通过相关渠道进行传递，这种工具或渠道就是媒介。媒介是传播过程中的核心要素，它连接传播的始端传播者与终端受传者，使信息从传播者传递至受传者，故而传播学中把媒介称为"传送器"。不同的传播媒介有着负载符号的不同特点。纸质媒介主要承载文字与图片符号，其特别擅于发挥文字符号易于记录与存储的特征优势，而对于其他符号则表现力较弱。身体媒介特别擅长发挥非语言符号的表现力，如体态符号和副语言等。所以，在信息传递过程中，传播者根据所传递信息内容的自身特点与传播要求，选择合适的传播媒介，是获得较理想的传播效果的重要环节与手段。即运用不同的传播媒介会带来不同的传播效果。

（三）信息译码

在信息传播活动中，译码（decoding，也称解码）位于传播过程的终端，由受传者完成。译码是编码的逆过程，即受传者把传播者符号化的信息再从符号中提取与转换出来，解读出符号所附载或其所要表达的内容与意义。在信息传播活动中，信息所产生的意义主要有两层:一是编码者自己建构的意义;二是译码者根据自己的个人情况与社会背景等解读框架而理解的意义。于是,传播者与受传者的编码意义与译码意义往往会因此出现不同程度的差异,形成影响信息传播过程的"噪声"。

## 第二节　消费者信息传播说服的理论模型

### 一、AIDA 模型

AIDA 是消费者对营销传播反应的简单模型。AIDA 是品牌信息作用于消费者及潜在消费者身上的四个说服性步骤或者期望效果的首字母缩写:注意(Attention)、兴趣(Interest)、期望(Desire)、行动(Action),即品牌信息吸引潜在消费者的注意,对品牌产生兴趣,对品牌有期望,最后是行动。但行动并不代表实际购买,可能是产生的其他反应。事实上,大部分购买行为只有在消费者产生某种需求后才会发生,也就是说,消费者在交易行为中是有主动性的。也有少量非理性购买行为适用于这种模式,比如在日用品进行大规模价格折扣的销售促进活动时,消费者可能因为价格的诱因购买了并不需要的产品。

### 二、思考/感觉/行动模型

AIDA 模型具有层级性,看起来是线性的,但并不能总是推断出消费者品牌决策的制定过程。很多购买行为理论表明,购买者的决策并不总是按照明确的顺序进行。而思考/感觉/行动模型确定了消费者的三种反应,即思考、感觉、行动以及它们的组成部分。但是它们的顺序会随着产品种类、参与水平、购买者类型的不同而不同(见图 3-1)。

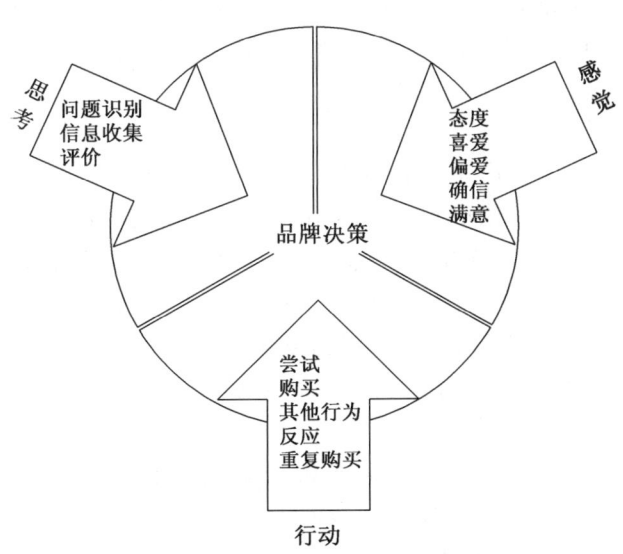

图 3-1　思考/感觉/行动模型

某些产品,比如一些日常消费品属于低参与度的产品,这些产品相对比较便宜,需要经常购买且不需要做太多的思考。而像汽车和电脑这些人们可以感知到品牌间差异的高参与度产品，价格比较昂贵，消费者在购买决策过程中愿意花费精力。在进行高参与度的产品购买决策时，大部分消费者都会首先进行思考。而相反，在购买低参与度的产品时，消费者的第一反应可能是感觉或直接行动。

### 三、精细加工可能性模型 ELM

精细加工是指消费者思考信息以及在购买决策时把信息与他们的生活联系起来的程度。ELM 模型提出了消费者在处理产品信息时的两种途径：如果产品是高相关的话，就是高度参与决策，遵循中心路线；而如果产品是低相关的话，就是低度参与决策，遵循外围路线。

外围路线处理过程以信息为基础，即使消费者对产品本身没兴趣，但如形象、感情、联想、代言人等都可以让消费者对信息产生兴趣。也就是说，人们喜欢、试用、购买某产品是基于比产品及其特点更次要的因素，比如我们购买饮料，可能仅仅是一次冲动购买而没有考虑它的产品特点。外围路线决策比较被动，它经常是对形象、生活方式广告做出的反应。比如，事件营销、产品展览以及零售业都是使用体验和环境来吸引人们的注意力，诱发一种类似于形象和生活方式广告的外围处理方式。直接针对外围处理过程的营销传播信息被设计用来刺激消费者的感官，这类信息通过联想起作用，它引起质量与品牌之间的联想。

相对于外围路线，遵循中心路线的产品是高相关的。那么，消费者在做出决策时也会表现出高相关性，也就是说，消费者在购买这类产品时是理性的，他们愿意为了购买这类产品而投入精力。此时，消费者更加关注产品本身的信息，比如质量、功能、用途等，所以消费者不会做出冲动决策，他们购买时会深思熟虑。对于这样的产品，营销人员需要表达出品牌的特点，以及理性地分析并传达出产品的利益。

### 四、AIDMA 模型

AIDMA 模型是由美国广告人 E. S. Lewis(1898)提出的具有代表性的消费者信息传播说服模型，它总结了消费者在购买商品前的心理过程：消费者先是注意商品及其广告，对那种商品感兴趣，并产生一种需求，最后是记忆及采取购买行动。英语为"Attention(注意)—Interest(兴趣)—Desire(消费欲望)—Memory(记忆)—Action(行动)"，简称为 AIDMA。类似的用法还有去掉记忆（Memory）一词，增加了相信(Conviction)一词，简称为 AIDCA。AIDMA（爱德玛）模型也可作为广告文案写作的方式。

在营销行业和广告行业，AIDMA 模型经常被用来解释消费者信息传播说服的心理过程。营销行业的人运用它是为了准确了解消费者的心理和行为，制定有效的营销策略，提高成交率。广告行业的人运用它是为了创作实效的广告。实效的广告简单地说就是可以促进销售的广告，它对销售增长是有效的。实效的广告对消费者经历的心理历程和消费决策将产生影响力和诱导的作用，也就是在"引起注意→产生兴趣→培养欲望→形成记忆→促成行动"的五个环节,实效广告的信息会一直影响消费者的思考和行为。因此,在进行品牌传播的时候,不是单纯地在进行一种品牌信息的艺术设计创作,而是一种为了实现商业目标的创作。按照 AIDMA 模型,思考一下自己创作的品牌信息,是不是在这五个环节之后还能发挥影响力,还是只做到了引起消费者注意,但不能让消费者产生兴趣。如果在第二个环节就对消费者没有任何影响力,那么品牌传播可以说是无效的。

### 五、SOR 理论模型

人类行为的一般模式是 S-O-R 模式(见图 3-2),即"刺激—个体生理、心理—反应"。该模式表明消费者的购买行为是由刺激所引起的,这种刺激来自消费者身体内部的生理因素、心理因素和外部的环境。消费者在各种因素的刺激下产生动机,在动机的驱使下做出购买商品的决策,实施购买行为,购后还会对购买的商品及其相关渠道和厂家做出评价,这样就完成了一次完整的购买决策过程。

消费者行为由一系列心理活动和实际活动组成,其最终购买行为由一定的心理活动机制引发,源于各方面因素的刺激会使消费者心理发生变化,产生购买动机并最终做出购买决策。Mehrabian & Russell 提出刺激—机体—反应模型,将各种环境因素对消费者的刺激作为前因变量,将消费者的心理动机作为中介变量,将趋近和规避的行为状态作为产出结果,该模型对消费者的心理变化和购买行为做了较好解释。

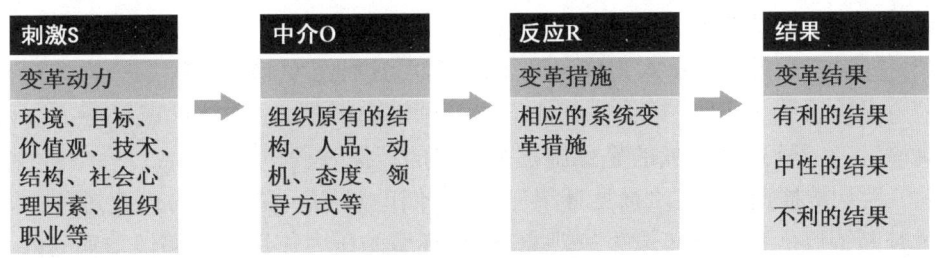

图 3-2 SOR 理论模型

## 第三节 新媒体环境下传播学十大核心理论及其嬗变

### 一、传播学十大核心理论概述

(一)"议程设置"理论

20 世纪 70 年代,美国传播学者 McCombs & Donald L. Shaw(1972)通过实证研究发现,在公众对社会公共事务中重要问题的认识和判断与传播媒介的报道活动之间,存在一种高度对应关系,即传播媒介作为"大事"加以报道的问题,同样也作为大事反映在公众的意识中;传播媒介给予的强调越多,公众对该问题的重视程度越高。该理论的主要观点包括以下几个方面：

（1）大众媒介往往不能决定人们对某一事件或意见的具体看法，但是可以通过提供信息和安排相关的议题来有效地左右人们关注某些事实和意见以及他们议论议题的先后顺序，新闻媒介提供给公众的是他们的议程；

（2）大众传媒对事物和意见的强调程度与受众的重视程度成正比，该理论强调，受众会因媒介提供议题而改变对事物重要性的认识，对媒介认为重要的事件首先采取行动；

（3）媒介议程与公众议程对问题重要性的认识不是简单的吻合，这与其接触传媒的多少有关，常接触大众传媒人的个人议程和大众媒介的议程具有更多的一致性；

（4）人们不但关注媒介强调哪些议题，而且关注这些议题是如何表达的。对受众的影响因素，除媒介所强调的议题外，还包括其他因素，这些影响包括对态度和行为两个方面的影响。

（二）"沉默螺旋"理论

这个理论最早出现于1974年德国社会学家Neumann在《传播学刊》上发表的一篇论文，后在1980年以德文出版的《沉默的螺旋：舆论——我们的社会皮肤》一书中对"沉默螺旋"理论做了全面概括。其包含的基本内容可以细分为以下三点：

（1）个人意见的表明是一个社会心理过程；人作为社会性动物，总是希望从周围环境中寻找支持，以避免被社会孤立的威胁。为避免被社会孤立，人们在表明意见之际会对周围意见环境进行观察，如果自己的意见处于"优势"或"多数"意见，则会大胆表明，反之则会转向沉默或附和。

（2）"优势"意见方的扩大造成另一方的沉默，这种沉默趋势像螺旋一样慢慢扩散；"优势"意见力量强大，反过来促使其他不同意见转向沉默，这样就形成了一方"呼声越来越高涨"、一方越来越沉默的呈螺旋扩散态势的传播过程。

（3）大众传播通过营造"意见环境"影响人们的感知。在群体的交流过程中，人们会通过判断周围的意见环境来发表观点，意见环境的压力作用于人们惧怕孤立的心理，强制人们对大多数的"优势意见"采取趋同行为，形成舆论。

（三）"数字鸿沟"理论

"数字鸿沟"理论起源于1999年美国国家远程通信和信息管理局发表的一篇题为《在网络中落伍：定义数字鸿沟》的报告。"数字鸿沟"是指处于不同社会经济水平的个体、家庭、企业和地理区域之间，在信息通信技术（ICTs）的使用机会和许多活动中的互联网应用方面存在的隔阂。

后来的学者认为，"数字鸿沟"更多地体现为以互联网为代表的新媒体接触和使用状况的四种差异：A（access）——人们在互联网接触和使用方面的基础设施、软硬件设备条件上的差异；B（basic skills）——使用互联网处理信息的基本知识和技能的差异；C（Content）——互联网内容的特点、信息的服务对象、话语体系的取向等更适合于哪些群体；D（Desire）——上网的意愿、动机、目的和信息寻求模式的差异。"数字鸿沟"问题是传统"知沟"和"信息沟"问题在新媒体技术环境下的延伸。

### (四)"培养"理论

"培养"理论最初研究的焦点是电视中暴力内容的社会影响问题,后来扩展为考察大众媒介提示的"象征性现实"与人们的现实观之间的相互关系以及研究大众传播潜移默化社会效果的一个领域,以美国批判学者格布纳为代表。"培养"理论认为,在现代资本主义社会,大众传播对人们认识现实世界发挥着重大影响,由于传播媒介意识形态和价值的倾向性,人们对现实的认识和信念与实际存在的客观现实之间存在很大的偏差,它们更接近于媒介的"象征性现实"而非客观现实。

传播媒介对人们现实观的影响是一个"培养"的过程,即通过象征事物的选择、记录和传播活动,潜移默化地传播关于社会制度的共识。"培养"理论特别强调"描述日常生活的电视剧"所产生的"培养效果"。

### (五)"第三人效果"理论

"第三人效果"理论由 Davidson 于 1983 年提出,是指人们在判断大众传播的影响力时存在一种普遍的感知定势,即倾向于认为大众媒介的信息(尤其是说服性信息或宣传以及负面信息)对"我"或"你"未必有多大影响,然而会对"他"人产生不可估量的影响。

该理论认为,人们在判断大众传播的影响时存在双重标准:倾向于"高估"媒介传播对他人的影响而"低估"对自己的影响。"第三人效果"是一种说服或宣传技巧,也是大众传播的现实影响的一种发生机制。

### (六)"使用与满足"理论

"使用与满足"理论把受众看作是有着特定"需求"的个人,把他们的媒介接触活动看作是基于特定需求动机来"使用"媒介,从而使这些需求得到"满足"的过程。使用与满足实际行为的发生需要两个条件,其一是媒介接触的可能性,即身边必须有可接触的媒介,如果不具备,受众就会转向其他替代性的满足手段;其二是媒介印象,即媒介能否满足自己的现实需求的评价,它是在以往媒介经验的基础上形成的。

根据媒介印象,人们选择特定的媒介或内容开始具体的接触行为;接触行为的结果可能有两种,即需求得到满足或没有得到满足,无论满足与否,这一结果将影响到以后的媒介接触行为,人们会根据满足的结果来修正既有的媒介印象,在不同程度上改变对媒介的期待。

### (七)"把关人"理论

"把关人"理论是传播学四位奠基人之一的 Kurt Lewin(1947)在《群体生活中的渠道》一书中提出的一个概念。20 世纪 50 年代,White 将这个概念应用于新闻研究,提出了新闻传播的"把关"过程模式,White 认为,新闻媒介的报道活动不是也不可能是"有闻必录"的,而是对众多的新闻素材进行取舍选择和加工的过程,在这个过程中,传播媒介形成一道关口,通过这个关口传达给受众的新闻或信息只是少数。"把关人"既可以指个人,如信源、记者、编辑等,也可以指媒介组织。

### (八)"创新扩散"理论

"创新扩散"指创新经过一段时间,经由特定的渠道,在某一社会团体的成员中的传播过程。扩散的轨迹呈S形,即在开始时速度很慢,当其扩大至一半时速度加快,接近最大饱和点时又慢下来。"创新扩散"理论的基本假设是:大众传播与人际传播是新观念传播和说服人们利用这些创新的最有效的途径,大众传播能有效提供信息,人际传播可以改变人们的态度和行为。大众传播的早期过程比后面更有影响。

大众传播对新思想和新技术的传递,使得新的生产方式在社会系统中实现扩散,有利于经济欠发达的国家发展经济;大众传媒有组织地传递科学与文化知识有利于实现国家内部变革和观念更新,形成创新机制。创新的不同采用者有创新者、早期采用者、早期的大多数、晚期的大多数、滞后者;扩散的四个阶段是知晓、劝服、决定、确定。

(九)"意见领袖"理论

"意见领袖"理论由 Lazarsfeld(1944)在《人民的选择》中提出,指活跃在人际传播网络中,经常为他人提供信息、观点或建议并对他人施加个人影响的人物。意见领袖与被影响者一般处于平等关系;均匀地分布于社会上任何群体和阶层中;影响力一般分为"单一型"和"综合型";意见领袖社交范围广,拥有较多的信息渠道,对大众传播的接触频度高、接触量大。意见领袖作为媒介信息和影响的中间、过滤环节,加快了信息传播进程并扩大了传播信息的影响,对大众传播效果产生重要的影响。在营销传播领域,意见领袖特指为他人过滤、解释或提供信息的人,这种人因为持续关注程度高而对某类产品或服务有更多的知识和经验。家庭成员、朋友或媒体、虚拟社区消息灵通的人士常常充当意见领袖。

(十)"框架"理论

"新闻框架"是新闻媒体对新闻事实进行选择性处理的特定原则,这些原则来自新闻媒体的立场、编辑方针以及与新闻事件的利益关系,同时又受到新闻活动的特殊规律的制约。在一定的新闻文本中,"新闻框架"通过一定的符号体系表现出来,这些符号形成对新闻事件意义的建构。

从框架分析角度,新闻生产本身就是一种社会性生产。在这样的一种生产过程中,新闻首要的是一种社会制度。首先,新闻是对新闻消费者制作能够得到的信息的一种制作化方法。其次,新闻是合法机构的同盟。政府官员可以在新闻媒介中发表自己的观点,普通的市民就不能这样使用媒介。最后,新闻是由组织机构中专业从业者发现、搜集并传送的。

## 二、新媒体环境下传播学十大核心理论的嬗变

(一)"议程设置"理论在新媒体环境下的嬗变

1. 议程设置主体多元化

在去中心化的移动互联时代,技术赋权受众,传播权力下沉。大众传媒在议程设置方面的垄断地位受到了挑战。微博用户、微信公众号、各类资讯平台都成为议程设置的主体,并且通过部分意见领袖和大量网民的共同参与,这种"自下而上"的网民自我设置与选择的作用越来越强,也更加有利于某些议题迅速、广泛地扩散。

2. 受众议程分化与聚焦

新媒体环境下,伴随着媒介信息的丰富和受众兴趣的分化,受众与媒介议程的接触也出现了一定程度的分化;但另一方面,恰恰因为网络信息内容的纷繁复杂,少部分优质的内容及重要的新闻往往会得到大量的媒介聚焦。以微信公众号为代表的自媒体传统上被认为是造成媒介议程分化的重要力量,但事实上由于商业利益的驱动,自媒体往往成为舆论热点最敏感的追随者,这就造成了社会舆论场上看似选择无穷多样,但实际上大家关注的焦点却不过寥寥几个的现象。

3. 议程设置内容多元化

在新媒体时代,网民掌握了一部分议程设置的权力。网络环境的无限性与自由性,使每个人都是一个可以独立发声的传播者,而且每个人自由选择接收自己感兴趣的信息。例如,2017年发生在东北的雪乡宰客事件,类似的事件其实已经屡见不鲜,如果在传统媒体时代,可能媒体没有足够的精力和版面去关注每一件类似的事情,但是在新媒体时代议程设置的内容更加多元,每个人都可以为自己设置议程。

(二)"沉默螺旋"理论在新媒体环境下的嬗变

1. 意见气候更易走向非理性

网络的匿名、离散、碎片、便捷特性很容易与网民的非理性特征联系起来,尤其是网民结构呈现学生多、年轻人多、底层人群多的特点,导致网络空间充斥着解构、恶搞与怨恨。于是,一人爆料,众人"围观",互联网俨然成为弱势群体展示伤痕和互相取暖的地方,也经常变成倾泻负面情绪的"垃圾箱"。这种意见气候在公众的集体记忆、情感结构以及刻板印象的共同作用下,导致习惯性质疑,走向"群体极化"和非理性。

2. 情感传递压倒理性

对于网络公共事件,公众关注的焦点是身份的归属、情感的认同,而不是事实本身的对错,尤其是在"不闹不解决,小闹小解决、大闹大解决"的强大示范下,以势抗争、以死抗争往往取代依法抗争、以理抗争,情感成为贯穿事件发生和发展的逻辑。因此,在网络传播中,存在明显的泛道德主义倾向,理性思辨往往被情感动员所压制。

3. 意见气候的强化

Elisabeth Noelle-Neumann(1980)将大众媒介视为意见气候的主宰者,主要缘于大众媒介的"共鸣效果""累积效果""遍在效果"。互联网时代,大众媒介的累积效果以新的方式呈现。从近几年的网络舆情发展态势来看,网络公共事件往往在传统媒体、网络媒体共同作用下,走向关联化和序列化,产生叠加效应,强化了意见气候。

(三)"数字鸿沟"理论在新媒体环境下的嬗变

1. 网络场域中的经济壁垒

相对于传统媒体,进入网络的经济壁垒显然更高。基础设施费用、服务费用使可进入者和不可进入者之间形成了"知沟"。而且近年来兴起的知识付费模式更将经济上处于劣势的群体排斥得更远。我国正处于社会转型期,社会贫富分化加大,显然存在互联网时代的边缘化人群。

2. 网络场域中的教育壁垒

受众使用互联网处理信息需要基本知识和技能,而且信息水准程度与采用新媒介技术的积极性成正比。同时,技能的要求会随着技术的发展而不断变化,有些人可能勉强掌握了初级技能,也有人因没能及时跟上技术前进的步伐而被抛弃在"数字鸿沟"。所以,互联网向低学历群体的渗透速度明显低于高学历群体,教育程度的差异,必然会导致媒介使用能力的差异,进一步导致"数字鸿沟"的扩大。

3. 网络场域中的素养壁垒

媒介素养是指受众使用和解读媒介信息所需要的知识、技巧和能力,受众媒介素养的不同也会导致其信息接触行为的差异。部分受众的媒介使用仅仅是为了满足生理需求,沉溺于网络提供的表层信息和通俗娱乐之中,不知不觉失去社会行动能力,而满足于"被动的知识积累",异化为单向度的人。而部分受众将互联网作为拓宽视野、获取资讯和感知社会环境变化的工具。因此,个体间的差异也会造成"数字鸿沟"的扩大。

4. 网络场域中的文化壁垒

文化具有群体区隔作用,年轻人追求解构、个性,不崇尚权威,标新立异。年轻人的文化是后现代文化思潮的外显。去中心化的互联网传播结构有利于塑造后现代的文化特征,并且以其对后现代的全面接纳被民众所青睐。但老年用户的媒介使用文化是在传统媒体中形成的,重视理性与逻辑思维,当他们带着时代的文化烙印进入网络场域中时便会发生"文化休克"。

(四)"培养"理论在新媒体环境下的嬗变

1. 媒介互动性与受众个性融合

在大数据时代,由于网络的便捷性、实时性和交互性,受众可以亲自参与到网络虚拟环境的构建过程中,媒介内容和展现方式会根据受众需求的反馈而进行调整。所以在一定程度上,大数据时代是"受众决定媒介"。例如,受众在使用淘宝时的物品推送,就是淘宝后台计算机根据受众平时的购买情况和浏览情况进行的按需推送,一方面满足了受众的个性化需求,另一方面增加了成交的可能性。

2. 虚拟网络空间向现实实体空间转移

"媒介涵化受众"与"受众涵化媒介"实现了多时空、多维度、多方面和实时性推送的精准涵化。大数据时代的精准推送,能够帮助受众把注意力从线上转移到线下。比如,网络监测到你是爱车一族,就会给你推送各种各样的圈子、各种车友会的联系方式,你可以通过线上加入的方式发展成为线下交流。网络媒介极大地满足了受众不同时空的个性与需求。

3. 媒介破坏性与结构性并存

"媒介涵化受众"具有破坏性和结构性的特点。由于网络的便捷性与大数据时代推送的精确性和瞄准性,受众容易在线上投入过多的时间,或者与网络中的好友更多接触而忽略了与身边的朋友和亲人的交流,破坏了现实中人们之间的亲密关系。

(五)"第三人效果"理论在新媒体环境下的嬗变

1. 改变个人对信息的认识

新媒体的使用,一方面为权威信息更快更直接地到达受众提供了便利,另一方面加强了媒体与受众的互动,有助于消除传播隔阂,并且,受众之间也可以进行沟通交流,从而减少自己的"盲目乐观"。新媒体给"他们"中间的知情者、权威信息解读者提供了更自由的话语权,有助于促进公众间的沟通交流,在官方意见之外形成更有亲和力的意见交流。

2. 对公众个人特质的影响

这一点主要关注对公众认知形成过程中知识和习惯的影响。新媒体时代,公众主动探求信息更加方便,越来越多的人在遇到问题时,喜欢通过网络寻找答案,这就提高了公众科学认知事物的能力,提高了普遍的社会智能。

3. 社会距离的缩减

美国社会学家帕克认为,社会距离是一种对个人和社会关系之间亲密等级的测量。在大众传播时代,受众之间的交流更多是在亲朋好友这些有地理接近性的人群之中,陌生人之间的互通信息很少,人与人之间的不了解容易造成误判,产生传播隔阂。新媒体的出现让交往冲破了地理限制,陌生人之间的意见表达更加容易,因此借助新媒体可以消解隔阂,减少受众对"第三人"的误判。

(六)"使用与满足"理论在新媒体环境下的嬗变

1. 新媒体赋权与媒介接触方式的改变

新媒体时代下,人们接触媒介的方式已经从"接受媒介"到"控制媒介",即人们与媒介的接触变成一种对媒介的控制行为。控制是新媒体对受众权力的解放,受众使用新媒体得到的控制力可以分为对时间、空间的控制和对话语权的控制。

2. 互动对"使用与满足"实现过程的修正

传统的"使用与满足"理论认为受众对媒介的使用与满足要经历"社会因素+心理因素→媒介期待→媒介接触→需求满足"的过程。这一过程实际上隐含了一个子过程,即信息→传播者、传播媒介→受众,这意味着受众从产生需求到需求被满足之间必须经历这一线性的媒介接触过程,但是新媒体自带的互动特质打破了这种简单的线性模式,而将"使用与满足"的过程拓展成"信息→传播者、传播媒介→受众→媒体→传播者"的链环式。

(七)"把关人"理论在新媒体环境下的嬗变

1. "把关人"角色趋向多元化

在传统媒体时代,"守门人"的角色多由记者、编辑承担,只有这些少数的大众媒介内部人员掌握着信息传播的权利,决定哪些信息能够进入大众的视野,大众媒介的外部人员基本无法参与信息的把关。而在传播渠道充分畅通、传播权利充分泛化的新媒体时代,传播过程越来越体现为一种双向的互动,专业的传媒组织不再是传播话语权的垄断者,网络"把关人"呈现多元化态势。

2. "事前把关"到"事后把关"

传统媒体时代,传媒机构组织内对信息的把关主要是"把关人"对信息的采写、审核、决策以及发布等方面,是内容发布前的筛选和加工,是信息发布前的"事前把关"。而网络传播环境中,个人层次往往是"事后把关"。个人在网络传播中更注重事后对信息的过滤、转发,再以传播者的角度发表言论、观点和评论社会事务,对自己的言论进行把关。

3. 把关程序趋于简化

网络传播时代,传统媒体的新闻网站只是将纸媒新闻"搬"上网,一般只有少数的网络编辑直接负责;以营利为目的商业网站更是如此,不仅压缩招募专业采编团队的资金,甚至只有少量的非专业人员直接掌握网站的信息发布权,大大缩减了把关程序。这样做虽然在某种程度上扩大了受众的知情权,但也带来了网站新闻质量差、商业娱乐新闻泛滥、受众接收面变窄等一系列问题。

(八)"创新扩散"理论在新媒体环境下的嬗变

1. 新技术的需求满足层次扩充

当新技术的出现不存在使用代价的差异时,满足的层次越高,创新越能获得人们的青睐,扩散速度也会越快。英国传播学者丹尼斯·麦奎尔通过大量研究,总结出用户使用新媒介的四项基本需求:释放情绪、建立人际关系、自我确认和监视环境。随着人们生理需求和安全需求的逐渐满足,"创新扩散"需要更多地考虑新事物、新观念对于受众高层次需求的满足。

2. 新媒体成为创新扩散的重要传播渠道

传播路径方面,公众是新媒体最主要的信息来源,信息接收者和信息发布者两种角色随意转换,有别于传统媒体的单向传播,新媒体是一种双向互动式的传播模式。另外,受众对于创新的接纳一般分为两种:认知层面的接纳和技能层面的接纳。认知层面的接纳是受众先知晓创新的作用,再逐步掌握技术;技能层面的接纳是受众先掌握操作技术,再逐步了解具体功能。大众媒体只能改变受众的认知,而新媒体可以借助视频动画和远程操控等技术帮助受众在技能层面得到更多的锻炼。

(九)"意见领袖"理论在新媒体环境下的嬗变

1. 商业化与职业化

目前的趋势是,在与意见领袖们的互动中,"粉丝"们越来越握有主动权。当前,各大商业门户网站,尤其新浪、腾讯,为争取人气,以其雄厚的资本实力争夺意见领袖群体到它们的旗下。而待遇的高低,基本以意见领袖所拥有的"粉丝"数量和活跃程度为依据。这就使意见领袖走向市场化、商业化。由于害怕失去"粉丝"而失去自己的市场地位、商业价值,一批意见领袖不得不追随"粉丝"的集体意志,不管他们是对是错,是理性表达还是情绪发泄,纵使是网络暴力,他们也只能跟着"粉丝"一起集体起舞。

2. 群体化

与商业化、职业化同时推进的,还有意见领袖的群体化走向——上下左右的协商。无论是网下定期或不定期聚会的强联系,还是网上 QQ 群等网络通信工具里商谈的弱联系,每当有重大事件发生,或者采取一些有影响的行动,意见领袖们常常会事先协商。这样做,可以协调一致,造成更大的声浪,但更大目的是以此可以有效压制"粉丝"群里的异见者,维护集体内部的一致。

(十)"框架"理论在新媒体环境下的嬗变

新媒体对传统新闻框架的重构体现在它不同于传统媒体的报道理念和报道形式。传统媒体讲求的是深度,而新媒体所秉持的是时效性。同时,新媒体上较多的新闻源的出现,也打破了传统媒体时代只有一个新闻源的情况,媒体可以根据受众对话题的热议程度来决定下一步的报道方向。

新媒体时代的到来不仅给传统媒体带来空前挑战,也对传播研究和经典传播理论的有效性提出严峻挑战。任何经典理论要避免陷入"灰色"地带,就要与实践不断地进行对话。关于传播效果的经典理论,不仅没有失去其原有的活力,而且随着时代的发展注入了新的生机。正如克莱·舍基在《人人时代》中所说:"互联网并非在旧的生态系统中引入新的竞争者,而是创造了一个新的生态系统。"

表 3-1 列示了新媒体环境下传播学十大核心理论的嬗变情况。

表 3-1 新媒体环境下传播学十大核心理论的嬗变

| "议程设置"理论 | "沉默螺旋"理论 | "数字鸿沟"理论 | "培养"理论 | "第三人效果"理论 |
|---|---|---|---|---|
| 1. 议程设置主体多元化;<br>2. 受众议程分化与聚焦;<br>3. 议程设置内容多元化 | 1. 意见气候更易走向非理性;<br>2. 情感传递压倒理性;<br>3. 意见气候的强化 | 网络场域中的:<br>1. 经济壁垒;<br>2. 教育壁垒;<br>3. 素养壁垒;<br>4. 文化壁垒 | 1. 媒介互动性与受众个性融合;<br>2. 虚拟网络空间向现实实体空间转移;<br>3. 媒介破坏性与结构性并存 | 1. 改变个人对信息的认识;<br>2. 对公众个人特质的影响;<br>3. 社会距离的缩减 |
| "使用满足"理论 | "把关人"理论 | "创新扩散"理论 | "意见领袖"理论 | "框架"理论 |
| 1. 新媒体赋权与媒介接触方式的改变;<br>2. 互动对"使用与满足"实现过程的修正 | 1. "把关人"角色趋向多元化;<br>2. "事前把关"到"事后把关";<br>3. 把关程序趋于简化 | 1. 新技术的需求满足层次扩充;<br>2. 新媒体成为创新扩散的重要传播渠道 | 1. 商业化与职业化;<br>2. 群体化 | 1. 时效性;<br>2. 较多的新闻源 |

> **案例** "新疆棉事件"的中国态度与中国力量

2021年3月,瑞典服装品牌H&M在官网发布公告,以所谓的"强迫劳动"抵制我国新疆棉花,还称"不与新疆任何服装制造工厂合作"。随后,耐克、阿迪达斯、匡威、新百伦、优衣库、巴宝莉、彪马、CK等品牌也被曝光抵制新疆棉花。

消息指出,造成此次"新疆棉花事件"的幕后推手是BCI组织(瑞士良好棉花发展协会),而BCI的资助机构为美国国际开发署。该组织此前决定暂停在新疆发放BCI棉花许可证,并捏造所谓"强迫劳动"抹黑新疆棉花,假借棉花谎言,实则是打压中国。

中国多部门重磅发声,亮出有力证据予以驳斥。商务部发言人高峰表示,所谓中国新疆地区存在"强迫劳动"完全是子虚乌有,纯白无瑕的新疆棉花不允许任何势力玷污。外交部发言人华春莹表示,有关新疆地区"强迫劳动"的说法完全是谎言,是一些反华组织炮制出的对华抹黑谣言。共青团中央直接点名H&M,称H&M"一边造谣抵制新疆棉花,一边又想在中国赚钱?痴心妄想!"

新疆棉事件在资讯平台、社交平台、短视频平台迅速扩散,在网络媒体上掀起了轩然大波,引起全国人民的愤怒。京东、天猫、淘宝、拼多多、唯品会等电商平台已下架H&M商品。同时,小米应用商店、华为应用商店、vivo手机应用商店、腾讯应用宝等也纷纷下架H&M商场App。甚至在百度地图、高德地图、大众点评、美团上也无法搜索到H&M的有关信息。

中国消费者的爱国情怀也被普遍激发出来,纷纷决定放弃或暂不购买涉事国外品牌,导致相关品牌的产品销量断崖式下跌。据相关财报数据显示:H&M集团股价暴跌11%,市值凭空蒸发24亿美元;阿迪达斯大中华区遭遇销量三连跌;耐克中国同样遭遇连续两个季度负增长。

## 复习讨论题

1. 简要概述信息传播的概念及其构成要素。
2. 联系实际阐述一种信息传播说服的理论模型。
3. 联系实际简要说明一种传播学的核心理论及其嬗变。

# 第四章　新媒体背景下的品牌接触点管理

> **本章要点：**
> ➢ 品牌接触点的含义、特征以及分类
> ➢ 新媒体背景下品牌接触点管理策略
> ➢ 品牌接触点管理的"四观"

新媒体环境下,营销传播具有空前的创新性、互动性,丰富的表现形式和广泛的传播渠道使媒体资源和受众人群不断细分,即媒体属性变得更具互动性、个性化。因此,如何在新媒体时代有效地实施品牌接触点管理策略,精准定位品牌形象,丰富整合营销传播途径和传播方式,从而调动受众关注甚至参与,是新媒体整合营销传播面临的挑战,更是机遇。

## 第一节　新媒体背景下品牌接触概述

### 一、品牌接触点的含义

"触点"一词属于生命学科总论的名词,英文为 touch(sensitive)spot,特指在人体表的各种感觉点中,产生触觉和压觉者。触点,通俗来讲,即使人产生感知的地方,在生命学科中指的是触觉和压觉,而应用在整合营销传播相关领域中,品牌接触点,即让消费者产生对某品牌感知的信息。

关于接触点的含义,学术界有很多解释。Schultz(2013)在其整合营销传播理论中将品牌接触点定义为企业选择并决定在什么时间通过什么方式与消费者进行沟通,传递品牌信息,即传递品牌信息的载体,都称为品牌接触点。Tom Duncan(2006)则将品牌接触点的概念定义为消费者有机会面对某个品牌信息的情境,在他看来,品牌接触点是品牌信息的来源。在奥美的 360 度品牌运作传播观点里,"品牌接触点是建立品牌的重要环节。每一次与消费者的接触都是在建立品牌"。以 Schultz 为代表的专家学者对品牌接触点的认识还只是人为性品牌接触,没有将品牌接触点作为品牌与消费者之间建立关系,形成忠诚度的桥梁。

国内学者卫军英(2012)认为,"在整合营销传播中,接触具有全新的意义,它是品牌与相关利益群体趋向某个具体接触点上的行为和体验过程"。接触点的功能并不只是局限于传递信息,接触点本身的品牌行为和体验也会影响整合营销传播的效果。王春(2011)对于品牌接触点的解释是,消费者与企业发生联系的过程中一切的沟通与互动点,这个点包含的不仅仅是人与人,人与企业,还包括人与环境。张宁(2013)则从社会化媒体的角度诠释接触点,她认为随着消费者行为方式的变革,社会化媒体称之为感知品牌的重要接触点,她将接触点划分成社会化媒体接触点以及非社会化媒体接触点。

综合已有文献,本书将品牌接触点定义为品牌与消费者之间建立关系,形成忠诚度的桥梁,随着新兴媒体的发展,用户自创内容的生产使得消费者本身乃至内容,也成为品牌接触点,接触点的概念在泛化,并形成一系列接触点的概念。

## 二、新媒体背景下品牌接触点的特征

### (一)内容即媒体

新媒体背景下,消费者不再是单纯的信息搜寻者,更多表现出一种沟通交流以及创造,信息呈现为一种裂变式传播,以消费者为载体进行的扩散,媒介以消费者为基础而存在。品牌接触点因媒介的变化而改变,开始由简单的信息载体转变为建立关系的纽带,品牌接触点仍然是连接品牌与消费者的纽带,但更重要的是成为连接消费者与消费者之间的纽带。如果这时企业对品牌接触点的运用仍缺乏战略性规划,忽略对新媒体平台上接触点的整合,忽视对消费者反馈的处理,其仍将是一种主体缺位且难以控制消费者对品牌信息处理的营销传播方式。

新媒体背景下,消费者不再仅仅为信息被动的接受者,而成为信息传播中不可缺少的环节,没有消费者就没有信息的裂变式传播,品牌接触点因为消费者角色的转变而被无限放大。消费者使用媒介的需求是以自身的价值来取舍的。因此,品牌信息传播过程中,只有传播信息蕴含的核心价值与消费者价值观相一致才能引起消费者的注意,才能够被消费者认同而被留下继续传播,其他信息和形式都可能被消费者过滤。这种品牌信息的变化也将导致品牌接触点内涵的变化。

社会化网络上的品牌接触点内涵放大,消费者对品牌信息的传播都是基于对品牌信息的认同,与自己的价值观相符合是其传播的动力,品牌接触点更多是承载着品牌核心价值,驱动着信息的无限扩散。这时的品牌接触点不再全部由企业人为设置或预设,其传播内容和形式也不再是统一不变,企业单向的接触点传播已经不再成为主流,多种多样的基于品牌核心价值的消费者个性表达才更能形成消费者关注。这时,信息本身也成了载体,在不同的媒介上,品牌信息的植入性以及和传播品牌的融合性成了主流,实现了"内容即媒体"的充分融合。从这个意义上讲,消费者自创信息也成了品牌接触点。

### (二)品牌接触点的无限放大

随着新媒体的出现,消费者的生活空间出现了除了传统媒体之外的新兴信息传播渠道：互联网、数字电视、智能手机和移动终端等多屏媒介的活跃表现，大大削弱了传统人为性品牌接触点的地位。当消费者与品牌之间的接触方式出现变化的时候，品牌接触点的主动权不再简单地被广告主所掌握。从某种意义上说，在社会化媒体影响力不断放大，且多屏整合传播成为品牌传播的大趋势环境中，品牌的用户和用户内容都已经开始成为品牌接触点，且在这一环境的整合营销传播中起到举足轻重的作用。当用户及用户内容本身成为品牌接触点的时候，必然带来接触点量的和质的改变。

首先，品牌接触点的扩散作用不断凸显。在传统品牌传播过程中，无论是人为性品牌接触还是自发性品牌接触，基本包括广告、促销、对外发布信息、终端情境、产品、服务和包装信息等，这时的品牌接触点相对有限，且传播形式和承载内容相对简单。然而，随着移动互联网的广泛覆盖，消费终端多样化的出现，多屏媒介的信息爆炸，品牌接触点逐渐地开始扩散。品牌接触点不再停留在线下，不再维持单向灌输的传播重心，而是开始同时攻占线上和线下，不再满足于一次性的品牌信息传播，而是更加注重品牌信息的裂变和病毒式传播与互动。在这种扩散作用的影响下，品牌信息一旦被消费者接触，则会迅速在消费者群体中传播，在传播过程中受到社会化媒体传播特性及用户使用习惯的催化作用，形成口碑传播，进而使品牌信息成为维系消费者互动的纽带，品牌传播在营销的同时，也在引导相应的社会舆论和话题，甚至形成一场基于消费者所认可品牌核心价值的社会化运动。

（三）品牌接触点平台化

移动社会化媒体的兴起导致营销和传播发生一场巨大变革。销售网络和传播平台本是泾渭分明，但随着媒介对消费者行为的影响，两者的界限已经变得愈发模糊。传统传播平台和销售平台对消费者的影响力逐渐递减，消费者更偏向于移动社会化媒体等新兴的传播平台，移动社会化媒体成为其创造信息、传播信息和获取信息的主场所。这种信息消费方式更能满足他们的需求，同时也与大多数消费者的消费方式相契合。对品牌而言，消费者生产媒体（Consumer Generated Media，CGM）导致的品牌接触点改变和移动电子商务渠道的发展，使得接触点本身变成了营销渠道。也就是说，传播技术改变了消费者的思维模式及其生活习惯，消费者生产媒体中消费者口碑的影响力成为其他消费者的主要参考因素之一，致使产品的流通环节和销售环节发生改变，接触点平台化成为一种消费趋势。

（四）品牌接触点助力转化率提升

所谓转化，指的是企业希望访客在相关媒体平台上所完成的任务，通俗来讲，即潜在客户完成企业所期望的行为，这里的转化可以是网站停留时间，也可以是 App 下载或者注册，还可以是下单支付、互动留言等行为，不同企业不同战略目标背景下，对转化的定义有所不同，而转化率则指的是完成转化行为的次数占推广信息总点击次数的比率。随着消费习惯的改变以及移动生态的构建，品牌接触点对于转化率提升起到更大的作用。

新媒体时代品牌接触点的评估更多在转化率上。一个品牌会有无穷个接触点，而之所以我们会忽略其中部分接触点,重视关键接触点,原因在于并不是所有的接触点都创造价值。考核接触点创造价值与否则是看转化率,即该接触点在消费者购物路径或体验途径中有没有起到作用。新媒体时代的品牌接触点相对于传统时代的品牌接触点(如硬广),更有助于提升转化率。UGC(自媒体)内容等接触点相对于广告,更容易让消费者接受并信任。

品牌接触点助力转化率提升表现在以下四个方面:

一是销量转化。随着O2O商业模式的完善以及移动支付系统的成熟,随时随地通过手机完成交易已成为可能并逐渐普及开来,腾讯旗下的微信支付、百度旗下的百度钱包支付、阿里巴巴的支付宝支付以及apple pay在这一环节起到至关重要的作用。在传统媒体时代,消费者接触品牌信息后,需要去实体店里完成交易,甚至因为距离或货源因素,选择放弃交易,而在移动互联网时代,信息安全、快递服务以及移动支付的出现,让实时交易成为可能,如对某品牌产生兴趣,则可以立即确定支付完成交易。

二是拉新转化。传统媒体时代,拉新主要是通过口口相传展开,而在移动互联网时代,拉新成了互联网运营的常用手段。品牌接触点的作用尤为重要,通过设置形式各样的拉新手段,在用户路径的不同阶段通过接触点鼓励分享活动并拉新,给予一定的奖励。

三是保证留存,在互联网电商中称之为复购率,这得益于互联网的飞速发展。通过形式各样的活动来保证留存,如签到送积分活动,每天签到可以获得相应的积分奖励,而连续签到则会得到更多优惠,以此来刺激用户使用该应用。

四是提升品牌资产。品牌接触点更多的作用是提升品牌知名度和美誉度。例如,OPPO"FindMe"的手机品牌推广活动,就是与中国知名的互动整合行销服务公司和互联网广告代理商等广告公司合作,为该系列智能机旗舰机型X903量身定做,设计了一系列整合体验营销方案,包括事件营销、互动网站、微博互动等环节,环环相扣,力图全方位、多层次地与产品的目标消费者——都市年轻男性互动沟通,增加品牌知名度和美誉度,提升品牌形象,实现整合品牌营销传播。

### 三、新媒体背景下品牌接触点的分类(见图4-1)

(一)品牌信息

这里的品牌信息特指企业自身策划生成的信息,是从企业品牌角度出发产生的信息,比如企业的官方账号、官方微信公众账号、官方微博账号,也包括企业主动传递的品牌广告等。品牌信息并不是一味地宣传企业产品或者服务,而是需要将品牌信息与品牌调性结合,根据目标群体的喜好进行传达,这对消费者来说是一种有趣的体验,让消费者在潜移默化中加深对品牌的认知。随着现代信息技术的发展以及各种新媒体的兴起,品牌信息的传递显得尤为重要。信息爆炸时代,如何以一种个性化的形象与消费者进行互动成为企业的挑战。

(二)媒体信息

媒体信息指的是第三方的信息宣传,无论是企业投放的软文广告,还是专业媒体网站的客观报道,均是媒体信息。虽然在新媒体时代,消费者对口碑,对意见领袖的信息信任度要高于媒体信息,但不能否认,媒体的权威报道,在进行品牌知名度阶段有着重要的意义。当消费者第一次听说某品牌的时候,如果是在权威媒体了解到该品牌信息,消费者会更信赖该品牌。同时,媒体信息也是解决企业危机公关,提升品牌美誉度的重要途径,因为媒体作为第三方机构,可以给消费者以公正公平的认知,在进行企业品牌报道的时候可以提升用户的信任度。因此,媒体信息是必不可少的,企业需要处理好与各媒体机构的关系。以立白品牌为例,针对旗下立白皂液的市场推广,立白采用"电视+视频广告+网络广告+微博营销"的立体化传播策略进行推广,针对目标受众开展了高投入的运营推广活动。企业在媒体信息层面,需要采用合适的媒介组合策略,进行与消费者的个性化互动沟通,让品牌可以真正深入人心。

(三)口碑信息

口碑信息指的是 UGC 内容生产。按照信息来源,包括意见领袖和普通个人,随着"粉丝"经济的发展和自媒体的兴起,意见领袖的影响力正在逐渐提升。意见领袖在互联网时代被称为"网络达人",指的是在人与人的传播中经常为他人提供信息的个体,同时他们的言行也会影响到追随他们的人,他们在信息传播中起着过滤或者中介的作用,如今网络上的意见领袖包括博主、名人、专业人士、新闻评论人员和自媒体大号等。而普通用户也会影响用户对品牌的认知,比如消费者找一家餐馆时会查看大众点评的评分及用户的评价,用户去淘宝选择一件衣服会参考其他用户对该店铺的评价等,这些信息会影响消费者的购买决策。口碑信息包括正面信息和负面信息,企业需要引导用户,尽量多地生产正面信息,避免负面信息的产生。随着社会化媒体的发展,80 后、90 后正在成为社会的主流群体,他们自我、乐于表达、喜欢晒单,是个性化的一代,也是信息生产的主力军。同时,口碑信息也是一把"双刃剑",如果出现负面信息,企业需要在第一时间采取措施,否则会损害到企业的品牌形象。因此大数据时代,企业需要对网络的口碑进行实时监控,如果出现负面信息需立即反应,维护品牌形象。

(四)消费者参与体验

作为整合营销传播中最为关键的一环,消费者的支持程度决定了一个品牌的美誉度。新媒体背景下消费者的参与体验包括以下四个方面:一是传播品牌信息,即消费者主动地将品牌信息进行分享或以口碑的形式传递给他人;二是提供品牌建议,指的是消费者对于品牌的发展、品牌策略的执行、品牌形象的建设,提出自己的意见,帮助企业更好完善品牌信息;三是参与品牌创造,指的是品牌和消费者一起参与到品牌的传播中去,从品牌的定位到后期推广;四是参与品牌销售,指的是消费者通过社会化媒体平台帮助品牌实现销量转化,消费者会成为该品牌坚定的维护者及代理人,消费者之间也会形成以共同价值观为纽带的品牌社区,共同维护这个品

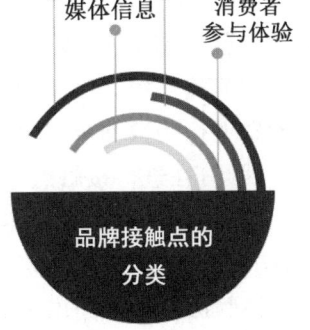

图 4-1 品牌接触点的分类

牌的成长和发展。

### 四、品牌接触点在整合营销传播中的意义

品牌接触点在品牌与消费者之间建立关系,形成忠诚度的桥梁。随着新兴媒体的发展,用户自创内容的生产使得消费者本身乃至内容也成为品牌接触点。有了品牌接触点,消费者才能更好地接触品牌,与品牌建立良好的关系,从而提高顾客的忠诚度。品牌接触点作为品牌与消费者接触和沟通的桥梁,它不仅仅能够进行信息的传递,各式各样的品牌接触点还大大增加了营销传播中的沟通因素,使得营销传播真正从单向转向了双向。品牌接触点超越了传统媒体时空上的限制,可以随时随地与消费者进行交流,使得营销对象范围得到进一步扩大和延伸,不仅是消费者和目标消费群体,还有不同层级的利益相关者,都可能对品牌价值发生影响。品牌接触点打破了传统媒体信息沟通的壁垒和沟通的障碍,拓宽了企业品牌信息沟通的渠道和形式,展示了整合营销传播过程中信息的自我属性。

## 第二节 新媒体背景下品牌接触点管理模式与管理策略

### 一、新媒体背景下品牌接触点管理模式

移动互联网时代的品牌接触点是由消费者主导的,而体验消费是其感知品牌的重要一环,因此如何通过愉悦的体验消费实现品牌信息的传递成为关键步骤。星巴克通过第四空间让用户感知其咖啡文化,实现与用户的情感共鸣,潜移默化中传递品牌价值。第四空间指的是通过手机 App、微信公众号及微博等各类社交媒体搭建的与消费者互动沟通的移动平台。

移动互联网和现代信息技术的蓬勃发展使消费者生活方式产生了巨大的改变,消费者不再被动地接收信息,开始主动生产并传播信息。这对品牌来说既是一种挑战,消费者变得不可控,也是一种机遇,让消费者主动帮助企业传播品牌价值。

首先,大数据技术是品牌接触点管理的基础。通过大数据分析,了解消费者的基本属性、社交属性及购买偏好,获悉消费者在众多体验消费中更愿意在何时何地通过什么样的渠道了解品牌,接受品牌信息,从而在不同的消费节点上加以引导,给消费者提供愉悦的消费环境。例如,星巴克的服务背后有严谨的数据管理工具,包括门店运营数据和消费者行为数据,星巴克通过数据分析了解消费者的行为轨迹,进而提供个性化的服务。因此,在进行接触点的管理步骤中要充分发挥大数据的功能与作用。

其次,管理消费者全体验。所谓消费者全体验,即贯穿于消费者从接触、搜索、选择、购买、使用和分享的整个体验生命过程中。需要注意的是,移动互联网时代的消费者全体验已经远远超出了品牌旗舰店的范围,社会化媒体、物流速度等均可以对消费者产生较大的影响。如星巴克第四空间提供的免费叫醒服务,根据消费者心情提供个性

化的音乐服务等都是在咖啡门店外的额外服务,但这些服务产生的价值却远远超出咖啡本身。总之就是为消费者提供极致的服务和体验。

最后,社会化互动是关键。随着新媒体的出现,消费者的生活空间出现了除了传统媒体之外的新兴信息传播渠道。移动互联网时代的消费者体验有着明显的社会化特征,而且是双向互动,即品牌与消费者的互动,消费者之间的互动。星巴克在其社交网络中有专业的社会化媒体人才进行互动体验管理。社会化互动不仅仅是运用评论、社区、线下活动实现与"粉丝"的交流,而是需要系统的、一致性的、持续的发声,即连贯性的品牌输出,而不仅仅是产品推荐。

## 二、新媒体背景下品牌接触点管理策略

（一）接触点数据全方位洞察

1. 消费者洞察:标签体系构建用户画像

洞察是基于品牌核心价值的洞察。洞察不是没有目的的消费者分析,而是分为品牌核心价值提炼和消费者洞察,通过分析品牌与消费者两个部分,找到二者核心价值观的连接点,这个点就是企业所需要的关键接触点。因为在新媒体时代,消费者在马斯洛需求层次上,已不再简单地追求生存需要或安全需要,消费者追求的是情感乃至价值实现的需要,因此,企业只通过传达品牌的利益属性已无法打动消费者,只有将其品牌核心价值与消费者的社会价值的连接点告知消费者,才能引起消费者的共鸣。而且需要注意的是,消费者洞察并不是一次性数据的分析,而是数据长期积累的动态化分析,是一种实时变化的大数据分析技术。

用户画像,作为数据管理模块中的一部分,可以将一个用户的信息具象化,这样可以帮助品牌进行用户行为习惯和消费习惯分析,进而做出科学有效的决策。用户画像,即用户信息的标签化,构建企业的标签体系。一方面化整为零,通过一个标签定义用户的一个角度;另一方面化零为整,各个标签作为一个整体直接有着复杂的联系,标签直接具有相关性,而最终的用户画像,就是所有标签的集合。

具体来讲,用户画像构建包括四个阶段。一是战略解读。企业构建用户画像可以实现不同的目的,如实现精准营销、提升产品质量,而不同的战略目标下用户画像构建模型的维度细分也是有所不同的,因此首先需要明白用户画像构建的战略意义和目标,有针对性地进行模型构建。二是模型构建。对用户画像进行数据建模,需要结合企业自身实际和目标受众特征,找出相关数据实体,以数据实体为中心,细分模型维度和关联关系,形成符合企业自身特征的细分模型。三是维度分解。分别以用户维度、商户维度、商品维度以及渠道维度四类数据实体为中心,进行维度的具体细分,根据企业自身的战略目标,有针对性地选取和战略目标息息相关的数据维度,以此避免过多的数据维度产生不必要的干扰。四是应用实践。针对不同的战略目标和阶段目标,提取目标群体的用户画像特征,实施有针对性的营销策略。

2. 媒体洞察:识别关键信息

媒体洞察与消费者洞察没有本质区别,媒体是连接品牌与消费者的桥梁,是承载品

牌信息的接触点，对媒体进行解读和洞察有着战略性意义。近年来，随着现代信息技术的发展，整个媒体大环境也发生了翻天覆地的变化。传统媒体环境下，人们接触的媒体比较单一，比如电视、广播和报纸等传统媒体，而且因为其媒体特性，传播模式也是单向度形式，而随着信息技术的发展，新媒体以不同形式不同功能被人们所接受和利用，智能手机成为人们形影不离的媒体，可穿戴设备发展迅速，谷歌眼镜等智能设备受到人们的欢迎，虚拟现实技术、3D技术让可视化成为现实。在这个新媒体时代，企业也好，学界也罢，都需要从战略层面看待这个大环境，找到不同媒体的特征以及媒体之间的相关关系，因此需要媒体洞察以实现传播价值的最大化。

（二）媒介组合数据算法优化

媒介是整合营销传播的渠道，不同的媒介有各自的优势，大众媒体和新媒体结合是品牌运动的媒介基础。媒介组合是媒介策略的重要环节，不同的媒介组合能产生协同作用，弥补其他媒介的不足之处，并可借助媒介本身进行更新奇的创意。新媒体背景下跨媒体整合即对不同的媒体进行选择和组合，选择最佳的媒体组合策略，最终目的是将品牌调性和主张以一致声音传播开来，塑造统一的品牌信息。

企业在进行品牌接触点管理时，需要思考其核心价值观，思考这个品牌带给社会的价值是什么，给消费者的价值是什么，给股东的价值是什么，只有明确了品牌核心价值才能事半功倍，因为所有的品牌接触点都应该围绕核心价值展开，也只有这样，品牌才能与消费者产生黏性，让消费者变成企业品牌的追随者和忠诚守护者。

（三）意见领袖数据识别及舆论控制

1. 识别关键意见领袖

意见领袖不仅仅是企业品牌代言人，更多指的是品牌的坚定维护者，有影响力的网络达人，专家学者等，他们有着固定的"粉丝"圈，他们的言论会影响到一批消费者。意见领袖这个关键接触点，需要企业重视并维护好，他们对于舆论的导向有着重要的作用。在意见领袖这个接触点上，企业一方面可以找到与企业品牌志趣相投的网络达人，因为价值观的契合，他们会坚定维护这个品牌，如苹果品牌，每当苹果发布会推出新产品后，总会有很多业界大牛，专家学者进行一番评论，且不管评论内容，本身内容制作就是对品牌的一种二次传播，甚至一些知名艺人也会转发苹果新品的相关信息，他们之所以转发是因为信任这个品牌，并愿意将好的产品推荐给自己的"粉丝"；另一方面可以利用自己品牌的影响力创造意见领袖，阿里巴巴旗下"网红平台"的兴起就是发挥意见领袖价值的经典案例。淘宝利用大数据平台可以进行用户细分，通过分析用户行为了解其偏好，与"网络达人"进行合作，根据用户喜欢将"网络达人"进行包装，推出市场，这就是所谓的"网红经济"。据统计，"淘宝网红"模特的店铺销量，几乎等同于国际大牌的销量，甚至会高于国际大牌销量。因为这是一个"粉丝"经济时代，"网红"与"粉丝"即时互动交流，会拉近"粉丝"与"网红"之间的距离，产生信任感，自然而然地发生购买行为。

2. 舆论实时监控与引导

舆论是影响消费者决策的关键因素，口碑是消费者购买的参考指标，尤其是在这个信息触手可及和产品同质化越来越严重的时代,当消费者产生购买选择困难症的时候,影响其决策的关键因素就是口碑,即评价。因为在新媒体时代,消费者喜欢表达,可以随时随地上网,这样让 UGC 用户评价有了更高的参考价值,这也成了消费者评判品牌的标准之一。在大数据的帮助下,实现舆论的实时监控成为可能,大数据分析技术,可以将某些关键词进行内容聚合并分析,企业根据正面、负面标准设置相应的维度指标,这样系统可以根据数据进行维度划分及可视化形态展示,哪些是正面信息,哪些是负面信息,供企业参考。

### (四) 用户路径规划及引导

#### 1. 消费者规划:路径优化

新媒体时代消费者决策路径为引起兴趣、查找信息、做出决策、展开行动和实现分享五部分。但是,因为消费者接触的信息媒介增多,因此消费者决策路径并不一定会完全按照这五个步骤展开,甚至有间隔跳跃的可能,比如用户产生兴趣的时候会主动查询信息,查询过后可能会直接下单完成购买,或者是看到别人分享的内容,基于对这个分享人的信任而立马发生购买行为。因此,消费者的路径由单向递进变成非线性链式。而信息成为决策路径中重要一环,因此在消费者规划中,需要将品牌接触点信息设置在消费者可以清晰看到的地方,这样可以让消费者随时随地进行信息消费,打破时间和地域的限制。消费者的决策难度越来越大,因为消费者获取品牌信息的渠道增多,货比三家,所以做出正确决策的难度也会加大。过去消费者只通过单一渠道接触品牌,因此决策相对容易,而如今,各种推广信息和个性化推荐等,一方面扩大了消费者购物的选择权,另一方面加大了决策难度。

消费者群体的碎片化导致企业营销成本上升,需依靠大数据技术进行接触点规划管理。通过前面的分析,可以看到新媒体时代品牌接触点发生了很大变化,有着一切接触点的趋势,因此新媒体视角下的品牌接触点是繁纷复杂的,需要进行梳理规划。但需要注意的是,不同的企业对于接触点的侧重程度是不同的,需结合品牌自身进行评估。举例来讲,对于生活必需品,在接触点规划上,需要将产品内容接触点以及在体验中的行为接触点进行重点突出,以便让消费者充分了解该产品的特色属性,并在使用该产品的模拟场景中得到愉悦体验,这样会让消费者信服并产生购买行为;而对于奢侈品,消费者关注的更多是心理层面的满足,即该品牌的哪些价值观与其自身是一致并产生共鸣的,因为奢侈品满足的是消费者的心理价值而非使用价值。所以,不同的企业品牌进行接触点规划时,需对自身品牌及目标受众群体进行细致分析,这样在接触点规划中才能有的放矢,收放自如。

#### 2. 消费者引导:场景体验

接触点引导的目的是根据消费者路径在合适的场景下给到合适的消费者信息,最终产生购买行为或品牌认知的提升。因此,接触点引导一定是构建一个场景,结合消费者路径进行优化,以便让消费者在最短的路径下得到关键信息,产生购买行为,因为当下消费者获取品牌信息的渠道越来越多,反而对消费者的购买决策产生一定程度的打扰。因此,品牌在当下需要考虑的并不是增多品牌接触点,而是通过关键接触点的设定引导,让消费者第一时间掌握品牌信息以便进行决策。现有的数字媒体平台使消费者数据的累积、储存成为简单的事情,通过技术手段以及特有的分析模型对目标人群聚类分析,即能够精确分析消费者的行为轨迹,得出其思维路线。在品牌接触点的管理中,重要的一环就是通过关键接触点的设置,构建让消费者进行愉悦体验的场景环境。关键接触点的设置需要遵循以下几点:自然而然、关注细节、适当利用外部触点。

### (五)可视化技术实现接触点有效评估

品牌接触点影响要素主要包括以下几个方面:接触点是否充分让消费者了解品牌的信息并产生信任,信息传递的效果如何,接触点对于消费者的吸引力大小是怎样的,以及最重要的,消费者通过该接触点最终形成购买决策的影响程度有多大。品牌接触点关联度指的是某一具体接触点与某一具体品牌之间的关联程度,评估的是同一个接触点与不同品牌的消费者关联程度及不同的接触点与同一个品牌消费者的关联程度。

对接触点的管理实施阶段性评估和传播效果的评价、监测,以指导整合营销传播活动的开展。一方面,通过客户反馈的信息监测传播效果;另一方面,分析评估接触点管理的真实效果,即知名度、影响力、美誉度提升及销售目标的数字表现,以便为接触点管理提供参考。

## 第三节 新媒体背景下品牌接触点管理"四观"

### 一、以消费者为核心的管理观

品牌离不开消费者,因此品牌接触点的管理也应该围绕消费者展开,分析品牌接触点,无论是品牌账号、媒体、口碑,还是消费者参与,所有的接触点都是相对消费者来说的。因此,企业在整合营销传播中需要将消费者放在核心位置。

品牌信息的传达需要与消费者价值观一致。这要求企业需要利用大数据进行消费者洞察,分析消费者行为和偏好,这样在品牌定位及品牌信息输出阶段,可以在洞察消费者的基础上展开,更容易让消费者接受并与品牌产生互动。因此,正如 Philip Kotler 所言,这是一个以人文精神为核心的时代,消费者变得个性化,他们喜欢有个性的品牌。每个消费者都是相对独立且完整的精神个体,并以生活中某个环节或产品、爱好为核心,通过终端连接虚拟的网络构成一个虚拟社区,在虚拟社区中彼此发生真实的社会活动并获取信息和分享信息。另外,让消费者参与到品牌传播的过程中,企业组织要营造消费者参与和互动体验的品牌传播活动,并共同创造社会价值,消费者主动参与到品牌的建设中会自然而然地加强对品牌的亲密度与好感,这种经历会让品牌与消费者的双向关系更加稳固,品牌忠诚度也会更高。如今很多品牌都会开展共创活动,即让消费者参与到品牌的创造中,从前期的品牌定位、LOGO 制作、SLOGAN 创意到后期的品牌活动推广,传播方案制定,消费者全程参与其中,因为消费者的加入,品牌的创作会更加符合消费者预期,而消费者参与其中带来的成就感会让其成为品牌坚定的维护者,他们会为这个品牌主动发声,去传播品牌的核心价值。

### 二、以数据为基础的操作观

品牌接触点管理的基础就是大数据技术,无论是品牌接触点的维度划分,还是利用品牌接触点构建生态场景引导消费者,或者是品牌接触点的实时效果监测,都是以大数据基础来操作的,因此,企业需要有以数据为基础的操作观念。

通过了解消费者的属性及行为模式,进而获取消费者的生活及行为轨迹,可以清晰地看到消费者一天中最喜欢在什么时间段通过什么方式了解品牌信息。在大数据时代下,这些更具有现实性。通过数据分析,品牌可以以消费者接受并喜欢的方式,通过便利的渠道与消费者实时互动和无缝连接。大数据技术可以帮助企业进行信息收集、存储、处理、分析并提取有用信息,从而对消费者了解得更加透彻和清晰,更加高效地找到和管理关键性接触点。在移动互联网时代,大数据是一笔宝贵财富,是一座金矿,如果企业不重视数据或者不具备管理分析大数据的能力,无法对消费者进行洞察,也就无所谓个性化推荐,这样用户体验会变差从而稀释品牌价值和资产,最终会被时代所淘汰。

新媒体时代的大数据是实时的,所以企业在进行数据处理中也要有相应的能力,针对消费者的动态变化实时进行品牌传播策略组合,因此新媒体时代的数据分析平台的构建,虽然对企业来说是一种挑战,却是必要的。同时,数据分析也是一个系统工程,需要长期积累。纵观国内企业,BAT在大数据分析中占据绝对优势,百度有丰富的搜索数据,百度搜索占据国内80%的市场份额。每天数以亿计的搜索请求,这是用户最具目的性的搜索需求,而用户的每一次搜索都会留下轨迹,因此根据用户的搜索图谱可以清晰地看到用户画像,从而标签化。阿里巴巴则拥有丰富的电商数据,无论是"淘宝""天猫""聚划算"还是"支付宝",用户的每一次网购,每一次支付,都是用户的行为数据,因此在阿里巴巴的数据分析平台可以清晰地看到每一个用户的购物轨迹,对用户进行画像分析。而腾讯更是如此,基于"微信"和QQ两大社交软件,腾讯掌握了几乎十亿人民的社交数据,而这些都是宝贵的财富。

### 三、以整合为前提的媒体观

企业需要有媒体意识,媒体可以作为企业对外传播品牌形象,提升品牌知名度的一个重要渠道,也可以作为危机公关处理和软文推广的一个途径。从传播品牌形象方面考虑,媒体不属于企业内部,媒体是独立的第三方机构,因此媒体发声显得公平公正,而消费者也更愿意相信媒体的报道,这是企业品牌账号所无法达到的。从处理危机公关以及软文推广角度考虑,媒体是一个很好的发声工具,很多企业出现危机公关后,会在第一时间召开新闻发布会,邀请各大媒体机构参与,目的是将企业本身的立场和主张以第三方机构的身份去告知公众,告诉消费者,提升消费者的信任度。

媒体需要整合,非单一媒体,也非所有媒体。很多企业品牌会陷入一个误区,认为在品牌传播初期,为了提升品牌知名度,需要通过所有的媒体渠道展开品牌推广,为此不惜花费大量的成本,但是传播效果不尽如人意。品牌媒介投放需要完善的评估体系,品牌需要思考目标受众的行为习惯,有针对性地结合媒体特性进行媒体组合,比如大排档的广告就不需要投放到宣传高端品质的App上面,因为目标受众完全不同。所以品牌在进行媒介策略选择时,需要借助大数据分析,评估各媒介的投放效果,选择最优组合,以期达到最佳传播效果。

**四、以效果为目的的评估观**

效果评估,主要包括两个方面,一是KPI等核心具体指标,二是品牌影响力等隐性指标。关于核心具体指标,不同的企业,不同的市场推广活动,有不同的活动指标,因此要结合具体实际来量化。《增长黑客》一书中提到了关于不同产品形态的不同指标,如网站类,需要关注页面浏览量、访问数、跳出率和转化率等指标。而隐性指标,对应品牌来说,即品牌影响力和口碑效应。传统媒体环境下,品牌可以从收视率、曝光率等视角去评估品牌影响力,而在社会化媒体的今天,品牌影响力更多的是在品牌的活跃度、互动率以及品牌美誉度等方面,而评估指标也因为接触点的增多而增加难度,通过大数据的实时监控,通过设置一系列的评估指标,让品牌影响力评估变得可视化和具象化。

表4-1 新媒体背景下品牌接触点管理"四观"

| 以消费者为核心的管理观 | 以数据为基础的操作观 | 以整合为前提的媒体观 | 以效果为目的的评估观 |
| --- | --- | --- | --- |
| 将消费者放在核心位置;品牌信息的传达需要与消费者价值观一致 | 通过大数据搜集信息,了解消费者;需要进行数据处理 | 需要具有媒体意识;需要对媒体进行整合 | KPI等核心具体指标;品牌影响力等隐性指标 |

**案例　蒙牛携手世界杯,见证中国品牌力量**

2022年10月10日,卡塔尔世界杯官方赞助商蒙牛集团发布12款世界杯历史系列包装,并推出主题TVC广告片,回顾十二届世界杯的经典场面。这是蒙牛第二次与国际足联合作,2018年牵手俄罗斯世界杯时,蒙牛是世界杯历史上首家来自乳品行业的赞助商。此次蒙牛再度与世界杯牵手,以"营养世界的每一份要强"作为SLOGAN,希望继续通过与世界杯的合作,向全世界消费者展示健康、美味又内蕴文化的产品,将蒙牛乳业的品牌价值与世界杯竞技精神完美融合,在精神层面上和消费者实现共鸣,进一步提升品牌影响力。除了传统硬广宣传外,蒙牛还在私域社群、公众号、小程序、微博等新媒体渠道打造适合全民讨论的足球话题和互动游戏,提升用户活跃度。其中,蒙牛的小程序就设置了与世界杯相关的游戏活动,用户可以通过完成任务获取"营养值",培养自己喜爱的球队,达到对应数量即可抽取奖品,包括优惠券、牛奶、官方足球、签名球衣等。新媒体时代,品牌的价值在于消费者愿意主动分享或传播品牌的理念,而要做到这一点,需要对消费者进行精准的洞察,及时找到共鸣点,也需要品牌对理念进行长期的投入。蒙牛坚持品牌理念,并一以贯之,将"要强"精神的传播做到持久而连续,在世界杯这场全球品牌大比拼中脱颖而出。

## 复习讨论题

1. 简要概述品牌接触点的含义、特征和分类。
2. 联系实际阐述新媒体背景下品牌接触点该如何管理。
3. 简要概述在新媒体背景下新媒体接触点管理的"四观"。

# 第五章 新媒体背景下的品牌传播战略

**本章要点：**
- 新媒体背景下品牌的价值延伸及功能
- 新媒体在品牌传播中的优势分析
- 新媒体背景下品牌传播战略的发展
- 新媒体背景下品牌传播战略的优化

新媒体环境具有交互性、受众权力扩张、碎片化等特征，对品牌传播战略产生深远影响。因此，需要对新媒体背景下品牌的价值延伸及功能进行考查，分析新媒体在品牌传播中的优势，进而对新媒体背景下的品牌传播战略进行优化。

## 第一节 新媒体背景下品牌传播概述

### 一、新媒体背景下品牌传播面临的挑战

新媒体在沟通方面带来更好互动性的同时，也使得品牌方与受众之间的关系发生了微妙的变化，并给商家的品牌传播带来了相应的挑战。

（一）品牌传播渠道定位错乱

在自媒体时代，品牌传播的主体更加多元化，除了企业，个人也成为名副其实的品牌传播主体。而随着传播主体日益多样化发展，品牌传播的渠道也呈现"百花齐放"之态，这容易让个人和企业在进行品牌传播时失去判断力，不能精准地做好定位、选择适合自己的品牌传播渠道。

（二）对品牌传播的重视度不够

与传统媒体营销相比，新媒体品牌传播的成本确实大大降低了，但这并不意味着新媒体品牌传播不需要投资。有些企业对新媒体品牌传播"寡投资、多回报"有曲解，对新媒体平台营销抱有很大希望，却不舍得投资，妄图以点滴投入获得更好的品牌传播效果，这是不可能的。在新媒体品牌传播的过程中，一些小品牌企业受自身经营管理水平

以及综合实力限制,对新媒体品牌传播未给予充分重视,即不善投资或不愿过多投资。更有甚者,一些企业在规模扩张的过程中只愿通过打"价格战"来抢占市场,而不愿通过做大做强新媒体营销来提高品牌的市场竞争力。

(三)新媒体品牌传播监管难

新媒体品牌传播的互动性与双面性在为企业品牌传播创造极大便利的同时,也会让品牌传播陷入消极被动的局面。一旦企业在营销过程中存在某些瑕疵与缺陷(或商品质量或营销服务方面),在新媒体平台的推波助澜下,这些瑕疵与缺陷便会被无限放大,继而对企业品牌传播造成严重的负面影响。当然,也会有某些无良商家或个人打着某些大品牌的旗号在网络平台上销售假冒伪劣产品,这严重损害了消费者利益以及该品牌企业的利益。但是,由于新媒体品牌传播监管难、监管成本高,这些问题至今悬而未决。

(四)品牌的保护意识薄弱

品牌保护对于企业的品牌传播来说至关重要。企业的品牌传播与推广需要持久的、连续不断的成本投入。特别是在品牌传播的前期,为使品牌中所包含的商品和服务能够得到广大消费群体的认可,企业往往会投入更多的人力、物力与财力来打造企业品牌,提高品牌的知名度。对企业来说,从品牌的打造到得到消费者的青睐是一个长期的过程,这不仅仅是企业资金与能力的彰显,更是企业文化与智慧的展示。但是,一些企业在品牌传播中品牌保护的法律意识薄弱,往往会忽视品牌商标的注册,这给了竞争对手以可乘之机,最终导致品牌传播毁于一旦。

(五)受到国外品牌的冲击

新媒体时代为我国企业的品牌传播拓宽了营销渠道,丰富了营销平台,但同时也给了外国品牌全面进入中国市场的机会。在国内外合作交流日渐频繁的新媒体时代,政府对于国外品牌进入国内也给予了较宽松的政策。于是,国外品牌开始大量涌现,且这些品牌很快占据了部分国内市场。与我国的品牌相比,国外品牌在品牌形象建设与营销上较为成功,这对我国的本土品牌传播造成了一定冲击。鉴于此,我国品牌商应加大资金投入,在品牌研发、品牌建设上不断革新路径,以增强与国外品牌较量的综合实力。

## 二、新媒体背景下品牌的价值延伸及功能

(一)新媒体背景下品牌的价值延伸

商业品牌在非营利领域的延伸特点主要表现为:在本质上,不管是企业还是非营利组织等的品牌首先是其提供的产品、服务的符号化体现。非营利组织品牌化过程中,首先就需要建立一个可以体现其所提供的公共产品、服务的具化形象,如警察、消防员等的卡通形象。这些形象能使品牌符号更鲜明,更容易给受众留下深刻印象。其次,与企业一样,非营利组织品牌也需要在发展中不断提高自身的服务质量,提升产品价值,实现品牌效益的提升。不论是商业流通过程中的产品,还是非营利组织所提供的公共产品和服务,都需要通过品牌来与受众产生联系,在满足受众基础物质、服务需求的基础

上,传播品牌文化理念,满足受众更高层次的心理需要。非营利组织品牌和商业品牌一样,都需要经历一个长期的品牌发展过程以及一系列的品牌发展战略,其品牌的发展就是公益服务、行政服务市场化的发展,其发展主要还是要借鉴商业品牌的发展策略,以迎合受众的需要。其市场化也是建设服务型组织的内在需求,要求行政行为应符合市场的规律,迎合受众需要,达到行政效率的最优化,社会公共利益的最大化。

（二）新媒体背景下品牌的功能

1. 聚合功能

一个具备高度品牌价值的机构组织更容易获得社会认可,在获取资源方面也有天然的优势。这在现实中常常表现为,社会中的资本、人才等都会向强势品牌方聚合,如阿里巴巴、腾讯等就聚合了大量的IT从业人员、风险投资等,非营利组织部门中品牌知名度较高的如警察、海关等部门也比较容易得到大学毕业生们的青睐。形象良好的品牌具有较强的市场号召力,产品及服务认知度高,是影响受众进行消费选择的一个重要参考,如信誉度好、尊重用户隐私、操作简便的公益募捐平台必定会成为公众进行捐款行为时的优先选择。品牌的发展是企业市场竞争中的重要筹码。非营利机构的聚合功能有时候表现得更为强大,能对其所辖区域的经济、社会发展、重大社会事件的走向等产生重大影响。此外,非营利组织良好品牌形象的聚合力还会使其在整合、分配和运用社会公共资源方面更具权威性,能有效提高行政效率,降低行政成本,建立良好的公共形象。

2. 宣传功能

良好的品牌形象具有强大的辐射影响力,对内对外都有所体现。对内,一个好的品牌形象能使内部组织员工们形成积极向上的组织文化、工作氛围,自发地产生集团荣誉感、自豪感,调动员工的积极性、主动性、创造性,形成较强的内部凝聚力。对外,好的品牌形象代表好的品牌文化、产品和服务,能赢得受众的好感,增加消费者、参与者和吸引外部高素质人才的加盟,好的品牌形象也会自发地产生正面的宣传功能,赢得公众认可,潜移默化地与受众建立情感联系,使他们对品牌产生亲切感。

3. 信用背书功能

品牌的另一大作用是保证品质,打消疑虑,向受众提供信用背书。品牌不仅是企业或产品的名字,也不仅是一种象征性的符号,更是其所传递的价值观、文化和特性。品牌方通过品牌的名称、符号的运用,向受众区别其产品或服务,简化受众对产品或服务的辨识;通过长期建立的品牌信誉、知名度,确认其产品或服务的品质,强化其在受众心中的形象,使受众成为品牌的忠实拥护者,这种信用背书的建立同时也降低了受众在选择品牌时的决策成本。从本质上说,品牌,就是被赋予信誉、质量和客户忠诚度的经济学符号。如果品牌拥有较高的信用和良好的口碑,它就会变成企业宝贵而巨大的无形资产,带来稳定的预期利益。相反,如果信用不足或者出现信用危机,已有品牌则会遇到危机,其效应可能在很短时间内衰退,甚至引发多米诺骨牌崩塌式的后果。

### 三、新媒体在品牌传播中的优势分析

（一）低廉的营销成本

新媒体传播具有营销成本低廉的特点，主要体现在以下两个方面：第一，新媒体本身的去媒体化特性。媒体化是媒介传播时所具有的显著特征，比如需要专业的信息采编团队、专门的信息发布媒介等，而新媒体的传播不仅可以采取传播媒体化的方式进行，也能采用去媒体化的方式进行。去媒体化就是让信息传播不再局限于传播者的单一来源，可以让受众来参与内容制作、信息宣发，比如很多公众号都会采用受众的稿件、信息源等，这就为降低以前高昂的媒体化成本提供了可能。第二，传统的广告营销所依赖的是大众媒体，而新媒体的出现，让品牌方在进行广告营销时有了更多选择，甚至可以通过对受众的精准画像进行广告投放，受众免费获取信息，定向接受品牌信息，使得营销成本下降的同时也降低了受众获取信息的成本。

（二）精准定位受众

首先，新媒体传播改变了之前服务营销无法量化的特点，新媒体的发展，加速了信息传播的进程，优化了信息传播质量，降低了人们在寻找信息过程中浪费的时间和空间，提高了受众的信息获取效率及信息价值。利用新媒体进行营销的优点在于可以根据受众的需求随时随地进行产品定制，最大化地满足受众需求。营销效果在新媒体时代有了可以衡量的尺度。在传统媒介时代，服务无法被加以量化形式的表达，而新媒体平台上受众可以随时随地对品牌方提供的服务及产品等所有环节进行评价，这些评价同时又经过其二次传播影响了其他受众，并影响其他受众对产品、服务选择的决策过程。受众在选择产品和服务过程中的决策风险大大降低了。

其次，新媒体的运作依靠的是一套数字化模拟系统，它的产生能够更好地定位和服务受众。与之前的人为因素不同，数字化的模拟系统能够更好地减少人为因素的过失。在之前的服务中，人脑的记忆毕竟有限，无法做到在短时间之内迅速记住大量信息。当服务人群超过人类记忆极限之时，人的行为就会产生过错。但机器能够在短时间之内，清楚并准确地记忆大量的信息，这在一定程度上能够减少服务差异性的产生。服务的提供者和服务的受众不可分割，新媒体就实现了服务者和受众之间的有效分割。例如，在微信的第三方应用平台——京东中，用户就可以直接在搜索栏输入自己想要的产品，然后对产品进行筛选，在这一过程中，没有服务者的跟随，有的只是用户的自我选择。在这一实现购买的过程中，受众自身充当了服务者，也就完成了从受众到受众与服务者两者相结合的转化。

最后，新媒体能够对受众精准定位，进行有效信息推送。服务的生产需要根据受众的行为来决定，在新媒体与受众一对一的封闭信息交流中，除了推送相关的产品活动以及产品信息之外，还可以针对每个受众的不同爱好，行为模式等建立品牌方自身的受众数据库，精准推送受众喜爱的信息。

### (三) 提供产品与服务的双重体验

提供产品与服务的双重体验,在满足受众对媒介载体诉求的基础上提升了用户的服务体验。第一,提供产品体验。新媒体作为一种新兴媒介,在传播符号方面具有自身的独特优势,使传播具有多样化的特点:可以发送语音,可以编辑文字,可以在文章中加入图片,还可以加入超链接视频,并且能够用生动的表情符号与消费者进行互动。语音功能的加入改写了之前只是利用视觉化形式进行传播的现象,在此之前的图片传播、文字传播或者是视频传播或多或少都需要利用视觉形象进行符号的传达与解读。语音交流的加入,使人与人之间的交流回归至语音而不再是与冰冷的机器进行对接。对于企业来说,微信这些功能能够很好地传达品牌形象,塑造产品美誉度。例如,星巴克微信公众号就会根据消费者在后台发送的表情符号判断消费者的心情,并用《自然醒》专辑中的音乐来回应消费者,在这个过程中向用户推荐产品信息。

第二,提供服务体验。以"罗辑思维"的语音推送为例,其公众号每天发送由罗振宇录制的60秒语音,受众根据语音提示的关键词,在后台回复获得相关文章。语音相较于图文形式的表达更有亲和力,能使人产生如临其境的感觉。在用户输入相关的关键词的时候就与用户产生了互动,锁定了真正的用户群。"罗辑思维"每天固定在早上六点半进行文章推送,以60秒语音的形式进行推送。早上六点半虽然不是受众最休闲的时间段,但对生活在北上广的年轻群体而言,早上起来在上班的路上,利用碎片化的时间就可以阅读"罗辑思维"所推送的文章。每天固定的时间进行推送显示了"罗辑思维"的坚持所在,用魅力触动受众。由此可见,新媒体所带来的产品与服务的双重体验,也有利于消费者树立对于品牌美誉度的认知。

## 第二节 新媒体背景下品牌传播战略的发展

### 一、新媒体背景下时空整合的品牌传播战略

在新媒体环境下,企业有必要增加在新媒体中的投入来引导消费者更便捷地获取与自己有关的信息。

#### (一) 大众—分众—大众的传播模式回归

传统媒体是一种大众传播方式,如报纸、电视台、广播等,它们居于信息传播链的顶端,信息的建构、设计和传布都得到精心设计,消费者和受众只能接受而难以对此进行回应来表达自己的感受。这种大众传播具有地域的广阔性,但是时间却断裂,它针对数量较大、异质和匿名的受众。例如,传统的央视,企业在做品牌传播之时,观众只能对此加以认知,并不能进行互动。

在新媒体时代,这个模式发生了根本性的变化,媒体传播从大众化走向了分众化,互联网、智能手机、移动电脑和户外媒介等的出现,媒体的一般属性和指向都发生了变化。大众化传播模式下形成的受众被分化成一个个碎片。每一个碎片就是一个小的受

众群体,虽然每一个受众群体规模比以前小了,但同一群体的个体之间的相似度都增加了。这实际上更有利于传播的精准化,而受众群体与群体之间的不同又有益于媒体个性化发展和传播创新。传媒从大众到分众,是新媒体发展的直接结果。企业的品牌传播战略因而可以更精准地传播到特定的群体之中。

因而,在品牌塑造、传播和认知的过程中,对于以往的传媒方式而言是分众,但从具体群体来说则依然是大众模式。因而,企业要正确处理好分众时代的再整合,也即从大众传播的角度来看待新媒体时代的分众化现象。主要体现在,品牌力的一致性,品牌公关和危机处理。品牌传播战略的一个重要特点是口碑,在不同受众群体中的认可度、接受度和所承载的内在精神蕴含及企业文化。分众化的传媒趋势也和企业产品的多样性相关联,如蒙牛集团有很多奶制品,定位消费群体也有差异,如真果粒、特仑苏等。传统媒体的大众化不利于精准品牌传递,而分众化的新媒体提供了契机,二者的整合依旧是分众的大众化传播。在此过程中,品牌的形象设计和视觉特征就显得尤为重要,将新媒体造成的碎片化个体化,通过品牌的文化蕴涵而达成与受众的内在双向互动。

(二) 重视品牌视觉形象设计

新媒体时代的信息呈现爆炸式的喷发,消费者和受众每天都接受着海量的信息,如何在他们一掠而过的浏览中留下深刻的印象,成为企业构建起品牌的新课题。品牌是企业的符号和标志,符号承载着意义和文化蕴涵,其最直观的表现就是视觉的冲击力。品牌的形象设计可称为"视像化生存",纵观著名企业的成长史,就是其品牌形象的发展史,如诺基亚、苹果和摩托罗拉。可以说,形象成为最主要的信息传播手段。品牌传播战略的基础系统突然出现的局部"空白"和"短路",恰好又是品牌创新的原动力。在"视像化生存"中,海量信息以多种形式,特别是视像化的形式被生产、交换和消费,同时,商品价值更多取决于其信息含量。那些被认为是有价值的信息,往往都是视像化的信息。

因而,作为大众的消费者,更加青睐新媒体传播中的"视像化"表达方式,他们从视觉的冲击力中,从形象化的表达中来选取对自己有用的产品和信息,并由此获得间接的"直观体验"。新媒体的传播环境造成了新的个体存在环境和品牌生存策略。这可谓是品牌的"视像化"生存。对于企业而言,生动、丰富、精准传达企业理念,直观且引起丰富联想的品牌标志,是新媒体时代争夺时空资源,可转化为企业资产的重要战略。这表现在各种设计和传播模式中,如网络贴片广告、伸缩广告、微电影等,通过情景设计,将不同时空的场景加以整合,表达品牌意蕴。作为品牌自身的形象设计则是首要的战略选择。

例如,第六届上海劳力士大师赛于2015年10月在上海举行,9月中下旬大师赛的宣传画面陆续登录上海机场,机场旅客在观赏画面时,只需打开手机,进入微信摇一摇,就能参与迷你网球游戏,就有机会赢得上海劳力士大师赛VIP门票,与此同时,旅客还可以通过微信摇一摇观看网球大师们的独家影片。各类新媒体和创新技术在此次赛事推广中的应用,用互动的发布模式,成功吸引了旅客的关注与参与,这种推广方式中变化的节奏和平衡具有较高的识别性。让赛事在受众群体中实现了美誉度与回忆度的双赢。让人不得不意识到:多媒体和互联网的发展,新的技术变革让设计不再像以往那样一成不变,受众丰富的感官体验已成为好的设计的一个评价标准。

在经济全球化、文化多元渗透的信息化时代,多元化和人性化是品牌识别设计的必然趋势。新媒体的发展和技术的革新为动态化品牌识别设计提供平台以及更多的可能性。

## 二、新媒体背景下兼顾多元的品牌文化战略

多元一直都是世界存在的底色,但是在传统媒体时代,多元被淹没在一统天下的各种广告、营销和传播之中,受众和个体都被千篇一律的模式所同化。在新媒体时代,传播和营销的方式具有多样化,时空范围更加广泛,同时也更具精准化。因此,品牌形象蕴涵的文化——更具体地说,品牌标志形象稳定与形式内容多样化,是新媒体时代品牌传播战略的核心内容。

### (一)品牌文化微观形式的多样化

由于传统媒体的品牌传播固化和惯性,企业以往的品牌形象趋于同质化,如针对年轻人的产品总是充满活力、时尚、热情,针对成功人士的产品总是彰显奢华与品位等,再加上相同的媒体投放、相同的铺货渠道、相同的促销战略等,难以使消费者形成明确的品牌识别,面对品牌选择时模棱两可,忠诚的消费群体难以产生。在新媒体时代,由于传播极富简捷性,发布信息的主体也呈现多样化,传播的主体并不完全是品牌主或者企业,内容并不能由品牌主完全控制。这种官方、民间共存的局面使品牌传播的舆论趋于多元和复杂。

因而,品牌传播的精准化需求,面对特定群体的情景综合模式塑造就成了品牌传播战略的内在要求,表现为品牌故事、形象包装、内容具体等,也是《让创意更有黏性》一书的作者 Chip Heath & Dan Heath 兄弟所提出的有黏性的内容往往遵循"SUCCES 法则",即信息必须是一个简约(S)、意料(U)、具体(C)、可信(C)、情感(E)的故事(S)。结合新媒体的特点,品牌情景文化创意有以下几个方面:

(1)微电影。这得益于移动终端设备、视频社交网站和各类 BBS 等分众——大众结合的新媒体平台。它既有点对点的传播,也有点面结合的互动。微电影的故事性很强,结构完整,具有很强的感染力和煽动性。微电影的一个最大的优势就是不再区分受众群体。例如,新款大切诺基的广告,便是以老兵追寻失落的遗憾为主题,采用蒙太奇手法,将都市和高原穿插交错,给人很强的震撼力。无论经济实力如何,受众都会对大切诺基品牌宣扬的精神所感染,并有可能成为未来的客户,而大切诺基也因此将其文化和特色植入人心。

(2)分众群体逆袭。对分众、小众尤其是弱势群体的关注,成为品牌在新媒体时代下宣传的重大突破口。这源于新媒体的时空间隔消除,而分众的认可则成为品牌天然的代言人。它很大程度上突破了同质化拘泥,并引发公众共鸣。如高档豪华车的广告,如果仅面对成功高端人群,可能不影响销量,但品牌的无形资产和文化蕴涵则难以建构;如果加入关注普通人、动物等的生命主题,则具有极强的认同性,它代表的不仅是一种商品,更是时代的精神。分众逆袭的一个案例是杜蕾斯广告,从日常生活对其品牌做

了极好的宣传,并成为竞相模仿的成功案例。

这两种品牌文化情景创意战略,可谓是生活故事性、人情感染性和视觉冲击性的综合,品牌元素在新媒体的交互性中能更好地被引入。

(二)品牌文化宏观的多元化

大众—分众—大众的传播模式是较为抽象的,这种模式主要是以模糊群体区分,亦即注重商品所针对的消费群体,而甚少关注群体背后的文化背景和传统。现在跨国公司越来越多,即便是国内区域性的企业,消费群体涵盖地区也可达我国大部分区域。我国幅员辽阔,民族众多,文化差异很大,不同民族群体的传统、价值取向不完全一致。因而,企业在品牌宣传之时,也要从宏观的视角关注多元文化的不同精神特质,利用新媒体的技术来更加精准、有效地互动沟通,实现品牌文化内涵的宏观多元化。对于这一点,学者们论述的较少,却是很重要的方面。如果企业对此缺乏足够的认识,很可能造成品牌形象受损,品牌资产价值也会遭受严重损失。

这也源于传播舆论的多元化。对同一个事件,不同的受众从其文化背景加以思考,会得出完全不同的结论。由于新媒体时空无缝连接的特征,影响会随之扩散,造成品牌公关危机。这种情况不同于商品质量问题,如蒙牛曾经在四川分工厂检测出黄曲霉素超标,虽极力灭火,但新媒体传播之快却始料未及。这样的状况是技术问题,重塑形象还是有可能的。但是文化却有所不同,它是群体的传统与精神世界,一旦遭受创伤将难以弥合,消费者对此有天然的倾向性和选择。因而,品牌与商品销售地区文化的结合是其长期立足的根本。

例如,在应对"全球 & 本土"品牌文化冲突方面,欧莱雅的策略是聘请具备多元文化知识的管理者:"拥有多元文化的管理者会更好地调解子公司和总部之间严峻的沟通问题,这些管理者都能够融合不同知识文化背景,发展一款新产品,实现减少本土和国际化之间不必要的摩擦。"这一措施能够有效地应用于其他行业,在解决多元品牌文化冲突以及实现员工间的有效交流与合作方面,将是一个很好的借鉴。

品牌文化传播的宏观性,在新媒体时代即是结合其特点,在关注商品消费群体,对大众—分众—个体加以整合的同时,也关注消费群体的文化价值取向,找到品牌传播与其的结合点和折中点,品牌的文化内涵也因而更加丰满,从而有利于获得不同文化群体的认可与树立口碑。

## 三、新媒体背景下信息交互的品牌个性化战略

品牌个性可定义为:与一个品牌相关的所有个性特征。品牌个性的概念赋予品牌人的品格,是对品牌生命力的深层刻画。某种意义上品牌被消费者接受是因为品牌个性与消费者个性之间存在共通的意义空间。品牌个性主要用于表达品牌的情感利益或用于使用者的自我利益表达,也即表达某种"象征意义"。

新媒体时代的传播特性,更加凸显了品牌个性的重要性。这与媒介接收终端的个体化有关。新一代消费者已经不再适应"填鸭式"的信息传递方式,他们不愿被动地接受信息,也想拥有"说"的权利,想要满足自己表达的欲望。因此,互动传播成为新媒

体时代的重要特征之一。因而,新媒体的大众—分众—大众的传播模式的立足点是个性化定制需求满足,以此为基点的点—面传播方式。例如,蒙牛的企业营销广告战略中,大部分的传统媒体广告被取消,新媒体的独特路径凸现出来,也就是人际口碑传播新态势。

与传统媒体相比,新媒体多种移动终端的发展,促进了人际传播的新局面。例如,微信、QQ、微博等媒介,尽管依然可以采用口口相传的方式,却是对传统的拓展,用图文并茂、影像视频等方式增大了说服力。南非葡萄酒厂 Storm hoek 就是利用博客进行品牌传播的杰出案例。Storm hoek 葡萄酒并没有投放任何其他广告,起初只是送给一些知名博客作者,让他们免费品尝,随后,博客作者们不约而同地在博客中用优美的文字赞美 Storm hoek 葡萄酒,并表示自己会购买该品牌葡萄酒。在之后的两个月时间里有 30 万人知晓了这家公司和产品,使产品的购买率大大提高,产品供不应求,取得了意想不到的品牌传播效果。

(一)新媒体时代引发了信息交互模式变革

传统媒体注重宣传策略,受众无法表达自己的反馈和感想,而移动终端的发展让个性化声音有了表达的途径。消费者在接受企业品牌宣传的过程中也有机会和条件表达自己的个体感受和意见。

(1)信息交互方式变革。新媒体时代,实现互动传播有两种方式。第一,广告作品本身的互动性。读者来信、短信、电话、电子邮件、在线问卷调查等是最简单的与受众进行沟通的方法;网络广告可以通过鼠标的拖动让受众参与广告作品的完成,巧妙地将产品信息渗透进受众的心智空间;情境互动型广告将广告与环境融为一体,通过作品外的人、物共同参与来生动、完整地传达产品信息,更具有娱乐性、震撼性,广告效果更加直接。第二,广告活动的互动性。通过举办与品牌相关的、能够体现品牌文化的各种活动,来吸引目标消费群体的广泛参与,在活动中完成与目标消费群体的近距离接触以及面对面的交流,一方面可以调动目标消费群体的积极性,另一方面可以收集目标消费者的相关资料,建立起庞大的顾客数据库。

(2)受众角色变化。传统媒体时代,消费者是被动地接受企业宣传的信息;新媒体时代,受众有权利做出自己的选择。例如,前述葡萄酒的案例表现出如下几点:第一,每个消费者都可以是品牌传播的中心,以人际关系为纽带进行扩展。消费者既是接受者,也是个体体验的传播者,这样迅速的个体传播有利有弊,如很多企业的负面消息都是由草根微博、大 V 博客、微信等媒体率先披露出来。第二,接受方式改变了,由以往的被动接受,变为主动选择。在此过程中,受众的阅读方式由以往的精读变为快餐式消遣泛读,公众的信息获取、鉴别能力大大提升。信息的海量性,迫使人们必须加以快速甄选,找出对自己有用的信息。由于品牌大量充斥,受众也可以在其中加以比较,根据自身的诉求来进行评判和选择。因而,个性化的品牌传播就显得非常必要。个性化的品牌传播已成为新媒体时代下品牌获取受众认可的重要途径。

(二)差异化的品牌个性战略

品牌承载着文化的同时,也反映了其产品与消费者之间的内在关联。消费者消费的不仅是产品或者说商品的有用性或使用价值,同时也富含个体的内在体验和心理感受。从更深广的意义上说,品牌意味着消费者的生活方式和存在的个性。因而,个性化的品牌形象,反映了消费者对品牌内在核心要素的看法。当品牌个性形象与消费者的个性相吻合时就能够获得相应的品牌认知,促使消费行为产生。当品牌的大众消费时代消失时,个性化消费时代来临,每个消费者都在标榜独特的个性,彰显独特的个人魅力,品牌要运用独特的传播媒体和富有创造性的表现形式传播品牌个性。

根据受众需求提供个性化的产品和服务是精准营销的基础,企业要根据精准的消费者细分特征来制定个性化的产品和服务,为消费者量身定做相应的产品和服务,这样才有可能塑造出企业产品和服务的个性。

由此,首先要注重产品与品牌的结合,如品牌与产品的种类、属性结合;突出产品用途和受众的关系,每一种产品代表着受众所要选择的生活目标、生活方式和质量,提升生活的品质。在此过程中,结合产品受众的生活地域和传统,打造人性化的品牌形象。

其次是品牌与企业的结合,包括品牌的标志形象、品牌的内涵意蕴,都反映了企业所具有的独特风格。例如,人们看到"999"可以联想到三九集团,听到"蒙牛"就自然地和乳业联系在一起。

再次是寻找适合企业产品和服务的传播载具。企业要针对自身的产品和服务选择传播载具,对于不同类别的产品和服务,要进行精确的分类,结合消费者的准确定位进行广告传播活动。

最后是选用独具特色的传播形式,比如博客广告、播客广告、搜索引擎广告、手机彩信广告、互联网竞价排名、虚拟社区广告等。

在新媒体时代下,企业竞争发展更具契机,也面临风险。品牌作为企业的基本标志和文化要素,不应被湮没在信息的海洋中。品牌力是企业发展的主要动力,在犬牙交错的媒介传播中,企业应善于把握机遇,将新媒体造成的碎片化、分众化重新整合,同时聚焦个性化塑造,采用新媒体的新传播载体,在宏观的区域和文化背景中综合提升品牌形象和文化内涵,在企业竞争中争得先机。

## 第三节　新媒体背景下品牌传播战略的优化

企业在进行长期的品牌传播战略制定中,应该充分考虑如何有效地利用新媒体(见图 5-1)。

图 5-1　新媒体背景下品牌传播战略的优化路径

## 一、根据产品定位选择适合的新媒体平台

大部分品牌都拥有契合自身的细分顾客群体,产品也是根据顾客的需求所制定,只有选择适合自身产品的新媒体平台,才能助力企业实施品牌传播战略;反之,则容易导致水土不服,真正需要该产品的顾客也无法看到品牌的宣传。

第一步,现在主流的新媒体平台有哪些?

短视频类:抖音、快手、火山小视频等。

长视频类:B站等。

图文类:知乎、小红书等。

社交类:微信、微博等。

第二步,这些新媒体平台的特点有哪些?

短视频类:流量为王,有流量+高转化率就能赚钱。相反地,没有流量了,哪怕有百万"粉丝",也是白搭。

B站:"粉丝"黏性高,发布的视频很久之后都会有人看,且"粉丝"会持续关注作者的更新。适合打算长远发展的创作者。当然,对创作者的作品质量也有更高的要求。

知乎:同样属于适合长期发展的平台,适合打造个人IP,然后发展面就宽了。另外图文类平台,也特别适合不习惯面对镜头的创作者。至少这里会是一个相对容易的起点。

小红书:与知乎一样同为图文类,但文章普遍要短一些,更像是图文版的抖音。女性用户更多一些。

微信:主要是做公众号,但获取"粉丝"困难。现在通常不作为获取流量的途径,而是作为流量变现的终点。

微博:围观的地方,不太适合普通的创作者。

第三步,自己与哪个平台的契合度最高?

现在该仔细审视一下自己:我是哪种人?我擅长什么?我想走哪种发展模式?

如果你有创意,有很强的执行力,恰好又有点社牛,那恭喜你,抖音直播是你的首选。

如果你是上班族,平时只有晚上有时间,甚至晚上的时间也不多,那可能只有图文类的平台可供选择了。你可以利用碎片化的时间积累素材,然后统一整理输出。

如果你时间相对充裕,在某一方面又很有兴趣或者是个老玩家,又恰好喜欢摆弄相机、布光,或者恰好后期技术还不错,那不去B站上施展一下拳脚,岂不可惜?

第四步,对号入座。

分析完自己与平台的契合度后就需要做选择了。大多数情况下,我们可能没法做到百分之百的契合。此时,我们不妨在契合度相对较高的平台中选择一个自己喜欢的,先迈出第一步。

## 二、成立专业媒体运营团队

品牌应利用新媒体平台加强与消费者之间的联系,及时获取消费者对品牌产品的意见与建议,并对消费者反映的产品或服务问题及时提供解决方案和反馈,以获得消费者的品牌好感,挽救品牌形象。同时,品牌还可以利用新媒体平台推送一些优质内容,以获得更好的关注。新媒体时代,可以深度接触消费者的平台很多,成立专业媒体运营团队对品牌利用好平台以优质新颖的内容获取用户关注,第一时间了解用户需求,更加有效地触及消费者是十分必要的。专业的媒体运营团队可活跃于各大主流社交平台和视频平台,持续地为品牌撰写和推送优质内容,以数据为基础分析近期用户关注点的变化,及时收集用户需求信息和对品牌产品或服务的相关意见和建议,并及时处理和反馈。通常,一个高效的新媒体团队包括以下成员:① 网络运营组,负责微信、微博、社群及其他线上媒体平台的运营管理;负责组织策划、活动流程、活动预期、活动成本、活动收益、活动效果、活动问题及改进;负责依据各种活动专题,进行内容的传播推广;负责微信、微博及其他线上媒体平台的推广。② 活动策划组,负责策划各种活动,并依据活动策划方案编写文案、广告语;负责微信公众号、微博及其他线上媒体平台文案的编写。③ 视觉设计组,依据策划方案做出相应设计元素;进行 H5 的制作;根据策划、文案编写的方案制作相应视频、音频,并进行视频、音频素材的采集、剪接;负责根据活动策划方案绘制原创图画元素。④ 商务拓展组,开发线上线下媒体、用户资源;负责用户进驻自媒体平台,并组织销售、运营。⑤ 数据分析组,负责相应行业市场、平台数据调研分析,制作数据报告;负责建立会员数据库,并开展会员营销。

## 三、有效利用直播平台

现阶段各行业市场逐渐饱和,蓝海市场已经稀缺,在自身产品或服务质量良好的情况下,需要一个能推广产品并迅速为大众所知的机会。如果能把握好这个机会,新品牌也能在近饱和的行业市场中占有一席之地。新媒体时代就为新品牌提供了这样一个机会——直播电商。新型冠状病毒感染疫情期间,当大部分实体经济面临重创时,线上销售却成为众多消费者选择的销售方式,其中直播电商最为热门。直播电商是一种以直播为渠道,作为导购员与推销员的主播通过直播平台向平台用户进行商品推广,不是单向传输。主播在直播过程中可以看到用户发送的弹幕,进而了解并及时解答用户对商品的疑问,这种酷似"线下"的销售模式深受广大用户喜欢,其用户数逐渐接近网民总体规模。随着新媒体的迅速发展,直播电商不仅仅在淘宝这个购物平台上进行,小红书、抖音等新媒体平台也将直播电商纳入其服务范围,让消费者随时随地想买就买。对于新品牌和新产品,主播对产品各方面的详细描述和推广让品牌和产品有了一定的曝光度,并且基于消费者对主播的信任,为品牌培育了一批种子用户并完成了口碑发酵,帮助新品牌顺利萌芽。当然,对于已经具有较高知名度的成熟品牌,也可以有效利用直播平台与消费者进行互动,销售产品的同时进一步提升品牌形象。

### 四、提高品牌保护意识

新媒体时代,在利用新媒体建立品牌的同时,更应该注意提高品牌保护意识。企业建立一个家喻户晓的品牌需要持续不断的成本投入,特别是在新品牌问世阶段,企业想让品牌迅速占领市场势必会投入很多的人力、物力与财力来打造企业品牌。新品牌通过新媒体渠道进行宣传时,一些企业的品牌法律意识薄弱,给了不良商家机会,被抢先注册或仿冒品牌,导致企业千辛万苦打造出来的品牌付之东流。蜜雪冰城火爆后,一时间盗版品牌层出不穷,它们与蜜雪冰城有着相似的LOGO、几乎一致的店铺装修风格,很容易以假乱真。除了盗版店铺,还有不良商家冒充蜜雪冰城面向公众招收加盟商,很多想加盟的企业把钱投进去后才发现对方不是真的蜜雪冰城,这极大地损害了蜜雪冰城的品牌声誉。因此,企业在利用新媒体进行品牌推广时,应及时进行品牌注册,并详细表述该品牌所涵盖的特色产品与特色服务,一旦发现有仿冒伪劣商品,及时利用法律武器维护自己的合法权益,维护品牌形象。

**案例　江小白——白酒界的"文案大师"**

说起江小白,绕不过那走心的文案。江小白的文案几乎总是可以从不同的角度说出你想说却不知道该如何表达的话,每句话都在搅动你脆弱敏感的神经。在各种交际语境中,它总能给人一种温文尔雅地表达对生活和饮酒的理解之感,且能写出故事感的文案。消费者看着它那么了解自己,再喝上一口酒,感觉压抑已久的情绪就会全部释放。江小白的贴心文案成了消费者选择的重点,但文案毕竟只是表面现象,江小白的成功是从洞察力到战略,再到文案。

江小白在市场上首次聚焦"年轻酒"概念,着力开拓年轻饮酒者的蓝海市场,避开了传统白酒的定位。因此,消费者对江小白的第一印象是"江小白不卖酒,卖的是故事"。江小白的文案各式各样,在感情上,江小白会告诉失恋的你"躲得过与你生活的痕迹,躲不过酒后与你的回忆";在你跟好朋友吐槽现在生活,倾诉自己苦闷地想要回归简单生活的时候,江小白会告诉你"周旋于生活可能被戏弄,简简单单地过才是生活",这也正是江小白的SLOGAN:我是江小白,生活很简单;江小白结合"敢说"的特点赞助《奇葩说》,抛出"我单纯,我敢说"的口号,符合节目选手们敢怒敢言的特性;江小白又会劝诫你少喝酒,联合权威机构中国警察网发起"劝止酒驾"主题公益活动,发表多组劝酒文案,让人难以忘却。江小白推出了征集文案的活动,用户可以自创文案发给江小白,如果被选中,不仅有机会出现在瓶上,还可以获得一份奖品,这样不仅极大地激发了用户的参与感,在传播上也起了很大的作用。

请思考:运用SUCCES法则分析江小白的品牌情景文化创意策略。

## 复习讨论题

1. 新媒体背景下品牌传播面临的挑战主要体现在哪里?
2. 结合新媒体的特点,谈谈品牌情景文化创意有哪些方面。
3. 联系实际说明新媒体时代实现互动传播的两种方式。
4. 如何选择合适的新媒体平台进行品牌宣传?

# 第三篇 实 践

# 第六章 流量营销与整合营销传播

**本章要点：**
- 流量营销的概念及特征
- 流量营销的整合营销传播策略
- 流量营销陷阱的来源及类型
- 流量营销效果的四项提升策略

## 第一节 流量营销

### 一、流量营销的概念及特征

#### （一）流量营销的概念

流量是指上网产生的流量数据，也是数据的计算单位。比如 KB、M、G、T 等，用户有了它才能在进行互联网操作时与服务器之间交换数据，从而带来我们需要的用户体验。追溯历史，流量从前就有却并没有像现在这样大受欢迎，其原因是之前的互联网网速慢，用户体验较差。

在移动互联网时代，"流量"已经成为各行各业都绕不开的话题，甚至可以说，流量是一切营销的基础。无论是个人、商户、传统企业，还是新兴的互联网公司，想要在短时间内让产品被更多的用户知晓，在市场上引起强烈的反响，并最终收获一批忠实的"粉丝"，就离不开精准有效的流量营销。

流量营销是借助互联网、移动网络等网络媒介，利用企业经营或营销活动，实现流量资源挖掘获取、体系运营、转化变现的过程。本书对于流量的定义范畴集中在"客户流"上，一般指代用户在一定时间利用互联网或移动网终端点击并打开社交平台网站及营销活动的人气访问量，也指现有及潜在的客户流量。评价流量营销效果好坏的指标通常有独立访问者总量、重复访问者总量、商品总成交额、流量转化率、页面总浏览数等。

### (二)流量营销的特征

流量营销具有如下特征:第一,流量是核心竞争力。在移动互联网时代,谁拥有了流量,谁就拥有了核心竞争力。而要拥有流量,首先就要具备流量思维,然后再利用流量提升品牌的知名度和美誉度,从而为自己创造价值与收益。第二,优质的产品或服务是持续获得流量的关键。流量时代的来临为我们带来了更多的机会,同时也为我们带来了更多的竞争与挑战。要想做好流量营销,就不能仅以获取流量为最终目的,还要用优质的产品或服务来提高用户的黏性,持续吸引流量,并将这些流量转换成有价值的东西,促进品牌信息得到更加广泛的传播。

流量营销的目的是获取用户,而获取用户的基本途径便是吸引路人,也就是将那些在平台上随意浏览的人吸引过来,并将他们转化成自己的潜在客户,然后再将这些潜在客户变成真正的消费者,整个环节的完成才算是一次完整的营销。即使客户已经下单,也并不代表营销活动就结束了。当客户第一次消费之后,营销人员还要巩固与这些客户的关系,让他们成为忠诚的用户,甚至成为产品或者品牌的"粉丝",从而为下一次的下单做好铺垫。

流量营销是移动互联网时代一种十分有用的营销方式,这种营销方式更便捷、更快速,但这并不意味着就不需要进行客户的维护。不论是"营"还是"销",针对的都是客户,因此,用心挖掘客户,不遗余力地开发客户,用心维护客户,给客户带去良好的产品体验,才是成功的营销。

## 二、流量的价值及其实现

### (一)流量的价值

在信息高度发达的移动互联网时代,每个人接触的信息都很多,获取信息的渠道也很多,但并不是每条信息都会被推送给人们,也并不是产品只要质量足够好就行了,除了产品的质量要好外,流量也格外重要。

没有流量,就代表着没有人关注。很多人即使对你的产品感兴趣,也会优先搜索到那些流量多的产品,而在令人眼花缭乱的选择中,流量少的产品往往很难进入人们的视野。流量不仅可以显示出一款产品的受欢迎程度,还可以增强人们的信任感,让人们对产品的品质多一重放心。而如果商品的销量低、评价少,人们往往就会怀疑:此款商品是不是存在某些质量问题,不然为什么购买的人这么少呢?当然,特殊商品除外。

所以,在流量时代,我们除了要做好产品外,更要懂得吸引流量,用流量打出知名度,打出信任度。有了流量的支撑,产品会为更多的人所熟知,也就会有更多的流量转化成购买力。

### (二)流量的实现

各个平台都有一定的流量,其中社交平台所占据的流量更多,比如微信、QQ、微博、抖音、快手等;此外,各种搜索引擎中也包含很多流量,我们经常能够看到很多商家在各个搜索引擎的入口处做一些广告,这往往也能吸引"刚需"人群,提高流量的转化率。另外，电商平台也是一个流量聚集地，而且，相比社交平台与搜索引擎，电商平台用户购买力的转化率是非常高的。

当然，除此之外，还有其他的平台也同样拥有很多流量，如果有精力、有机会，从这些平台中获取流量也是不错的选择。那么，我们到底要如何才能吸引流量，将各个平台的用户转化成自己的客户呢？通常来说有以下几种方法。

1. 在平台上做广告

在平台上做广告是最常见的做法。不论是社交平台还是搜索引擎、电商平台等，在这些平台上做广告，即使用户当时并没有选择你的产品，但是当他们真正做选择时，也会因为对你的产品感到"脸熟"而犹豫，考虑是否购买你的产品。

以往电视平台上的广告总是占据着主导地位，对于在电视上做过广告的产品，人们的信任感会提升。在流量时代，各个平台的流量逐渐占据主导地位，但人们对这些广告的认识并没有发生本质的改变，在做选择时还是会倾向于选择那些自己曾经见过的产品。所以，不要忽视广告的作用。

2. 做活动吸引流量

活动对人们的吸引力非常大。从"618""双 11""双 12"的下单量来看，人们参与活动的积极性还是很高的。其实，除了这些大型的活动，简单的小活动也能吸引到很多用户。因此，适时地举办一些活动，赠送一些满减优惠券、小礼物，或者进行积分兑换、打折活动等，都能吸引来不少的流量。

而且，线上活动也便于人们传播与操作，用户如果觉得很划算，也会主动分享给自己的亲朋好友，从而吸引来更多的流量。

2020 年 4 月 6 日是麦当劳的会员日，麦当劳之前发放的半价金桶优惠券仅限这一天可以使用，原价 78 元的"家有金桶"在用券后仅需 39 元。于是，很多消费者都会在这一天去麦当劳点餐。

但是，由于活动太过火爆，麦当劳小程序竟然一度出现崩溃，顾客无法下单。麦当劳官方微博回应可以去麦当劳线下门店点餐，结果多地麦当劳门店都出现了门口排长队的情况。

很多网友在成功购买了麦当劳"家有金桶"后，也自发、主动地晒单，该活动引起了不低的热度。

3. 用热点吸引流量

热点本身就能吸引一部分流量，抓住用户的眼球。因此，用"蹭热点"来吸引流量的方式也是可行的，有时甚至会起到意想不到的效果。

曾经刷屏微信朋友圈的漫画《我们是谁？》，其简单、呆萌的图片和易于添加文案的画面，引起了很多跟风营销。但是，很多营销都仅仅是修改一下文案，并没有做实质性的改动。而氢互动团队则在 24 小时内为闪送这个品牌打造出了真人版的"我们是谁"，其有趣的文案加上真人 cosplay（角色扮演），在热度还未散去时迅速地刷爆了微信朋友圈，引发了大量用户的关注与分享。

可以说，这一次的"蹭热点"很成功，不仅将闪送这个品牌的特点通过有趣的漫画与文案传达了出来，还引起了不小的轰动，为品牌带来了巨大的曝光量。

4. 用创意文案吸引流量

在流量时代，软广告比硬广告更能深入人心，更能赢得人们的关注与好评，这也就催生了很多有创意的广告，比如有些商家会利用微信公众号写软文来吸引流量，有些商家会在各个视频平台投放悬疑、反转、搞笑类的视频来推广产品。用户即使看到最后发现这是一条广告，也常常会夸赞商家"有心了"，而不会对产品产生反感。

淘宝商城（天猫）为了提升知名度与认知度，拥有源自自身的流量，颠覆逛街购物体验，开启网购新时代，写出了一句令人印象深刻的文案——"没人上街，不一定没人逛街"。这句文案一出，配合淘宝商城举办的大型促销活动，人们对淘宝商城这个品牌的认知度大幅度提高，也达到了超乎想象的销售效果。

产品与流量应该是互为补充、相辅相成的：质量好的产品需要有流量加持，才能进入人们的视野，卖得更好；而流量多的地方也需要产品的品质有保证，否则差评、投诉不断，反而会给产品带来不好的影响。

### 三、流量思维

流量思维指的就是以流量为重点的思维，用流量来撑起销量，用优质的产品和服务来吸引用户，注重长期的口碑与盈利，而不是只做一锤子买卖。在各个环节中，商家首先考虑的应是流量的多少，其次才是赚钱的多少。因为即使刚开始赚的钱不多，但是当流量增加以后，收益也会随之增加。因此可以说，流量思维可以帮助商家获取更多的收益，销售非但不会出现后期乏力的状况，反而会越卖越多，增长量是十分可观的。

当然，具备了流量思维，还要把握好引流的时机，这样才能吸引更多的流量，进而将这些流量变成实际的交易。

引流是当前"流量为王"的时代背景下商家迫切需要做的事情。移动互联网的发展分解了整体的流量，对于单个商家来说，流量就变少了。而如何在流量变少的前提下吸引更多的流量，这是各个商家都需要面对的并亟待解决的问题。

所谓要具备流量思维，就是要认识到"先创造流量，再创造收入"的先后顺序，重视流量的价值。不论是线下，还是线上，创造流量都很重要。线下的流量会直接吸引客户驻足，而线上的流量则能更直接地转化为人气和排名的依据。因此，做好引流工作是至关重要的。

引流同样也需要讲究时机。把握住了引流的时机，引流的效果会更好；如果时机不当，很可能一无所获。举个简单的例子，你在秋末冬初时会想要购买保暖的衣服，而不是夏天的T恤。那么如果此时有人给你推荐羽绒服，你很可能会认真地看一下，仔细地考虑一下是否需要购买；而如果别人给你推荐的是T恤，那你很可能连看都不看，直接就回绝了——这就是时机的作用。

所以，我们只有尽可能地抓住那些看似还不错的时机，尽可能地在用户搜索、需要的时候将我们的产品展示在他们面前，而这就需要我们将店铺或产品推送到比较靠前的位置上。

经验丰富的营销人员可能会判断出比较合适的引流时机,但是如果你并不知道什么时候引流才恰当,不妨先去试一试,先投入一小部分试试水,看看反馈情况,然后再制定接下来的策略。随着实战经验的累积,你的市场敏感度也会随之提升,此时再引流就会取得不错的效果。

此外,利用热点事件来引流也是不错的选择。热点事件常常能引起人们的广泛关注,使人们将目光聚焦到同一件事情上。这无疑是很好的时机。但是,生活中热点事件的出现很随机,没有特定的规律,如果一味地等待热点事件出现,反而会错过其他的好时机。

因此,在热点事件出现时抓住,在没有热点事件时找到其他的突破口,这才是一个合格的营销人员应该具备的流量思维。

### 四、流量转化率

吸引流量很重要,但我们要知道,并不是所有的流量都具有同等的价值。

如果你发现自己吸引来的流量不少,但是流量的转化率很低,产品的成交量一直没有突破性的提升,那就说明你吸引的流量大部分都不是精准流量,而给你带来收益的精准流量只占其中的一小部分。也就是说,起到核心作用的是精准流量,只有精准流量才有强大的变现能力;如果吸引来的流量不够精准,那么变现能力就会很差,即使流量的数据看起来很可观,收入也未必可观。

这就好像一个百货超市,虽然每天都有很大的人流量,但是卖年轻男装、女装的区域盈利却很少,一方面是因为年轻男女很少去超市采购,另一方面是因为年轻男女会去专门的服装卖场或者网上购物,所以,这两个区域的整体人流量看似很大,但是真正购买年轻男装、女装的客户却很少,也就是吸引到的精准流量很少,所以变现率很低。

因此,要想提高转化率、提升变现率,单纯地以获取流量为目标是不能满足要求的,还需要注意获取到的是不是精准流量。

那么,要如何吸引精准流量呢?首先要定位精准,即明确你的产品或服务是打算卖给谁的;其次要考虑如何吸引这些目标用户。

2015年年初,神州专车刚进入出行市场时,面对的是滴滴、优步、易到这"三座大山",作为后来者,神州专车要与它们竞争,这显然不是一件容易的事情。毕竟,很多用户在之前就已经开始使用这些产品,并已经享受到了出行补贴,用户是很难再将自己的主要出行工具改成新入行的神州专车的。

从用户定位上来说,滴滴主要针对普通大众,优步主要针对白领、外企用户,而易到则针对中高端商务人士。但这三巨头都主打速度和价格,如果此时神州专车也跟随这个定位,那么作为同质化的品牌,神州专车很难后来居上。

此时,神州专车并没有像三巨头一样主打速度和价格,而是坚持自己的独特优势,结合自身的品牌特点,做了一个差异化的定位:将品牌瞄准中高端用户。

为了吸引这些用户,神州专车决定主打"安全"这个主题进行宣传。由于中高端用户大部分是商务人士,相对于价格,他们更在乎的是服务品质,而专车司机和车辆本身的安全性能应该是最基本的保障。

随着网约车司机骚扰乘客、司机犯罪等一系列安全问题的出现,神州专车的"安全"定位逐渐深入人心,神州专车也逐渐获得了中高端用户的青睐,在出行市场上占据一定的流量。

神州专车的精准引流工作做得十分到位,这与其品牌的精准定位是分不开的。由此可见,精准的定位更便于吸引精准的流量,提高让用户变成客户的可能性。

其实,要获取精准流量,利用人群之间的传播也是很有效的。人们在网络上会加入自己感兴趣的讨论组,关注自己感兴趣的人或内容。因此,在精准划分的人群内进行营销引流,往往也能取得不错的效果。

做好精准引流工作,将目标客户成功地吸引过来,就能促进成交。但在流量时代,营销人员要做的远不止这些;在将客户吸引过来后,更需要去维护,让客户继续坚守在你的品牌处,不再转移阵地,这才算得上是真正成功的营销。

## 第二节 基于流量营销的整合营销传播策略

整合营销传播需要流量作为载体,"粉丝"经济则能在其中发挥重要作用。"粉丝"经济在这个流量爆发的时代具有重大的价值。"粉丝"的数量在一定程度上决定了商家或品牌的影响力,也影响着商家或品牌的流量。在这个注重流量的时代,商家或品牌一定要能够吸引"粉丝",并将这些"粉丝"变成自己的忠实用户,使其主动帮助引流。

### 一、了解"粉丝"心理,以性价比制胜

我们常说现在是"粉丝"经济时代,那么到底什么是"粉丝"经济呢?

"粉丝"经济指的是架构在"粉丝"和被关注者关系之上的经营性创收行为,是一种通过提升用户的黏性并以口碑营销的形式获取经济利益与社会利益的商业运作模式。比如,"粉丝"会购买明星的专辑、演唱会门票;购买明星代言的产品,期待跟自己喜欢的明星用同款产品;甚至会爱屋及乌,购买与明星相关的东西,比如明星写的书、印有明星照片图案的产品等。

在流量营销时代,很多商家就利用"粉丝"的这种心理,给"粉丝"提供多样化、个性化的商品和服务,最终使其做出购买行为,通过"粉丝"的消费来实现盈利。

当然,流量时代的开启,使"粉丝"们能获取更多的信息,"粉丝"对于明星推荐的产品也不再照单全收,而是有着自己的判断。所以,商家如果还单纯地想要靠明星、偶像来带货,实现销量的增长,就只能获得短暂的、一小部分的红利。随着越来越多的"粉丝"认识到这背后的商业目的,他们的理性消费意识便会逐渐觉醒,不再为偶像代言的产品买单。

能否让"粉丝"买单的关键在于产品的性价比。品牌要去理解并尊重"粉丝"的消费

心理与行为,把明星当成一个流量入口和信息出口,根据"粉丝"的要求去设计品牌,从而让"粉丝"经济重回正轨,让"粉丝"的行为促进消费。

海尔公司就一直很注重用户的使用体验,为用户提供真诚而贴心的服务。我们都知道洗衣机是用来洗衣服的,但是有些农村用户用洗衣机来洗土豆,由于土豆上的泥土经常堵住排水管,所以用户的使用体验并不好。但是,海尔公司并没有将这个责任推给用户,而是根据用户的需求,专门改造了洗衣机,把排水管做得更大、更好,让用户可以用洗衣机来洗土豆。另外,为了满足不同用户的需求,海尔公司还改变了以往统一的容量,设计出了不同容量的洗衣机,这样用户就可以根据自己的实际情况来选购容量合适的洗衣机。海尔公司也正是因为重视用户的需求,才收获了一批又一批的"粉丝"。通过这一案例可以发现,能够吸引到"粉丝",并将"粉丝"的流量变成产品的销量,这才是借助"粉丝"提升销量的有效方式。

## 二、制造共鸣,让路人转"粉丝"

"粉丝"是流量营销时代的先锋军,但是在流量变得越来越重要的移动互联网时代,仅仅有这一批先锋军还远远不够。不论是为了提升品牌的影响力,提高品牌的知名度,还是为了提高产品的销量,吸引更多的"粉丝"都是很有必要的。

在这个移动互联网时代,"酒香也怕巷子深",要想获取更多的流量,就要吸引"粉丝",让路人变成"粉丝"。

不要想当然地觉得别人都认为你的产品很好,更不要一味地对路人进行"洗脑"式宣传,这不仅不会让他们变成"优秀粉丝",反而还有可能让他们变成你产品的"黑粉"。

营销人员一定要避免出现以下想法:

"这个品牌这么出名,还需要我去说吗?用户不知道才奇怪吧!"

"这个产品广告打得这么响,对方怎么可能不知道呢?"

"这么简单的功能还需要我去介绍,用户的理解能力这么差吗?"

相反,营销人员要将每一个路人都当成潜在"粉丝",并记住以下几点:

(1) 这些用户很可能并没有接触过、听说过你的产品或品牌,需要你进行详细的介绍。

(2) 客户没听过并不代表他们孤陋寡闻,所谓"术业有专攻",人们都有自己擅长的领域,所以不要歧视这些客户。

(3) 当客户表现出排斥后,不要急着否定,也不要急着放弃。毕竟,人们大多习惯于用自己熟悉的产品,对新事物存在抵触情绪也是正常的。

(4) 你的服务态度在很大程度上会决定用户是否接受你的产品。

要将路人变成"粉丝",其核心在于引起路人的共鸣,即让他们知道你的产品对他们来说是有价值的,是值得他们去购买的。

在这个流量时代,用户做判断时不会仅仅依从营销人员的一张嘴,他们还会自己搜索资源,从中选择对自己来说最合适的产品。因此,营销人员除了要不厌其烦地将产品的优点、特点讲给用户外,还要借助互联网全方位地向用户展示自己的产品。

### 三、把"粉丝"当朋友,发展铁杆"粉丝"

在社交媒体越来越发达的时代,"粉丝"已经成为各大品牌关注和争抢的对象。从各大品牌的销售情况来看,拥有更多"粉丝"的品牌产品,其销售量也更高,品牌的认可度更高。因此,除了吸引新用户并使其转变成"粉丝","固粉"也相当重要。

营销人员都知道,发展一个新用户的成本远远高于挽留一个老用户的成本。因此,留住原本的"粉丝",将这些"粉丝"发展成铁杆"粉丝",也是流量营销中的重要一环。

在移动互联网时代,不与"粉丝"交流就相当于让"粉丝"主动流失。而"固粉"的根本原则便是把"粉丝"当成朋友,与"粉丝"交流、互动,让"粉丝"自带一种归属感去消费。

其实,与"粉丝"交流、互动并不难,很多品牌在这方面都做得很不错。比如,有些店铺在某些节日会有活动,让"粉丝"抽奖领红包或优惠券;有些会提供一个话题,引起"粉丝"的关注与讨论。在这方面值得我们学习的便是小米公司。

小米公司不到三年便进入百亿企业之列,创造出了一个品牌神话,这与"米粉"的支持是分不开的。

小米公司的口号是"为发烧而生"。从一开始,小米公司就调动"粉丝",在开发MIUI系统时征求"米粉"的意见。这种行为也吸引了越来越多的"发烧友",使他们成为小米的"粉丝",并逐渐发展成为铁杆"粉丝"。

小米旗下的红米,采用了"饥饿营销"的策略,限时限量发售。红米手机最初发布时,选择了官方认证的QQ空间,在发布前精准定位人群,聚拢人气。再加上在社交平台举办一些活动,红米手机大热,半小时预约人数就过百万,成为小米旗下最抢手的产品。

小米公司牢牢地抓住了"粉丝"的心理,发展了"粉丝"经济。"因为米粉,所以小米"的营销模式,让小米公司得以迅速收获更多的"粉丝"。

其实,"粉丝"都是渴望交流、互动的,所以我们要将"粉丝"当成自己的朋友,用对待朋友的方式对待"粉丝"。经常与"粉丝"交流,真诚地看待"粉丝"给出的建议或意见,时常用一些活动来刺激"粉丝"的热情,才能更好地维系品牌或产品与"粉丝"之间的感情,使这些"粉丝"发展成为铁杆"粉丝",很难再被其他同类品牌或产品撬动。

此外,重视"粉丝"的价值,品牌同样可以在"粉丝"身上挖掘出更多的财富,从而使品牌与"粉丝"共同成长、共同进步。

### 四、激励"粉丝",使其主动引流

"粉丝"引流,在这个流量制胜的时代似乎是再正常不过的事情。就像明星的"粉丝"会组成"粉丝后援会"一样,不论是品牌的"粉丝",还是产品的"粉丝",都会出现"扎堆"的情况。而"粉丝"如果真的觉得品牌或者产品好,值得推荐,那么就会主动"安利"给他人,为品牌或产品引流。而如果此时"粉丝"的行为得到肯定,他们的热情就会更高涨,引流的积极性也会更高。

利用"粉丝"引流实现增收的现象是很常见的,比如一直以"服务好"而频频让网友主动推荐的海底捞。去过海底捞的人,大多会对它的服务赞不绝口。如果没有预订,在吃饭的时间去海底捞,排队等上半小时甚至一个小时也是常有的事。而海底捞在顾客等待的这段时间,会提供瓜子、水果、饮料、小点心等,还会提供跳棋、象棋、扑克牌等,让顾客不仅不会因为等待而心烦,反而还会很享受这段时间。而且,海底捞还提供半份菜,这样就可以很好地避免点的菜品太多,吃不完浪费的情况出现;如果是单人用餐,就可以多点一些其他菜式,让顾客多了一些选择。

另外,海底捞火锅的味道确实很好,菜品多样。火锅有十多种锅底,顾客可以根据自己的口味进行选择。调料也有二十多种,顾客可以随意调配。此外,服务员的服务态度也很好。即使人很多,服务员很忙,他们也还是会微笑着面对顾客,对顾客的要求也是尽量、尽快地满足。

可以说,正是这些人性化的服务,让去海底捞用餐的人都成为它的"粉丝"。这些"粉丝"不仅自己用行动支持海底捞,还会分享给朋友、带朋友去吃,从而起到宣传的目的。这种宣传的转化率比其他广告更有效。

虽然海底捞的服务人员并没有刻意要求顾客去为店铺做宣传,但是服务人员所提供的优质服务却比任何言语都更有力量。也正是这些服务激励着海底捞的"粉丝",让他们自发、主动地引流。

在移动互联网时代,不仅娱乐行业与餐饮行业会因为"粉丝"引流而创收,其他行业也是如此。不论是家装品牌还是服装行业,抑或是食品行业、交通行业等,如果"粉丝"能够积极地去宣传、去引流,那么在短时间内实现增量也是有可能的。

当然,要让"粉丝"主动去引流,你所推荐的产品或服务就一定要有过人之处,能够让"粉丝"信服。这就像是我们会给朋友推荐那些我们觉得好的东西;而如果东西很一般,我们会绝口不提;如果东西的质量很差,我们自己遭遇的服务很差,那么我们只会劝告朋友不要重蹈我们的覆辙。所以,究其根本,品质才是硬道理。

在这个流量为王的时代,宣传固然很重要,吸引流量固然很重要,但品质依然是不可马虎的一环,优秀的品质自然会成为激励"粉丝"主动引流的催化剂。

### 五、制造惊喜,用真心换取流量

在移动互联网时代,商家要懂得给用户制造惊喜,让用户喜出望外,从而提升用户对品牌以及产品的忠诚度。而且,商家给用户制造惊喜,还可以让用户感受到商家的真心。

所谓制造惊喜,并不一定是给予用户优惠券、折扣等。其实,如果商家的表现能够满足甚至超出用户的期待,让用户有惊喜感,有被重视的感觉,那么就会极大地调动用户的积极性。

比如网上一些卖女性头饰的店铺会赠送小梳子、小镜子等,而这些额外的赠品令购买的用户十分受用,她们在给好评的同时也不忘记说上这一点;有些用户即使对产品并不是十分满意,也会因此而受到触动,很少给出差评。而这些看似不经意的小惊喜会为店铺带来更多的流量,吸引更多的人购买。由此可以看出给用户制造惊喜的重要性。

当然,要给用户制造惊喜并不简单,需要商家花费很多心思与精力。但与吸引到的流量相比,商家的努力也都是值得的。尤其是在这个拼流量的时代,谁能给用户制造惊喜,谁就能更快地吸引到用户,赢得用户的认可,也就能获取更多的流量。

## 第三节　流量营销陷阱及操作误区

成功的营销能够为企业和品牌带来更多的顾客,创造更多的收益,并为品牌塑造出良好的公众形象,因此,营销在商业当中是最常见不过的重要组成部分。而在消费者看来,大多数人并不在意各种营销手段,他们只看重是否能够得到物美价廉的产品和服务,通过营销,消费者可以找到自己想要的商品。但在很多时候,有些商家为了获得关注和利益,往往会在营销策略上不择手段,采取一些"不寻常"的方法,在流量时代,这种陷阱愈发常见。

### 一、流量营销陷阱的来源及类型

(一)流量营销陷阱的来源

在这个"得流量者得天下"的时代,只要拥有了流量就能够拥有知名度,从而获得巨大利益,无论是对于个人还是对于企业,流量都非常有利。所以,不管是自媒体还是企业媒体,都热衷于追求流量和关注度,不惜一切代价获得阅读量和点击量。

从一般人的角度来看,流量的本意就是能够让我们上网的一种东西,但到了经济领域,流量经济中的流量又指代了一切我们为之消耗流量的事物,也就是说,这里的流量并不能够直接转化为利益,它需要变现。但流量意味着形成了一个注意力高度集中的小群体,在其中进行产品的推广和销售,往往能够获得更高的成功概率,从而带来利益,这就是流量变现。为了抓住流量经济中的要素,商家们在营销上研究出许多新套路,就是专门为了获得消费者手中的"流量"。

(二)流量营销中常见的陷阱

日常生活中,我们经常会错误地点开一个广告页面,并为此感到厌烦;很多 App 打出免流下载的口号,但点进去看根本不是那么回事;一篇文章的标题非常符合自身兴趣,打开一看原来是"标题党",顿时大失所望。这些都是广告商为了赚取消费者流量设下的陷阱。在生活中常见的流量营销套路有四个。

1. 夸大宣传

夸大宣传就是商家将产品的功能过于夸张化,将其功能吹嘘得不切实际。面对这些天花乱坠的溢美之词,再配以较低的价格营造出物美价廉的假象,消费者很容易被忽悠购买,使用之后却发现产品的实际功能并没有那么强大。比如,一个视频宣称能够在短短的十几分钟内教会人使用 PS,但实际观看下来,其干货内容含糊其词,条理性太差,根本难以看懂。这个其实就是一种虚假宣传,吸引很多需要在短时间内学会 PS 技术的人点进去观看,从而获得点击量和播放量。

这种欺骗用户流量的宣传让人感到厌恶,当真正使用的流量在不知不觉中超过限额时,那损失的可就是消费者的真金白银啊。曾经有不少用户反映,三大移动运营商在推广流量套餐时总是会打出"免流""不限量"的旗号,比如与之捆绑营销的视频 App 专属流量包,在观看视频时的确不耗费流量,但视频平台上的广告、图片等依然使用的是该流量包之外的数据,因此,很多用户都会感觉到自己的流量在不知不觉中流失了,这其实就是运营商在营销上打了个马虎眼,见缝插针以赚取更多流量费用。

2. 虚假宣传

如果说夸大宣传只是钻了消费者注意力的空子,那么虚假宣传就是纯粹使用虚假的信息来欺骗消费者。有些产品冠上"高大上"的名号或者权威人物的姓名,能够吸引消费者的注意,再加上对性价比、权威性、利益等方面的追求,很容易让消费者踏入这个陷阱,遭受一定的损失。

曾经有一个秒赚 App 就设置了这样一个营销陷阱:只要看广告就能赚钱。受到利益的驱使,用户们去观看广告,观看后,用户只是获得了 App 中的钱币,无法兑换奖品或者进行消费。这种营销手段非常高明,用简单的方式赚大钱,对普通人非常具有冲击力,但事实上却是虚假宣传,致使很多人受骗上当,花费了大量时间看广告却一无所得。仅仅是浪费时间、精力和流量,损失说不上惨重,毕竟流量要经过变现,获取流量正如从每个用户身上薅几根羊毛,虽然不痛不痒,但欺骗这种行径是不为消费者和有关部门允许的,在流量的获得上也是如此。

3. 蹭热度

在内容营销中,借助热门事件、社会名人来提升阅读量是一种常见的方法,但同时有的人善用夸张、富有噱头、蹭流量的标题吸引读者,冒着被千夫所指的风险也要获得暂时的流量。

2019 年 2 月 14 日,朋友圈有一篇名为《那个从阿里离职的漂亮女高管,从来不过情人节》爆款软文刷屏,不仅蹭了情人节和阿里的热度,其标题也是颇有深意,令人非常想一探究竟。文中的主人公声称自己是阿里高管,还晒出与某位电商大佬、某位电影明星、某位著名科学家等社会公众人物的合影。但点入文章阅读之后,本以为这是一篇励志鸡汤文的观众们看到最后却看到了面膜的推销,令人大跌眼镜。虽然大家都不喜欢这种微商推销,但其实际的效果却非常出色,到了第二天就有 2W+阅读量和 600+的成交量。这一事件引发了网友们的热烈讨论,更引起了今日说法官微的注意,警告文章作者不要打着创业的幌子侵害他人的肖像权。

而在自媒体文章领域,蹭热度屡见不鲜,更为可恶的还有通过调侃已逝人物来"吃人血馒头"的,虽然能够带来阅读量,做法却为人不齿。

4. 流量水军

虚假数据和流量水军在自媒体中也比较常见,当人们观看文章或者视频时,往往会不由自主地根据数据来选择,这就是"马太效应"或者口碑效应的作用,但内容中显示的数据到底是真是假,却没有人去怀疑。事实就是,很多自媒体团队都会买水军,借助虚假数据吸引用户观看以提高内容的热度,获得大量流量。

抖音中短视频的点赞是可以人为购买的,由于平台的推荐机制会根据视频的响应度来调整,点赞、播放量、评论越多,获得推荐的机会就越多,观看的人数也因此而增加,所以用流量水军这一方法可以说是一条捷径。但如果视频质量不过关,即使能够让更多的观众看到,也很容易因为创意、拍摄等方面的粗劣而一掠而过,难以在点赞和完整观看量上获得真正的提升。

总之,新媒体背景下,这些流量营销陷阱都是比较常见的,有些会让商家自讨苦吃,比较也有些能够让消费者遭受财务上的损失。无论是哪一种,对于消费者来说都没有好处。当看到以上这些套路时,一定要多加注意。

## 二、流量营销常见的操作误区

在营销工作中,不仅要提升品牌的影响力,更要追求效果,看到销量的实际提升。在移动端,交易的链条很短,线上支付也很便捷,因此,转化的效果会很明显。只有充分地利用流量营销的优势,才能快速打破流量困境。虽然很多商家与企业都在各个平台网站上注册了账号,但是收效甚微。流量营销常见的操作误区有:

(1) 账号无人运营。为了追赶流量的热潮,很多商家与企业都在各个平台上注册了账号,但这只是一个形式,实际上这个账号无人运营,与没有一样。不关心账号的运营效果,对其置之不理,自然也就难以达到期望的营销效果。

(2) 运营人员不够专业。很多企业在开通了新媒体账号后,并没有找专业的运营人员来运营,而是从公司内部找人兼职来做。在这场流量的浪潮中,连专业人士都很难保证可以做出效果,更何况是非专业人士呢?非专业人士缺乏互联网思维,也缺少创新精神,因而很难做出能吸引大众眼球的内容,能够吸引来的流量也寥寥无几。

(3) 把各个账号当成广告输出口。不论是什么账号,人们愿意看的都是有价值的、对自己有用的内容。但很多企业只是将各个平台的账号作为自己打广告的工具,注册账号只是为了推送企业的硬资讯和广告,而且内容编辑得很粗糙,这样自然难以吸引用户的关注,也难以获取流量,甚至还会给企业或品牌带来负面的影响。

(4) 推广不到位。很多企业账号在各个平台的推广不到位,关注账号的"粉丝"往往也都是企业的内部人员,内部人员点赞、转发、评论,所起到的作用是有限的,转化率自然也很有限。尤其是在这个流量为王的时代,推广越不到位,人们看到的概率就越低,购买的可能性也就越低。在对流量资源的抢夺越发激烈的环境下,企业除了要借助流量的势外,还要抓住流量时代的特点,利用流量完成品牌的建立和销量的达成。

(5) 过度重视"粉丝"数量。很多企业认为,吸引"粉丝"就是扩大"粉丝"流量池,挖掘潜在流量的营销方式,换句话说,就是为了发展客户。这个逻辑也没什么大错,扩大流量池是必需的,错就错在,流量池不完全等于"粉丝"/好友数,特别要警惕"假粉""僵尸粉"等,这些不仅不能算"粉丝",而且会对企业的运营,特别是流量营销的运营和品牌信息的传播产生不利的影响。真正有效的流量池,指的是符合产品目标定位的"粉丝"。在扩充流量池的时候,不能单一注重"粉丝"数量,一定要先分清楚,对方是不是你的目标客户或潜在客户。

综上,想要在流量时代摆脱困境、突出重围,就要不断地获取流量,通过流量的存续运营再获得更多的流量,并不断地将这些流量转化成销量。

## 第四节　流量营销效果的提升策略

流量营销作为社交电商最为重要的营销传播方式,其营销策略、传播架构、内容输出格式等都在发生着全方位的更新迭代和快速演化。同时,流量营销也是连接品牌主、消费者及社交电商营销市场重要的营销媒介。因此,商家必须将品牌的核心价值融入流量营销的"洪流"之中,构建目标流量信任体系以及和谐的流量关系,从而全面提升流量营销效果(见图6-1)。

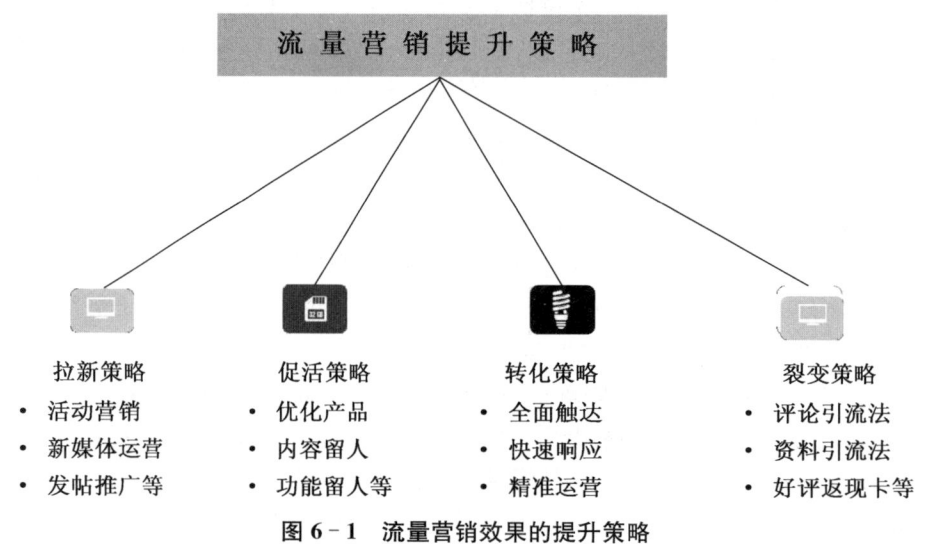

图6-1　流量营销效果的提升策略

### 一、拉新策略

(一)拉新的内涵

拉新是指拉来新用户,最直接的指标是新增用户数。用户是产品生命的源泉,是产品价值的共同创作者,有了新用户才能带来新的用户价值。拉新是个有导向性的过程行为,涉及过程就有转化,所以核心是转化率,要关注并不断优化流量数据,降低平均用户获取成本。

关于拉新的内涵理解,很多人将其等同于增长,但在实际运营中,拉新只是增长的一个环节,不能把拉到新用户等同于实现增长,其原因主要有两点。首先,在拉新的过程中,用户需要被筛选,只有找到真正的用户才算完成拉新,这就好比从一个大池塘里捞鱼,不可能任选一条放进鱼缸;其次,虽然在某些条件下,拉新可以等于增长,但这时的留存率非常低,甚至没有留存,只能直接变现。这样的情况极少,模式也不健康,如果某个企业是这样的增长模式,那么它很快就会被市场淘汰。

所以,拉新的本质还是寻找新用户,而在寻找新用户的过程中会经历三个环节:渠道选择、内容吸引、分发引流。只要选择优质的渠道,并利用好的内容吸引和制造黏性以及多平台进行分发运营,获取新用户将不再困难。

(二)常见的拉新方法

1. 活动营销

通过策划运营活动拉来用户,比较简单粗暴的是:注册送××,关注送×××。好活动肯定不是这么粗暴,而是通过提供有趣的内容、参与方式、激励等环节让用户了解到产品的价值,进而下载注册。

2. 新媒体运营

通过运营新媒体账号,吸引"粉丝"并导入 App。常用新媒体平台有微信、微博、今日头条等。

3. 发帖推广

通过在其他论坛发软文或硬广,要么用心写好软文,要么花钱联系版主。优先找大平台的垂直领域,或者垂直领域的大平台。

4. 人工邀请

人工邀请团队身边人,也包括邀请 KOL、大 V 用户。

5. 线下地推

在用户密集出现的线下进行推广,比如常见到的发传单,也包括在校园里的校园大使。

6. 付费广告

通过付费购买有流量的渠道。常见的有 SEM、广点通、"粉丝"通、付费软文、户外广告、电梯广告、贴片广告等,付费刷榜也算是。

7. 口碑传播

除了基础体验好,专门设计一个会被广泛传播的点,然后产生大量的口碑传播,如 360 杀毒免费、快播可以看片、足记的大片模式。

8. 用户转介绍

和上一条不同的是,这里用户是被引导的,如优步介绍新乘客送 3 次免费行程。

9. SEO/ASO

通过优化,让用户搜索关键词时,自己的内容排到更靠前的位置。

10. 寻找平台推荐

在新产品的发布平台上提交产品信息，如 Producthunt（国内是 Next、Mindstore），也包括争取在各应用商店首发资源，包括豌豆荚设计奖等曝光机会。

11. 互推、换量

和自己用户群重合、用户数接近的平台、应用进行合作，彼此推荐，比如微信号互推、应用内推荐等。

12. 打造品牌

品牌是指产品树立在用户心目中的印象，包括各种 PR 稿、铺天盖地的广告，比如 58 同城这个"神奇的"网站。

（三）拉新之后的客户留存

谈到拉新，很多人都关注流量，但其实更应该关注留存率，即留存用户占当时新增用户的比例，因为产品只有保有较高的留存率，拉新过程才是完整的，才有可能获得长期稳定的增长，尤其是用户规模的增长。换句话说，拉新是开源，留存是节流，就像一个水池里，拉新是不断注入新水源，留存是控制从中漏掉的水，如果留存不好，拉新也是白费。所以，留存率是流量营销需要关注的核心指标之一。那么，如何才能保证留存率？只需把握一点——把新用户变成老用户。老用户不一定是付费用户，而是长期活跃的具有黏性的用户，具体表现为对产品有较高的使用频率和较长的使用时间。所以，把新用户变为老用户，要从提高他们的使用频率和延长他们的使用时间入手。想要新用户愿意高频且长期使用你的产品，就要让他们体验到产品的核心价值，这是新用户转变为老用户的关键动力。

## 二、促活策略

（一）促活的含义及其目标

促活是指促进用户的活跃度，直接指标是活跃用户数，活跃用户数上一般会加上一个周期，一天的活跃用户数叫作日活（DAU），类似的还有周活（WAU）、月活（MAU）。

活跃的用户会经常登录、应用、使用产品，在平台中留言，为网站、产品、平台创造价值，是真正有用的用户。例如，我们打开任何一个 QQ 群，都会发现在每个群员名字前面标有"活跃""吐槽""冒泡""潜水"的标签，相应表示从最活跃到最不活跃，这是根据每个人平常在群里面留言互动的频繁程度来打标签的。QQ 群里活跃的成员，通过多次的发言，可以保持整个群的气氛和热度，带动不活跃的成员加入讨论互动，这就是活跃用户的价值。

因此，促进用户活跃也是众多活动运营的目标。促活的目标可以分为两大部分：让不活跃的用户变得活跃；让活跃的用户变得更加活跃。首先要明确什么样的用户是活跃用户。跟流失用户相对应，活跃用户可以根据使用的频率来定义，一周登录/使用多少次为周活跃用户、一个月登录/使用多少次为月活跃用户。根据产品的属性不同，其活跃的定义是有差别的。根据活跃用户的定义标准,统计并分离出活跃与不活跃的用户,对这批活跃用户的行为属性进行分析,掌握他们活跃的因素。

如果把目标定为:让不活跃的用户变得活跃,则可以制定出针对不活跃用户或者全体用户的活动,让不活跃的用户增加登录使用的次数,让他们走向活跃,也可以让活跃用户带动不活跃的用户。如果把目标定为:让活跃用户更加活跃,这样的活动就更加针对活跃用户群体。

(二) 促活的内容及流程

1. 分析留存现状及原因

首先,分析目前用户的留存现状,了解流失用户离开的原因。可以通过观察不同阶段用户的留存特点、留存差异,针对性地进行留存优化,通过用户访谈及测试找出用户使用的障碍,消除让用户离开的因素。针对不同的问题,制定相匹配的优化方案,从而改善留存现状。

常见的问题有:用户体验差、程序出现 BUG、产品吸引力不足、出现同类 App、用户需求和产品提供的价值不符、用户需求预期不符合、用户分群欠缺、产品生命周期终结等;常用手段包括优化产品、内容留人、功能留人、激励留人、情感留人、品牌推荐、线下活动等。

2. 用户分群、精细化运营

随着用户数量的不断增长,用户需求差异也会越来越多,此时就很难用同样的内容满足所有用户,运营要做的就是对用户进行分群,开启精细化运营模式。精细化运营就是根据用户特点、喜好、属性、习惯进行个性化的内容或产品推荐,使推送的消息更具针对性,符合用户需求。

3. 优化推送

当用户在一段时间没有使用产品时,运营方需要找到提醒用户的方法,例如,App消息推送就是一个有效的方式,但不能推送得太频繁,否则会让即将流失的用户产生厌烦心理,最终导致卸载 APP。在推送时可以在网络热点、节日、用户行为、喜好等方面进行考虑,分析出最佳的推送时段及渠道后再进行推送。

4. 优化产品

不断地优化产品是商家从始至终必须要做的一件事,同时也是最低成本提升活跃、提高留存的一种方式。以 App 为例,可以从功能优化、性能优化、用户体验优化、交互界面优化四个方面优化,并通过增加与核心功能相关的高频功能,持续输出优质内容,提升用户的活跃度,从而带动核心功能的使用频率增加。

5. 策划活动、增加刺激

策划活动用来提升用户活跃度也是很常见的一种方式,不管是线上还是线下,活动的内容形式也是多样化的,逐利是人性的一部分,在利益的诱导下,或多或少都会有用户被吸引。

6. 制定激励制度/激励成长体系

用户激励/激励成长体系是产品运营工作中非常重要的一环,运营时通过各种手段激励用户,从而让用户产生运营预期的行为。一般从物质激励、精神激励、功能激励三个方面进行制定用户激励。成长激励体系包括积分、经验、等级、勋章、解锁、排行榜、积分兑换系统等。

7. 加大 KOL 关怀

KOL 即关键意见领袖,简单理解就是某领域有影响力、有话语权、"粉丝"黏性强的人,这些人能够起引导作用。如果平台不想让用户流失,就要投入人力、物力、财力在 KOL 的关怀上,让这些"大牛们"保持活跃。

8. 增加用户离开成本

通过让用户付出时间、感情、金钱等方式,提高用户离开平台的沉没成本,以此维持平台留存率。

### 三、转化策略

（一）流量转化的含义及其主要方式

所谓流量转化就是将商家吸引的潜在用户转化为实现商品交易的真正用户,其目前是线上商家的主营模式。电子商务其实也是用户流量转化的结果,用户通过电子商务平台浏览商户信息,最终通过比较研究选出最能满足自己需求的商品,从而获得消费者效益最大化,此时商家便完成了用户流量的转化。但此时的用户流量转化并不包括用户退换货等售后服务。在新零售出现之前,这种形式的商家主要集中在统一的电子商务平台如京东、苏宁、天猫等,犹如一个集中营,商家只能根据平台规则进行销售与服务,用户流量主要来自平台大小屏广告的投放,只能吸引有限用户,再加之平台高昂的管理费用使得商家压低产品成本以次充好的现象屡见不鲜,用户复购率大大下降。新零售的出现不仅是零售行业的巨大转折,同时也对各企业商业模式产生巨大影响。新零售依赖于互联网、大数据和人工智能等信息技术,使得销售全过程可数据化呈现。以用户流量为生的企业可以充分利用数据化的优点准确获取用户流量并成功转化,这相对于传统吸引非精准用户大大提高了转化率。

新媒体背景下用户流量转化的主要方式有商家主导的引流、消费者主导的引流和商家与消费者共同主导的互动引流三种。

（1）商家主导的引流。从现实分析来看,此类型的方法实践中,主体是平台或者是商家,在具体的引流中,主要的方法是进行平台介绍、宣传或者是商家的介绍和宣传。以淘宝这个平台的引流工作为例,在实践中,淘宝平台会组织各类型的活动,主要是基于各节日的优惠活动,比如"6·18""双十一""双十二"等,通过这些活动的开展吸引大量的消费者浏览平台商品,由此实现平台人气的高度聚集。总的来讲,商家或者是平台的各类优惠活动能够实现引流的作用,起到平台和店铺推广的效果。

（2）消费者主导的引流。消费者在目前的电子商务活动中不仅是消费者,还是引流的重要力量。从现实分析来看,人是社会性动物,基于不同的兴趣爱好会产生不同的活动团体。对于一些生活必需品,每个人都希望使用物美价廉的产品,所以当使用到效果不错的产品时,基于分享的心理,消费者会将产品推荐给身边的朋友。通过这样的推荐,产品以及商铺被更多的人所熟知,店铺的热度和流量自然会提升。简言之,在目前的实践中,较多店铺有不少的"死忠粉",以汉服产业为例,明华堂、汉客丝路、子衣明堂等店铺都有自己的"死忠粉",这些死忠粉便是店铺的活广告,他们的推荐会让店铺有更多的流量。

(3)商家与消费者共同主导的互动引流。所谓的互动引流推广法具体指的是通过双方的互动来实现人气聚集的引流方法,其中最具代表性的是评论引流。这种引流方法没有门槛,最为简单有效,不论是新人还是老手都适合,这种方法是目前使用最多的引流方法之一。就评论引流的具体实施来看,其关键在于评论,所以需要采用一些针对性的方法引导消费者进行评论。从目前的实践来看,一些商家在交易实践中有评论加返图可以领红包的活动,这些活动吸引了消费者主动评论。随着评论数量的增多,产品以及店铺的热度有了显著的提升,而随着热度的提升,产品和店铺出现在平台推荐页的概率极大地提高,为吸引人气提供了极大的帮助。

(二)实现高效的流量转化

随着数据体量、媒体渠道和移动设备的激增,客户开始从越来越多的渠道和企业发生交互,比如微信、网站、广告平台、线下门店等。不断变化的客户特征对企业业务产生了重大影响,如何更有效地实现流量转化成了企业的一大难题。

1. 全面触达

这里的"全面"有两层含义。一是客户全生命周期触达。随着流量的枯竭,企业不能只抱着现有商机取暖,而是应该发挥刨根问底的精神,"这个人(匿名)在我们的官网出现过,我就要努力把他变成商机"。二是全渠道触达。客户与企业的触点有很多,并且客户的使用习惯在发生变化,运营过程中企业很难保证过去的客户触点能再次触达客户,所以客户运营应该在每一个渠道全面铺开。

2. 快速响应

客户的喜好、住址、触点都会改变,甚至客户也喜欢追随市场热潮,因此企业制定的运营策略需要时常随客户或市场的需求而改变。并且,客户消费行为只需一个点击即可完成,消费过程简易化的同时,客户的体验也可以直接且轻易地影响客户的购买决策,客户的需求变得多样且不稳定。企业需要在客户需求发生变化的第一时间做出响应。比如,以前企业总给某客户推送球鞋信息是因为这位客户是位钟爱篮球的男性客户,近期该客户开始关注女款服饰,那么很有可能他找到了女朋友,这时企业就应该及时向他推送新品女装服饰又或是情侣爆款服饰信息,让他对他以前没有注意到的商品产生兴趣,以免该客户到其他店铺去购买女装,从而保持客户忠诚度。

3. 精准运营

前文提到的全渠道触达不代表可以每个渠道都触达一遍。如果同一个客户收到来自微信、短信、天猫、邮件等多个渠道的信息,这就算是很严重的骚扰,如果推送内容千篇一律,更是味同嚼蜡。客户需要的是舒适、个性、直击心灵的触达,因此企业需要根据客户的偏好,选择最佳的渠道、最优的内容去触达客户。很简单,如果客户喜欢在天猫看衣服,喜欢在京东看日用品,那就在不同的渠道投其所好。如果通过微信触达不到客户,那说明他很有可能因为某些原因取关了企业的微信号,可以通过邮件或者短信为他发送优惠券,勾起他对企业的记忆,而不是让客户一口气收到3条一模一样的信息。

### 四、裂变策略

(一)裂变与裂变营销

"裂变"的原意是分裂,就像细胞的分裂,一个变两个,两个变四个,能够成指数级地增长。

裂变营销以传统的终端促销的加强为基础,整合了关系营销、数据库营销和会务营销等新型营销方式的方法和理念。这种裂变模式其实指的是终端市场的裂变,其核心内容是:市场开始不要一下子全面摊开,急速发展,而要精耕细作,全力以赴进行单点突破。

裂变营销的核心要素包括种子用户的选择、福利激励的设计、裂变玩法的参与设计、分享渠道的选择、分享引导的设计、落地页路径等。只有将上述各个环节的核心要素都通盘考虑,并做好各环节设计,才能保证裂变更好的落地。

裂变营销与传统营销存在以下两大不同之处。

1. 强调分享

和传统营销的广撒网不同,裂变营销通过老用户(或潜在客户)的分享行为带来新用户。这样,成本更低、精准的获客效果更好。

2. 后付奖励

传统营销广告需要先向流量渠道支付广告费,并在渠道上进行广告展示,并且大多不对效果负责。裂变营销则将广告费用直接分解成了两项:裂变成本=老用户拉新奖励+新用户行为奖励。

这些奖励采取CPS(cost per sales,按效果付费)模式,即用户只有注册或完成行为之后,才能获得奖励,从而降低了企业的广告投放风险。

(二)十大真实有效的引流裂变方法

1. 评论引流法

评论引流法就是去一些热门内容里面留下自己的评论,通过自己评论的信息,吸引用户来私信你或者关注你。而这样的内容,不仅仅局限于文章,还有短视频,甚至微信群里。例如,大家可以去打开贴吧、知乎,包括一些垂直性的平台,在一些热门内容下面留言评论。比如有人提问小孩子应该看什么书、孕期应该吃什么、孕产后应该如何恢复身体等,你只要用心写出专业的回答,就能够吸引别人对你的关注。

2. 资料引流法

"现在添加微信,免费送你价值 1 999 元的 100 份直播电商报告、100 份直播脚本、100 份私域操盘方案、10 节直播视频课程。"如果这是真的,请问你愿意加吗?

一般地,或多或少,一定有一些人会添加。大家再回想一下,你朋友圈有没有看到过类似送母婴育儿、运营地图、私域方案的资料玩法。为什么一定有人需要呢？其一,有人帮忙做了整理,节省了本人大量的时间。其二,人都有厌损心理,总担心自己会错过什么重要的资料。

另一种是做免费送资料的裂变活动,制作一张裂变海报发朋友圈,然后吸引添加微信并进群、引导关注公众号、发朋友圈邀请一定数量的好友。完成任务最后获得免费资料,可能是电子版的报告、语音直播课程,甚至是纸质书籍。现在你只要有涉及知乎好物、直播带货、私域运营、外卖 CPS、跨境电商等任一种类型的资料,一定能吸引用户的关注。

3. 好评返现卡

不管是做线下外卖还是线上的卖货,商家都可以在给用户的快递中放一张带二维码的红包卡片。

(1) 好评返现。添加微信,完成订单好评,可以直接获得 2~5 元的现金红包,或者大额的优惠券。

(2) 免费课程。添加微信,可以免费参加一场直播课程,尤其是关于美妆、教育、穿搭的课程。

现在许多淘宝商家一直在同步做私域流量,其中包裹卡的方式引流效果是最好的,尤其是配合电话或短信,加粉成功率明显提升。同样的思路,添加微信之后,一些商家都会邀请你进入"粉丝"群,这就意味着,这些"粉丝"和你一样都是消费这些产品的。

4. 福利引流法

现在无论是做电商还是知识付费,以 9.9 元以内的商品作为引流款是最为常见的手段。所以商家就要决定一款商品作为引流款,这款商品的目的就是为了给用户薅羊毛的。早期与其把市场费用花在看不见的渠道上,不如花在给用户做福利上。比如 1 元听课、9.9 元 20 包纸巾、3.9 元 5 双袜子包邮,既然用来做引流,就要让用户无法拒绝。

关于福利引流要说明两点：其一,每个商品的价值不同,所以 9.9 元只是举例,核心是基于自己的产品提供物超所值的价格政策；其二,福利不一定是某件实物商品,也可以是其他的优惠券、电子票、特殊权益等。

5. 直播引流法

现在无论在哪一个平台开直播,都会有一些基础流量。只要直播的内容合适,就一定有人看,就一定会产生关注和消费,而且播的时间越长,被看到的人越多。以视频号直播为例,如果恰好有公众号,那么一旦你视频号直播,你的公众号头像会显示你正在直播,另外在视频号的消息中也会提醒用户,你还可以把直播间分享到朋友圈、微信群、公众号。

那别人为什么要来看你的直播呢？有两个原因：其一是有利可图。如果你是卖货的，一定是你的商品便宜、有优惠券活动。其二是说的在理。你分享的干货、心得、见闻，对别人的认知有帮助。

6. 内容引流法

通过内容引流的真实性毋庸置疑，几乎每一天都在见证各种成功的案例，那对于我们普通人来说，有哪几种方式可以做呢？

(1) 知乎引流。做知乎的引流过程会比较长，但"粉丝"的质量却是很高的。

(2) 公众号引流。公众号引流的难度比较大，最为考验的就是内容质量和分发的能力，需要你自己有一些资源做推广，"粉丝"的质量是最高的。

(3) 头条引流。在头条发表文章，留言互动的效果比较好，私信也会很多，得益于头条的推荐机制，做头条需要长期做，高权重账号有倾斜。

(4) 快手、抖音引流。总体而言，想通过快手引流到私域的难度有点大，除非内容做得特别好，但引流用户评论、私信、"粉丝"群还是比较轻松的。而抖音的"粉丝"引导到微信比较顺畅，用户对于抖音账号关联微信的认知比较强。

(5) 其他平台。像B站、微博、豆瓣这些都可以去操作。

做内容引流核心在于内容的质量和持续性，人人都想做爆款上热门，但能坚持3个月、半年再看结果的很少，这就是许多人做内容会放弃的原因。另外，做内容引流，要注意设钩子，就是让用户看了文章立马想要加你。

7. 社群引流法

社群引流有三大屡试不爽的玩法：其一是免费资料，通过吸引入群裂变，引导用户关注公众号再裂变；其二是免费听课，最近邀请了某某大师来分享直播带货、私域操盘；其三是拉人红包，群内每满多少人，就发红包、送免费、抽福利。做社群引流也有两个重要的前提：其一是诱饵即福利，送什么东西很重要，如果用户觉得价值不高，哪怕免费也很少有人参与；其二是基础流量，很少有零流量的玩法，至少你要发朋友圈、微信群，或者要找几个有资源的人先帮忙拉群、分享。

8. 打赏引流法

除内容外，打赏是最容易引流的方式。其一，你打赏之后，主播会为你推荐引导"粉丝"关注你；其二，用户也会对打赏的人充满好奇，俗话说近富者富。最成功的案例当属快手众多头部的玩家，都是靠直播间疯狂霸榜起家的。

9. 互推引流法

互推直译为互相导粉，就是双方各自把自己的"粉丝"推荐给另外一方，一般有四种：朋友圈互推、公众号互推、短视频互推、直播互推。

10. 地推引流法

地推是看得见、摸得着，最接地气的方法。

比如做同城团购的,只要派业务员挨家挨户去找店主谈就行。业务员对一条街上有几家店,有什么店,是否合作一清二楚,业务员的方向也积极明确。再如卖房、卖车、卖美容项目的,直接找到地铁口、写字楼、步行街,人群超集中,潜在客户也匹配,只要肯放下面子。

**案例　　喜茶的私域流量营销策略**

为什么到了喜茶的门店,还要用小程序点单?为什么其他品牌都可以在美团、饿了么下单,喜茶却偏偏要去喜茶的小程序点?

大家可能不知道,这个小程序是这家茶饮公司自己研发的,截至2020年1月,喜茶小程序用户已经超过2 000万。

喜茶为什么要花重金打造小程序同时不遗余力地为它引流?普遍的说法是,能提升用户体验。用户可以在小程序上提前下单,根据预估的时间到店取茶,解决排队问题,但仅仅看到这点是不够的。

小程序是喜茶整个私域流量布局的前锋,离交易的场景最近、收集到的消费数据最直接、接触的流量最大、和用户互动最多最丰富、流量的质量最高。在小程序上可以完成购买、注册会员信息、评价。未来喜茶如果想要布局社交,也一定是以小程序为载体的。有了小程序,省下给外卖平台的佣金、提升用户体验、留下用户的详细交易记录、多一个品牌文化的输出口,但这些还不够,因为小程序毕竟还是以功能为主,用户来是为了购买,买完了也就离开了。

所以,我们就要再看看喜茶的公众号。一般品牌的公众号,都是新品宣传、抽奖、优惠券、买N送N活动,阅读量都是几百几千,喜茶的公众号是一个篇篇40W+的公众号,难怪很多人会说,喜茶是一家被茶饮耽误的内容公司。

公众号是喜茶文化输出的核心出口。如果你在百度搜索喜茶,一定会反复听到喜茶的管理层在反复强调喜茶的禅意、喜茶的创新。那么为什么一家茶饮公司在努力搞文化建设?因为茶品本身的区别度太低,复制的门槛也很低,品牌差异化建设的重任就落在了文化建设上。

**请思考:** 从拉新—促活—转化—裂变的流程分析喜茶的私域流量营销策略。

## 复习讨论题

1. 如何才能吸引流量,将各个平台的用户转化成自己的客户?
2. 联系实际阐述什么是"粉丝"经济。
3. 如何理解拉新的含义及其过程经历?
4. 新媒体背景下用户流量转化的主要方式有哪些?

# 第七章　自媒体平台与整合营销传播

> **本章要点：**
> - 自媒体的概念、特征与类型
> - 自媒体时代的信息传播效果及渠道
> - 自媒体平台下整合营销传播的特点及4I原则
> - 自媒体平台下的整合营销传播策略

自媒体的兴起，催生了"全民发声"的整合营销传播时代，它颠覆了传统时代的营销传播理论和观念，使"人人都是自媒体，人人都是传播者"成为可能。

## 第一节　自媒体的概念、特征与类型

### 一、自媒体的概念

"自媒体"又被称作"公民媒体"或"个人媒体"，英文为"We Media"，作为一个2005年前后博客时期传入我国的舶来词，当前已被国内各界接受并且广泛使用。2003年7月，美国新闻学会媒体中心出版了Shayne Bowman与Chris Willis联合提出的"We Media（自媒体）"研究报告，其中对"We Media"下了一个十分严谨的定义："We Media是普通大众经由数字科技强化、与全球知识体系相连之后，一种开始理解普通大众如何提供与分享他们本身的事实、他们本身的新闻的途径。"张彬（2008）将自媒体定义为一种网络化、技术化的传播主体，该传播主体具备个人化、自主化的特征，能够用于个人信息的发布；桑华（2010）从新闻学的角度将自媒体界定为一种主动、自愿的传播主体，他们借助公共信息平台来完成实时的"新闻报道"和信息内容的编辑制作。简言之，自媒体（We Media）是基于Web 2.0平台开发的个人应用系统的统称，从传播特征和内容生产来看，它具有个体性、即时性、自主性、互动性、草根性等特征，从形式来看，有博客、微博、微信、社交网站等。

## 二、自媒体的特征

根据自媒体的概念及对相关文献资料的整理与归纳,自媒体的特征包括普适性、个性化、碎片化、互动性和及时性。

### (一) 普适性

自媒体的零门槛决定了用户的普适性。自媒体的特征完全契合了马克·波斯特提出的"第二媒介时代"的特征:只要愿意,人人都可以制作媒介产品和播出(或者发表)自己的媒介产品,媒介不再是一种垄断式的权力,受众和传播者之间的概念已经模糊,很多人同时是媒介产品的制作者和媒介受众。从自媒体平台来看,自媒体平台操作简单,并且可免费使用,企业或者个人只需填写一些基本的组织或者个人信息,便可完成平台的注册,平台内容编辑推送也非常简单。从自媒体使用者来看,不论是个人还是组织,任何人都可以使用自媒体平台发布自己的观点与内容,同时与他人进行互动沟通。

### (二) 个性化

信息传播者的大众化决定了信息传播内容的个性化。不同个体之间的性别、年龄、教育水平、心理素质等的差异必然导致传播内容与传播风格的不同。个体成为传播内容的生产者和制造者,以"我"为中心,通过自媒体发布以个人兴趣爱好为依据,运用个人的表达方式,选择合适的时间,传播具有个性化的信息,受众也可以根据自己的喜好和现实条件选择接受信息的时间与空间以及方式。同时,受众也可自主地搜索自己所需的信息,这也就决定了自媒体具有个性化与多元化的特征。

### (三) 碎片化

碎片化信息是自媒体内容传播的突出特点。用户使用碎片化的时间,在碎片化的移动空间发布碎片化的信息,已经成为自媒体发展以来的内容传播常态。其中,以微博的表达形式最为突出,曾经 140 字的文字限制直接决定了微博传播内容的碎片化,微信的表达形式也非常相似。在这个快节奏的时代,碎片化的信息在某种程度上更加适应人的生活状态,更加吸引人的目光。利用自媒体在进行传播的时候,要善于将碎片化的信息编织成传播的主题,用充满创意的内容吸引用户的目光。

### (四) 互动性

自媒体的传播者与接收者之间具有良好的互动性。随着 Web 2.0 技术的发展,传统大众传播的"点对面"的传播模式被打破,自媒体的发展推动着传播模式朝着"一对多""多对多"的多元交互模式的方向发展。在技术条件的支撑下,各类自媒体开始不断地进行战略性改革,许多自媒体平台之间实现了信息共享,用户可在不同平台中进行信息的分享与转发,使信息得到了二次甚至多次传播。甚至品牌与消费者可通过自媒体平台直接对话互动,让消费者更加了解品牌的理念、产品或服务,建立与消费者之间的双向连接,加强对目标用户的舆论引导。品牌与"粉丝"用户之间的良性互动往往能够为品牌带来意想不到的收获,越来越多的营销人员看到了自媒体这一优势,与"粉丝"乃至竞争对手展开互动。

## （五）及时性

自媒体具有不可比拟的传播速度与传播覆盖范围。在自媒体时代，内容的发布不受时间和空间的限制，这无疑增强了自媒体的时效性。在自媒体上，人人都可就地取材，快速进行内容的编写与发布，受众也可在任意空间做出快速的反应，如观看、点赞、评论与分享。信息在网友的二次传播中，引起"滚雪球"效应，呈现裂变式的传播。有不少的品牌受益于此，其中小米在微博的企业传播史上表现最为突出。品牌在自媒体上与用户进行实时沟通，在做营销活动时，充分发挥"粉丝"的力量，形成购买力，同时利用"粉丝"的力量推动实现病毒式的传播。

## 三、自媒体的类型

自媒体其实不像很多人以为的那样，微信公众平台注册一个账号，写点东西就是自媒体。按照表现方式来分类，自媒体有图文自媒体、视频自媒体、音频自媒体等类型。

第一种是图文自媒体，是以文字形式展现的，再往下细分的话，分为文章、图集、微头条，还有问答类（比如悟空问答、芝麻问答、知乎问答等），这都属于图文自媒体的范畴。其中，文章类是通过文章展示获得"粉丝"关注继而实现"粉丝"增长以及获得收益；图集类是图片多于文字的一种类型，普遍多用于商品文；问答类是通过回答问题获得曝光量和"粉丝"关注；微头条是通过发布类似朋友圈的形式展示自己的内容，强曝光，同时可以商品变现。

第二种是视频自媒体，视频自媒体的范围比较广，分为长视频、短视频、小视频，还有抖音视频。虽然说抖音本身也属于小视频类，但是由于现在抖音非常火，所以抖音就自成一家了。

长视频是时长在 30 分钟以上的 OGC（Occupationally Generated Content，即品牌生产内容，常见于企业自媒体）内容，一般由专业团队制作，类似电视剧、网络剧，不适于个人，适合于企业来创作；短视频是长度在 1 分钟到 10 分钟之间的视频，我们平常见得比较多的百度好看视频、西瓜视频属于此类，是 PGC（Professionally Generated Content，即专业生产内容，常见于个人自媒体的变现转化）内容；小视频时长在 15 秒到 60 秒之间的 UGC（User Generated Content，即用户生产内容，常见于个人自媒体）内容，比如火山、抖音。

第三种是音频自媒体，这是用声音来展现和传播信息的自媒体，现在有很多音频平台，比如说喜马拉雅、企鹅 FM，都属于这一类，主要是通过分享付费或者免费音频获得收益以及"粉丝"，做得好的音频自媒体人收益非常可观，比如比较知名的波波有理。音频自媒体中，有两种类型的节目目前比较受欢迎：一种是情感励志、恋爱指导、心灵鸡汤、自我成长等的泛成长类；另一种是专业知识、职场技能、阅读书籍类的专业充电类。一般而言，音频自媒体的变现渠道有收费群、收费课程、收费指导以及商业资讯、植入广告、打赏等。

第四种就是直播自媒体，即在直播现场随着事件的发生、发展进程同步制作和发布信息，具有双向流通过程的信息网络发布方式。表现形式可分为现场直播、演播室访谈式直播、文字图片直播、视音频直播或由电视(第三方)提供信源的直播等。当然,现在我们讨论的多是网络直播,也就是我们常见的在抖音、快手、斗鱼、虎牙等平台的直播,它有现场性、即时性的特点。随着自媒体和网红经济的发展,直播已经成为网红带货、自媒体人带货最直接的方式。

## 第二节　自媒体时代的信息传播

自媒体时代,烦杂的信息获取渠道及海量的信息重塑了消费者的行为与习惯,也改变了信息传播的特点与方式。

### 一、传播者——人人皆传者

在传统媒介时代,传播者往往是一个专业的媒介组织,其背后有着相应的利益群体和经济势力,普通大众在大众传播过程中只能处于被动状态,而如今自媒体的迅速发展打破了这种局面。依托于互联网技术而产生的自媒体,其核心是信息传播的"去中心化"和信息内容的"多元化","人人都是传播者""人人都是发声者"的浪潮颠覆了人们对媒体的传统认识。

首先,和传统媒介相比,如今只需要一个联网的终端设备,每个人都可以随时随地发布信息。自媒体为大众提供了一个交流互动的空间,人人都可以是信息的传播者,因为受众广泛,自媒体上的信息言论很大程度上真实反映了现实社会的舆情和舆论。其次,因为如今的传播者并不代表某一阶级或组织,而是完全以个体身份进行信息传播,再加上网络的匿名性,这就给予了他们更大的发挥空间。但由于用户群体基数大且各类用户素质良莠不齐,如果出现恶意虚假的言论,自媒体信息传播的时效化反而会成为一种弊端。最后,传受一体化。在自媒体时代,传受双方没有明确的界限,所有人既可以是传播者,也可以是受传者,因此具有"传受"双重身份。

### 二、传播内容——用户创造内容

传统媒体时代,传播内容大多是经过专业组织的整理加工后才传递给广大受众的,而自媒体时代最大的特点就是用户主导了内容创作。

第一,传递信息更加个性多元。自媒体时代的传播者从专业化的媒介组织变为普通人,而由于每一个人年龄、职业、教育水平等方面的不同,他们传播的内容与方式都将不同。再加上自媒体传播者数量大、范围广,众多个性化的内容积攒在一起就形成了多元化的传播内容库。第二,表达方式更加碎片化。当普通人成为传播主体后,由于专业能力的限制和发布平台的规则要求,传播内容多是碎片式的信息,比如之前微博对发布内容的 140 个字符限制。第三,缺少审核把关。自媒体传播没有传统媒体那样多环节、有组织的审核过程,因此也容易造成诸如假新闻、故意抹黑等负面影响。

### 三、传播效果——病毒式传播

病毒式传播指的是用户因传播内容而获得某方面的满足,从而自发地成为传播的接续者,然后一传十、十传百的传播方式。换言之,正因为自媒体有着极快的传播速度和广阔的覆盖面,所以信息不仅能极快触达受众,受众也可以迅速地对信息做出反馈,他们可以运用点赞、转发等功能对信息进行二次传播,使之裂变式增长,最终获得病毒式传播效果,产生巨大的影响力。这些传播行为的共同特点就是:以事件传播为主体,通过话题设置,利用新颖的内容呈现形式,吸引受众的眼球,与娱乐、体验、直播相结合,引发网络的病毒式传播。病毒式传播是只有在社交网络发达的自媒体时代才会出现的一种新的传播模式,它使传播真正变成一种循环互动,体现了受众的主动性。

### 四、传播渠道——个人门户类网站主导

论坛、博客、微博、微信以及新兴的视频网站构成了自媒体目前的主要表达渠道,然而随着个人用户对互联网的深度使用,以各地网络为代表的个人门户类网站将成为自媒体的新兴主导载体。其一,除了传统博客的信息发布功能,个人门户的个性化聚合功能还能精准并即时地获取信息,从而构成一条双向的即时信息通道。这种通道的存在有利于培养更加广大的信息受众,从而支持起更加旺盛的信息表达诉求。其二,个人门户能够将数据挖掘和智能推送结合在一起,从而通过一种用户乐于接受的方式推动自媒体的传播。例如,各地首创的各地热闻模式,会自动将每天推荐人数最多的并且是用户感兴趣领域的内容自动推送给用户。而传统的博客虽然也有排行榜显示信息的热度,但是无法达到信息自动推送的智能程度。其三,个人门户建立的社区生态链加强了用户之间的联系纽带,使得信息的发布者与接受者们沟通更加紧密,联系也更加稳固。我们都知道,每一个成功的自媒体背后必然存在一拨支持群体,博客所能提供的简单留言评论的方式已不足以满足建一个忠实"粉丝"圈的需求,传统的做法是再辅以论坛和即时通信,但是所有这些功能需求都已经被聚合到个人门户这种新兴载体中,因此个人门户理所当然地成为自媒体的最佳表达途径。

### 五、传播方式——媒介整合模式

在自媒体环境下,品牌信息的传播几乎无处不在,无时不有,这既给品牌带来了方便,也导致了整合营销传播信息的杂乱无序。但同时,自媒体的普泛化、工具的丰富性、形式的多样性很好地消融了媒介的边界,促进了自媒体与大众媒介的融合,也使得基于媒介融合的整合传播成为可能。比如传统营销传播的媒介:电视、广播、报纸、杂志等,在自媒体时代都可以通过自媒体平台将直播、微视频、动画、微博、微信和 H5 等聚合在一起,企业只需要一个统一的官方自媒体平台就可以方便地实现资源整合,在将各种信息或资源优化后以统一的形象进行推广传播,避免了信息传播中的混乱无序与碎片化,既大大地降低了传播成本,又构建起立体式、多样化的整合营销传播手段,大大提高了品牌的传播效力。

## 第三节　自媒体时代的整合营销传播

随着互联网技术与通信设备的不断进步,各种自媒体平台相继涌现。整合营销传播也呈现新的特点,品牌可以利用自媒体平台逐渐发展出独特的商业模式。

### 一、自媒体平台下整合营销传播的特点

#### (一)传播主体多元化,更加注重流量

自媒体时代,传统媒体品牌方不再是唯一信息来源,消费者之间也能够相互沟通。当"受众"变成"用户",传播方式也由原来的"点到面"变成"点到点"的狂欢,流量变成了自媒体时代各方争夺的资源。如今直播行业异常火爆,占据了消费市场的大片江山,大量网红的出现,激发出以抖音、快手等为代表的直播平台的潜力。一些品牌在微博、抖音等自媒体平台上进行直播,在流量即市场的思维引导下,主播以日常段子吸引"粉丝"进入直播间,以秒杀福利留住"粉丝",争取更多营销传播的机会,从而实现流量的变现。

#### (二)传播形式多样,更加注重用户体验

随着技术的创新和媒介融合强度的提高,传播多样化导致人们接收的信息更加冗杂和碎片化,注意力更加分散,难以集中。大量同质化的信息在吸引消费者注意力的同时也在分散产品的影响力,这样一来,整合营销传播的效果也就大打折扣,消费者对产品品牌的识别度更低。因此,一些商家注意到了受众的体验感在产品传播上不仅仅限于听觉与视觉的传播,还调动多维感官参与到这个传播过程中。比如,小米公司线上网店的直播和线下小米之家门店的建设,丰富了品牌整合营销传播的方式,消费者既能在线上了解产品,也能参与到线下的实体店体验品牌理念,给消费者带来全方位的直观体验。

#### (三)精准投放渐成主流

传统媒体时代的广告投放面向的是无差别的大众,广播听众、电视观众、报纸读者都可以接收到信息。有效的整合营销传播要对目标市场进行细分,确定产品的目标消费者,这些人便是信息传达的精确受众。自媒体能够利用大数据给用户贴上标签,描绘用户画像,极大地减少了品牌信息传递的盲目性,提高了消费者对品牌理念的理解与认同。比如,抖音、快手、今日头条等媒体通过算法推荐技术,追溯人们的行为习惯为用户贴上标签,从而将不同内容资讯视频精确地推送到不同的受众面前。微信朋友圈的个性化广告推送就是成功的案例之一。

### 二、自媒体平台下整合营销传播的 4I 原则

自媒体时代,消费者拥有强大的话语权,容易根据自身的消费体验发布主观的产品口碑信息,形成社会舆论。因此,企业必须认识到与消费者良好互动的重要性,制定有

效策略来推动品牌形象塑造和口碑自主辐射(见图 7-1)。

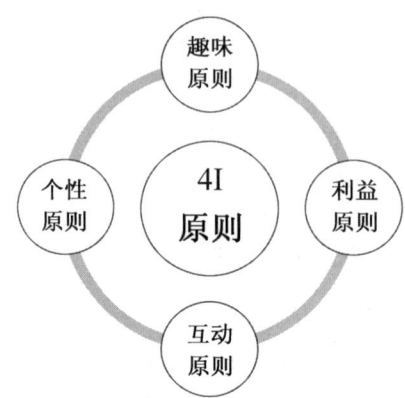

**图 7-1 自媒体平台下整合营销传播的 4I 原则**

（一）趣味原则(Interesting)

消费者愿意主动关注并乐于在社交媒体上分享是品牌口碑传播最有效的方式之一。在注意力稀缺的社交媒体时代，消费者对"硬"广告已经产生了免疫，具有趣味性的内容或营销文案往往能够抓住消费者的眼球并获得青睐，引发社交媒体的大规模传播，间接增加了品牌知名度。因此，企业应遵循兴趣原则，紧随潮流、把握热点，方可勾起消费者的猎奇心理。例如，知名时尚品牌巴黎世家在 2017 年推出与宜家蓝色经典购物袋高度雷同的挎包，类似的设计，大相径庭的价格引得人们竞相吐槽，并迅速在 Twitter 上成为热议话题。与此同时，宜家在短时间内做出反应，通过上传一张简单海报配以诙谐幽默的语言"♯如何识别正品宜家购物袋♯"，略带恶搞性质的话题激起公众对宜家购物袋新一轮的热议和传播，而广告的趣味价值也让宜家以零成本获得了主流媒体的争相报道。

（二）利益原则(Interests)

企业为顾客提供价值和追求回报相辅相成、相互促进，客观上达到的是一种双赢的效果。自媒体时代，产品和服务必须是创造出的独特的、人性化的体验，能带给顾客独特的价值。企业不能简单地用运作官方网站的思路来运作自媒体时代的品牌在线传播，要考虑如何提高品牌价值和消费者参与度，保证通过新媒体上所传递的内容对品牌消费者及潜在消费者而言是有价值的，信息应该尽量显得生动，易被扩散，并且对于品牌的知名度和美誉度有所贡献。例如，长期以来依靠口碑营销的星巴克，在微博上推出了自带环保杯可以免费获得一杯咖啡的互动活动，活动组织得非常成功，网友纷纷上传自己领到免费咖啡时的照片，数以百万计的传播为星巴克品牌形象做了一次成功的宣传。

（三）互动原则(Interaction)

互动是社交媒体时代网络营销最重要的特征，也是网络口碑区别于传统模式最具革命性的优势。企业可以通过建立或联合网络主题社区,策划各类激发消费者参与的事件和活动,可以让品牌信息更加深刻地传递给消费者,从而建立消费者对于品牌的情感联系。例如,年轻的丹尼尔惠灵顿(DW)手表品牌,借助 Instagram 作为在线口碑传播中心,展开迎合精准群体心理的营销策略。DW 鼓励消费者参与♯Daniel Wellington♯话题的互动,该话题分享超过 144 万张照片,实现低成本、广泛的在线口碑传播效应,也进一步提高了"粉丝"对品牌的忠诚度。此外,企业也可有效利用社交媒体,比如设立企业官方微博,把握信息传播、动态新闻和市场动向,与消费者互动,累计并确认"粉丝"群体,定时定量地发布企业消息,为企业品牌发展奠定良好基础。

(四)个性原则(Individuality)

比起千篇一律、高度同质化的产品和服务,个性化的营销更能投消费者所好,形成心理上"关注焦点"的满足感。大数据时代的到来,从技术层面上足以支撑企业与消费者进行更有针对性的个性化沟通。《2017 年网易云音乐用户年度听歌报告》的走红便直观反映了个性原则,基于用户年度大数据的整理、定制化的专属音乐账单、富有感情温度的内容加持,无不勾起用户与品牌的点点滴滴回忆,达成情感上的共鸣,增强了用户黏性。网易云使得用户个体参与产品价值的共同创造,一份份彰显个性色彩的年度歌单更能引发用户在自媒体上分享的冲动,利于品牌吸引更多新用户。

### 三、自媒体平台下整合营销传播的关键点

现在随着微信、微博的普及,个人信息的发布、交互变得越来越便捷,自媒体也越来越火热,企业当然也需要通过自媒体平台宣传推广自己,而具体该怎样运营?该注意些什么?

(1)内容为王,注重价值传递。企业自媒体的内容,始终要以用户为导向,而不是以公司领导、老板为导向。在内容定位方面,需要梳理各方诉求,把不同类型的内容归类,建立优先级排序与取舍,聚焦核心,科学规划,确定统一的调性风格和选题方向。内容可以多样化,但是 60%的内容份额,需要聚焦以一类内容为主,其他为辅,如果太多样化,内容很分裂,没有聚焦,等于违背了新媒体运营的用户思维、用户导向,用户是因为喜欢你的某类内容才关注你,不喜欢就不关注,企业自媒体内容太分裂,等于一个人格分裂的人。其实,企业自媒体经营的真谛就是一种价值的相互交换,只有在这个过程中各取所需,互利双赢,才能树立良好的企业形象,吸引更多的客户。

(2)在内容运营上应该接地气、说人话。人格化的前提是形象拟人化、产品和故事拟人化。形象拟人化、卖萌是常用手法。关键是品牌和产品的拟人化,拟人化的东西,用户接受度往往较高,太高冷、生硬的语言,反而让人难以接受。缺乏产生认知的兴趣,停留在自我满足上,再多的曝光也是无用的。其次是运营自媒体最好能捆绑一些时下和企业相关的热点,以它为切入点,可以更加吸引人们的眼球,增加浏览量,对宣传企业文化和塑造企业形象也大有裨益。

(3)重视"粉丝"互动,确立正确的心态与价值观,多积累,提升技能。与"粉丝"互动就像是朋友之间的交流一样,时间久了会产生一种微妙的情感连接,而非利益连接,

这种联系持久而坚固。当然,适时结合一些抽奖互动活动作为回馈,"粉丝"会更加忠诚,也会更加容易发展成你的客户。

因此,自媒体平台下整合营销传播的关键点在于以下三个方面:

(1) 生成好内容。好的内容主要包括生动的、有意思的故事或者是专业的深度见解。但是如何生成却是很多企业面临的难题,从企业的战略层面上讲,需要在人力资源上投入,培养专属的内容团队,让他们从采编、数据收集与整理、配图等各个方面去提高技能。

(2) 深入挖掘内容。将内部生产及外部生产内容相结合,企业可以借助各方力量,邀请员工、客户、"粉丝"与合作伙伴共同挖掘可传播的内容。例如,宜家,到线下体验者家庭中采访其生活故事,打造《家居指南》而广受欢迎。

(3) 深耕传播渠道。口碑营销策划人员不能够根据个人的偏好选择传播渠道,而是需要对各种可传播渠道进行分析,然后对各个渠道进行尝试,选择最好的渠道进行重点推广。

### 四、自媒体平台下整合营销传播类型

**(一) 感情传播**

维持消费者和品牌关系的核心是品牌与消费者的情感相联系,品牌情感是品牌价值链的重要元素,营销活动塑造用户对品牌的情感,品牌情感提升消费者对品牌的认知价值,进而提升品牌资产。

品牌传播者在使用自媒体进行情感传播时,应根据时间、用户类型的不同形成不同情感对话模式。值得注意的是,必须让受众感受到,你所传递的是感情,而不是强烈利益驱使下的传播,与受众建立的是情感关系而非利益关系。当用户逐渐习惯甚至依赖这种感情时,品牌就会获得相对稳定的忠实用户。一些精英自媒体,需要品牌根据营销需求设置议题。营造情感环境,对议题进行引导,将具有共同理念和共同价值观的受众聚集在一起,进一步通过情感沟通,稳固与顾客的情感联系。

**(二) 社群传播**

我们知道,内容生产首先要明确的是为谁生产的问题,而这恰恰是自媒体所薄弱的地方。也就是说,自媒体的目标用户其实是不清晰的,这反过来又直接影响了其内容生产。而社群媒体则不同,由于"粉丝"沉淀在社群里,天然地便具有了高黏性和高互动性,这使得社群媒体的目标用户非常清晰。因此,在内容生产上,便有了明确的方向。对于内容的喜恶,群成员会有高效而直接的反馈。甚至在内容产出之前和产出的过程中,群成员也可以参与并提出反馈意见。所以,社群媒体产出的内容是高精准度的。社群是自媒体发展壮大后的产物,是不可避免的趋势。经过筛选沉淀后,自媒体社群中都是该自媒体品牌的忠实拥护者,他们服务于自媒体,通过大家的交流合作产生对自媒体更有价值的内容和服务。自媒体社群中的人,有着共同的理念和目标,有助于自媒体和本人自身的成长。社群提供的不仅仅是内容,更是为这些有着共同信念的群体提供了

一个交流的场所。社群让志同道合的人聚集在一起,可以互相学习交流和合作。

(三)人格传播

人格是人所包含的显著性格、特征、态度和习惯,是人与他人相区别的独特而稳定的心理特征总和。简单地理解,媒体人格化就是把品牌拟人化,同用户进行情感化沟通,是品牌具有的态度、格调、价值观等一切彰显差异化的元素总和。品牌可以拟人化,也具有独特的人格特点。人们所做的事情不是独一无二的,但一个人的自身确实是独一无二的。移动互联网时代,渠道过剩,内容不足,同质化明显。在无法保证内容"绝对完美"的前提下,真正打动用户的是自媒体所传达的生活方式、生活态度、价值标签。所以,自媒体人需要将自身更个性、更优质的品牌形象展现给公众。自媒体平台下的品牌信息人格传播方式包括以下几种:① 公共知识分子型。文化知识水平较高的或者某一领域的佼佼者,很多时候作为意见领袖存在于传播网络中。② 消遣娱乐型。娱乐功能是社会传播的重要功能,娱乐消遣是绝大部分受众上网的目的。③ 自我标签型。以自身某些特质或者策划性事件作为焦点,引起受众的关注。有"自吹""自黑""自恋"等,通常这种标签都是与众不同的,能够将受众的注意力迅速吸引过来。

**五、自媒体平台下整合营销传播策略**

自媒体时代进行整合营销传播势必拥有极为广泛的前景,不仅能很好地实现不同品牌的联合营销,实现资源的合理利用,还能更好地彰显文化内涵,引起更多人对整合后品牌的整体认知。

(一)植入创意元素,丰富整合营销传播形式

在整合营销传播中,可以从以下方面来创新品牌推广内容,植入创意元素:其一,增加视频内容的趣味性,设计独特有趣的品牌推动内容,保持受众的新奇心;其二,丰富整合营销传播内容,打造高质量的视频内容,增加观众的关注程度,吸引越来越多的消费者关注品牌内容;其三,迎合大众的审美,打造让受众心灵和视觉上享受的内容,让品牌效果脱颖而出,持续吸引"粉丝",为品牌转型奠定良好的基础。例如,西安大唐不夜城等网红景点在设计中融入了陕西地域文化,给广大受众耳目一新的感觉,引起了景点与游客的强烈共鸣。

丰富整合营销传播的形式,有效促进自媒体时代整合品牌的传播效应。在此期间要注重多向传播,促进受众多渠道、多角度地获取信息。在自媒体平台上,每一个人都能通过自己的账号来发布信息,其他受众观看完视频等内容之后可以选择在发布平台转发、分享自己的朋友圈、评论或者@好友等操作,从而起到提高品牌知名度的作用。另外,还要重视人与人之间的传播,增加互动程度。可以通过口碑传播、与受众互动形成的人际传播等,通过让消费者随时与其他消费者分享的形式,增加消费者选择品牌的机会,提高品牌知名度。

(二)发挥数据优势,实现品牌精准定位

在自媒体时代,整合营销传播需要提高受众的关注度和参与度,因此需要将互联网

技术与自媒体技术充分结合,发挥网络大数据的优势实现品牌的精准定位。大数据分析以受众为主体,计算分析消费者的爱好和特征,分析受众对于品牌内容的倾向。根据市场的反馈,降低品牌无法传播或者不受欢迎内容的比例,增加受众的黏合度和忠诚度,在降低成本的基础上,保证品牌的精准化传播。

实现品牌精准定位可以从以下方面入手:首先,利用微博进行传播。微博是一个年轻化的网络平台,可以将低龄化消费者作为目标群体进行定位,设置相应的内容来进行社群传播。其次,做好微信公众号等服务号的定位。利用大数据对于受众目标的分析,投其所好,及时进行平台互动,设置个性化的互动内容,提高受众的转发和传播效率。

(三)整顿推广秩序,提升传播内容质量

针对当前推广方式秩序混乱的问题,应从多个角度出发整顿当前自媒体平台及对应的推广方式,实现整合营销传播内容的高质与高效。其一,发挥传统媒体优势,将自媒体与传统媒体进行有效结合。尝试对电视媒体进行改良,扩大整合营销传播的占有率,提升传播效率。其二,严格把控自媒体传播审核制度,提升自媒体推广质量。一方面,对于企业来讲,申请专属的自媒体平台账号,并严格控制员工推广行为,确保将最权威、最真实的信息通过官方账号的方式进行传播。另一方面,对于个人用户来讲,应树立良好的法律意识,在进行推广之前应仔细考虑内容的合理性与合法性。其三,针对当前自媒体种类多样、质量参差不齐的问题,国家应加大对这些平台的管理力度,定期清理一些违规内容,确保推广内容的安全性。

### 案例 "一条"的自媒体营销

"一条"是由上海"一条"网络科技有限公司于2014年5月所创立的生活艺术类短视频自媒体,创始人徐沪生是前《外滩画报》执行总编辑,曾创办《上海壹周》等媒体。"一条"主要针对注重生活品质的中等收入人群,专注于生活美学领域,在社交媒体上打造优质的生活短视频。"一条"采取杂志化的视频播放模式,定位为高端调性的短视频节目,其覆盖了生活、潮流、文艺等内容。"一条"视频栏目共九个,包括隐世小店、城中潮客、独立设计、中国建筑新浪潮、艺术现场等。其中"隐世小店"主要发现身居闹市而不为人知的美好小店,"独立设计"栏目主要访谈本土设计师,"艺术现场"专注于艺术人物访谈。2016年,"一条"开始打造电商平台,同年8月,"一条"旗下生活美学电商"一条"App正式上线。

"一条"的盈利模式主要为广告收入以及电商业务。在广告合作方面,"一条"主要采取"内容级广告"即原生广告的运作模式与品牌合作,以定制主题片的方式为客户量身定做营销广告视频。"一条"通过自身优质的短视频产品以及与品牌相符合的理念,为商家提供全面的媒体推广平台,如微信、微博以及各类门户网站。代表作品有为红星美凯龙制作的品牌广告《爱家,因为家爱我们》《想怎么美,就怎么装》《冯唐李泉在一个木屋子里,光着脚,在聊谁?》。

在电商业务方面,"一条"通过优质内容聚合大量关注高品质内容的用户,并基于"一条"生活馆电商平台将用户从内容消费者转变为电商消费者。"一条"的电商模式为D2C模式,通过在中国内地、日本、北欧等地区挑选高口碑高品质的自主品牌和独立设计师产品,推荐给自身受众。例如,在一款出自独立设计师之手的茶杯推荐中,"一条"通过短视频赋予产品一个动人故事,进而让用户从内容消费转为对产品的消费。

优质的内容是吸引用户的根本动力,亦是自媒体发展的关键因素。"一条"在内容的开发与生产中的优势明显。首先,"一条"在内容形式上以短视频展现,在众多图文类内容中脱颖而出,吸引了大批用户。其次,"一条"在内容定位上坚持主题鲜明,专注于生活类视频,且每个栏目的内容专题性较强。最后,"一条"持续保持风格统一,进而保障内容品质稳定。"一条"的风格统一性主要体现在其杂志化叙事的短视频拍摄手法,通过有格调的画面、旁白式的自述,凸显内容的调性,以及其鲜明的主题,进而引领中产阶级的生活方式。

"一条"的内容传播渠道主要是微信、微博等社交媒体平台以及其他主流视频平台。在吸引到一批忠实用户后,"一条"在短视频平台、传统视频网站、社交媒体平台、垂直门户等开展了全面布局,旨在多渠道齐下,将覆盖人群及传播效果达到最大化。"一条"在传播过程中同时应用腾讯的广点通(微信社交广告)等推广工具拓展传播渠道,通过此精准广告平台的反馈信息,及时调整推广方案,进而提升传播效果。

请思考:点评"一条"的自媒体平台整合营销传播策略。

## 复习讨论题

1. 企业通过自媒体平台宣传推广自己,具体该怎样运营?该注意些什么?
2. 自媒体平台下整合营销传播的关键点在于哪些方面?
3. 自媒体平台下整合营销传播中可以从哪些方面来创新品牌推广内容?
4. 联系实际说明实现品牌精准定位要如何入手。

# 第八章 视频网站与整合营销传播

> **本章要点:**
> - 视频网站的概念界定、类型及传播特性分析
> - 视频网站整合营销传播的构成要素
> - 视频网站作为整合营销传播媒介平台的价值分析
> - 视频网站整合营销传播策略

作为内容生产速度快、信息来源广、互动性强的网络流媒体,视频网站已经成为助推热点事件和企业整合营销传播的强大引擎。我们需要对视频网站作为整合营销传播媒介平台的价值进行深入的了解。

## 第一节 视频网站的相关概念与传播特性

### 一、视频网站的概念界定

学术界对于视频网站概念的界定不一,中国互联网络信息中心给视频网站下的定义是:网络视频媒体指通过互联网,借助浏览器及客户端播放软件等工具在线或进行下载来观看节目的互联网应用。赵志立(2009)在其著作《网络传播学导论》中指出,视频网站是指在互联网中为用户提供视频的播放、发布、上传、搜索等服务的专业性网站。用户通过视频网站不仅能够收看新闻节目,搜索并欣赏各类电影、电视剧等,还能上传、分享由网民制作的电视短片。

2004年11月,中国第一个专业性的长视频服务网站——乐视网成立,此后在美国视频网站YouTube的带动下,中国的视频网站出现了视频分享网站、P2P网络电视、门户类视频网站等不同种类,经过政策与市场的不断洗牌后,目前视频网站主要分为广电网络电视台(如CNTV、芒果TV等)、门户类视频网站(如凤凰视频、新浪视频、搜狐视频等)、商业类视频网站(如腾讯视频、优酷土豆、爱奇艺、乐视等)。本书所说的视频网站指的是依靠技术平台的支持,为用户提供在线发布、观看、分享等视频作品服务的网络媒体,即网络视频服务提供商。

## 二、视频网站的类型

国内对于视频网站的分类有很多种,有根据网络视频的平台运营商划分的,有根据播放方式划分的,有根据网络视频的运营模式划分的。回顾我国视频网站的发展历程,可以把我国视频网站归纳总结为四大类(见图8-1)。

视频网站的类型
- 视频分享类:土豆网、优酷网等
- 网络电视类:PPS、PPTV等
- 门户类:搜狐视频、腾讯视频等
- 电视媒体类:央视的中国网络电视台等

图8-1 视频网站的主要类型

第一类为视频分享类网站。此类网站的典型代表是土豆网、优酷网、酷6网等。视频分享网站是以UGC(User Generated Content)为主要内容来源,提供视频信息内容储存空间和视频信息发布的平台,以供用户自由上传其制作的作品,观看其他视频,下载、评论、转发视频等行为的网站。视频分享业务其实质是UGV(User Generated Video),即用户制作视频,由网民拍摄制作作品上传到视频分享网站上供其他人观看分享。优酷网是目前国内领先的视频分享网站,它凭着"快者为王"的产品理念,注重用户体验,在充分满足用户多元化需求的基础上,不断完善服务策略,成了中国视频网站中的领军势力。

第二类为网络电视类视频网站。此类网站的典型代表有PPS、PPTV、悠视网等。这类网站是指以P2P(Peer-to-Peer,点对点)技术为运作基础的网络视频网站,用户可以通过点播、直播的方式收看视频。网络电视类视频满足了用户在线收看节目的需求,用户可以在线收看电影、电视剧、电视直播、综艺、新闻财经资讯等,通过不断提高用户体验积累了大量的用户。悠视网从2006年起,连续六年直播央视春节联欢晚会,并在2008年与央视网达成奥运直播的战略合作伙伴关系,提供北京奥运会期间全程赛事的网络直播和点播服务。

第三类为门户类视频网站。此类网站的典型代表有搜狐视频、腾讯视频、新浪视频等。随着国内视频行业的飞速发展,门户媒体纷纷加入视频行业阵营,依托门户平台优质的媒体资源和原有的庞大用户基础,全面整合自身优势开展视频运营,为广大用户提供全面的信息共享等网络服务。

第四类为电视媒体类视频网站。此类网站的典型代表有央视的中国网络电视台、湖南卫视的金鹰芒果网等。这些网站是传统电视媒体依托自身资源在网络上创办的视频平台,适应了消费者收看视频资源习惯的变化,与此同时,这些网站也融合了传统电视媒体的资源优势,在视频内容、视频制作上比其他视频网站具备得天独厚的优势,此外,传统电视媒体的权威性和公信力也给这些网站赋予了良好的形象,因此,电视媒体类视频网站迅速获得了网民的认可。

### 三、视频网站的传播特性分析

与传统电视媒体和其他社会化媒体相比，视频网站最大的核心优势是"视频内容"。视频网站本质上是一个"内容共享平台"，通过"视频内容"与用户维持关系，以"内容"作为一个关键要素影响整个传播过程。

**（一）视频网站信息传播者分析**

视频网站是视频内容发布和内容分享的媒介渠道，视频网站的传播者主要包括视频网站内容自身发布者及视频用户。视频网站内容发布者根据用户的需求通过内容转播、内容自制、内容购买等模式，把内容放在视频网站平台上提供给用户，成为视频内容传播过程的主导者；与此同时，在视频网站上，用户不只是接受信息的一方，他们可以参与到信息传播过程中，用户不仅可以上传自己原创的视频到视频网站上，分享传播给其他用户，还可以通过对视频网站发布的内容进行再创作传播，由此成为视频网站的传播者。这里需要指出的是，视频网站的用户不仅仅包括个体网民，还包括企业等组织，这些组织可以通过发布原创视频或借助视频网站内容进行自身信息的传播，从而参与到传播过程中。

**（二）视频网站传播对象分析**

由中国互联网络信息中心（CNNIC）编制发布的第 50 次《中国互联网络发展状况统计报告》显示：截至 2022 年 6 月，网络视频用户规模为 9.95 亿，较 2021 年 12 月增长 2017 万，占网民整体的 94.6%。而与整体网民年龄结构相比，网络视频用户呈现年轻化的态势，受教育程度也高于整体网民，本科以上学历占 14.2%。由此可见，视频网站用户主要以 80 后、90 后年轻群体为主，用户学历水平较高。

80 后、90 后新生代是伴随着全球化和互联网浪潮成长的一代人，他们拥有全新的价值观念、生活观念、思维方式及消费模式。他们的消费特征首先体现在追求个性时尚，对品牌的态度主要取决于自我的评价，同时喜欢和别人分享自己对品牌的看法和态度。其次，注重内心的感受，在意消费过程的感受和内心共鸣，追求产品或服务与自己情感体验的一致性。再者，新生代在消费中更注重个人价值的实现，他们敢于冒险，乐观消费。与此同时，现代营销创新手段也层出不穷，无时无刻不刺激着新生代消费者的购买需求，增加了购买行为发生的冲动性和随意性。此外，新生代消费行为网络化，习惯于利用互联网来搜索、分享、体验、购买品牌。最后，消费行为体现传统精神和公民意识。新生代成长在我国快速发展的时期，接收到全新的思想和消费观念，同时也受到传统消费观念的影响，他们关注社会舆论，有着强烈的公民意识，他们注重内心情感表达，对过往和传统美德有着独特的情感眷恋。

**（三）视频网站的用户需求分析**

"使用与满足"理论以受众为出发点，研究大众媒介与受众之间的关系，从微观层面关注受众接触媒介的动机、使用媒介的形态及媒介如何实现和满足受众的需求和兴趣。本书从这一理论角度出发，分析用户使用视频网站这一媒介的需求及视频网站如何满足用户的需求。

满足受众的信息获取需求。传统媒体时代,受众收看视听内容只能守在电视机前或去电影院观看,受众对于视听内容没有自主的选择权,只能媒体播什么他们看什么,受众处于一种被动的状态,无法选择自己喜爱看的节目。相对而言,视频网站突破了传统电视收视中从内容到时间上的限制,赋予用户更大的自由度和选择权,用户不再受收看时间、收看地点的制约,可借助电脑、手机、平板电脑等设备随时、随地、随心地选择自己喜爱的内容进行观看。

满足受众的参与性需求。传统大众媒体时代甚至于 Web 1.0 时代,受众处于单纯地接受信息、消费信息的一方,受众无法实现参与到内容创造的过程中,其所追求的个性化心理、多样化心理等无法获得满足。视频网站为公众提供了一个参与创造内容的空间和技术平台,用户可以上传内容到视频平台提供给其他用户观看。也可以对视频网站自身发布的内容进行再创作传播,受众上传的视频内容"去中心化"特征明显,这种"个人化""碎片化"的内容特质体现了他们在精神追求上的多样化,充分实现了受众参与创造内容的需求。

满足受众的分享性需求。在这个性化的社会,年轻受众群体的表达欲望更为强烈,他们拥有自己的主体意识,希望通过表达自我来实现自我价值及获得别人的尊重。视频网站提供了一个自由分享的平台,用户不仅可以对视频内容进行即时的评价,同别人分享、交流观点,还可以通过在视频网站上传原创内容和分享其他视频作品,引起具有相同爱好者的关注。

## 第二节 视频网站整合营销传播概述

### 一、视频网站整合营销传播的构成要素

根据传播学学者 Harold Dwight Lasswell 提出的信息传播 5W 模式,即传播过程由 who(谁)、Says what(说了什么)、In which channel(通过什么渠道)、To whom(向谁说)、With what effect(有什么效果)等要素构成,而视频网站的整合营销传播同样也包括这些要素。

视频网站营销传播者是品牌传播活动的发起者,处于传播链中的第一个环节,也是传播内容的发出者。传播活动是由信息传播者主导的,根据整合营销传播过程中的作用与职责,可将传播者分为两个层面。其一是宏观层面决策整合营销传播战略的高级领导层、企业品牌策划者,他们是视频网站品牌形象的构建与规划人员,处于网站营销传播者的核心;其二是视频网站内容运营者及整合营销传播活动的组织者,他们直接与用户接触,是整合营销传播的执行者与"把关人",负责信息的采集、加工与传播,决定整合营销传播效果的大小。

传播内容是传播活动的中心,并且影响传播活动的最终效果。品牌信息是网站品

牌经营者在构建、打造品牌的过程中精心设计与组织的,旨在向受众展现网站品牌的优质服务、企业形象、历史积淀及健康向上的社会价值取向。借助行业发布会,优酷网站精心策划活动主题,以推广最新影视剧内容和传递"世界都在看"的品牌理念。可以说,任何可识别与表现视频网站外在品牌形象和内在气质内涵的信息、符号、标志及服务,都是视频网站整合营销传播的内容。

传播方式是借助各种传播渠道、手段及以上组合对信息进行传递与控制。学者们在整合营销传播定义中明确了具体的传播手段,即包括广告、公共关系、人际传播等各种媒介资源。在视频网站整合营销传播活动中,经营者在基于传播信息、目的及可整合资源的考量下,以广告、公共关系等作为传播手段。例如,优酷网站借助近年推出的"优酷牛人盛典"及优酷校园行活动,向目标受众传递优酷的品牌理念与核心价值。

受众是视频网站整合营销传播的信息接收者和二次传播者,是传播活动产生的动机和中心环节之一,在传播活动中占据决定性的地位。作为传播链的终端,受众不仅包括视频网站的直接访问观看者,还包括一部分潜在的或未成为视频网站品牌消费的用户。访问与观看视频是目标受众对视频网站整合营销传播的正面效果反馈,进而会对网站品牌与内容形成习惯及情感依赖,而且会引发受众对品牌信息的二次生产和传播,增强视频网站的社会口碑,驱动潜在受众转化为直接品牌消费者。

## 二、利用视频网站开展整合营销传播的优势

首先,更精准地覆盖用户群体,有效到达目标受众。视频网站是一个视频内容分享的平台,视频内容丰富多样,形成了不同的视频频道。由于需求差异,各个频道的用户特征也呈现一定的差别。网络视频媒体对用户特征进行搜集分析,形成庞大的用户数据库。此外,视频网站还针对特定人群进行内容自制,更具有针对性。企业在这一平台上开展整合营销传播,可以针对目标受众的需求进行策略的制定,使品牌信息有效地到达目标受众,实现传播效果的最大化。

其次,降低企业宣传沟通成本。随着互联网新媒体应用的迅速发展,人们对媒介信息的消费行为也发生了改变,受众对信息的接受呈现碎片化的状态,传统媒体品牌传播已经无法获得企业预期的效果。视频网站在用户规模、用户使用率上有着其他互联网应用产品无法企及的优势,PC端每天收看视频的用户达到30.8%。唐·舒尔茨(2013)指出,要在品牌与现有顾客、潜在顾客亲密接触的重要接触点上,设计和传播有价值的品牌信息。瞄准视频网站庞大的用户群体,可以提高品牌与消费者接触的可能性,同时,借助视频网站用户的分享机制,促进二次传播,弥补传统媒体传播的不足,从而降低品牌与消费者之间的交易成本。

最后,整合营销传播体系的关键一环。整合营销传播理论指出,在营销传播过程中,要以消费者为中心,把品牌等与企业的所有接触点作为信息传播渠道,借助一切有力的传播手段,向消费者传达一致的信息,达到最有效的传播影响力。随着视频网站的发展,用户规模的不断扩大和使用率的不断提高,视频网站成为强有力的用户媒介接触点,其传播价值也逐步呈现,将视频网站纳入企业整合营销传播体系中,对品牌与消费

者之间的有效沟通具有关键性意义。

### 三、视频网站作为整合营销传播媒介平台的价值分析

整合营销传播过程中，一切形式的品牌信息都要经由特定的媒介传递出去，所有整合营销传播的工具也都必须通过具体的媒介才能让品牌信息与消费者接触，因此，正确使用媒介，对于整合营销传播活动具有事半功倍的作用。理论上，整合营销传播最终的目的是最优化地提高品牌在目标受众心中的认知度、美誉度及和谐度。因此，我们可以从品牌认知度、品牌美誉度及品牌和谐度三个方面分析和理解视频网站的整合营销传播价值所在。

(1) 有助于品牌认知度的提高。品牌认知是消费者认出、识别和记忆起某一品牌的能力，从广度来讲，是品牌的知名度；从深度来讲，是品牌的认知度。品牌知名度是指品牌为消费者所知晓的程度，反映了品牌的影响范围或是品牌的影响广度。品牌的认知度，是指品牌为消费者所了解的程度，反映了品牌的影响深度。视频网站聚集了大量的用户，其中包括企业的目标用户和潜在用户，与此同时，视频网站拥有海量的视频内容资源，是用户获取内容资源的主要渠道。由于视频网站的分享特性，用户与视频网站之间存在一种内容共享的关系，利用视频网站平台对信息资源和用户资源的双重整合能力进行整合营销传播，可以进一步扩大品牌的曝光度，同时，通过用户与资源的互动，加深用户对品牌的了解，进而提高品牌的认知度。

(2) 有助于品牌美誉度的提高。品牌美誉度是指消费者对某一品牌的好感和信任程度，是品牌在消费者心中的良好形象，反映的是消费者在综合自己对产品或服务的使用经验及所接触的多种品牌信息后对品牌价值的认定程度。美誉度高的品牌容易引起消费者之间的口碑传播，扩大品牌影响力。借助视频网站进行整合营销传播，为提高品牌美誉度提供了一个良好的平台。首先，视频网站可以监测消费者对品牌信息的消费行为，实时了解他们对品牌信息的评价和分享等反应，及时对消费者进行引导，提高品牌在他们心中的美誉度。此外，视频网站品牌信息的传播通常采用明星策略，借由用户喜爱的明星对品牌信息进行推荐，以明星的口碑效应来影响用户，提升他们对品牌的好感度。最后，可以借助视频网站的特色资源，将品牌信息与内容资源高度融合，形成品牌与消费者之间的对话，提高消费者的品牌体验。

(3) 有助于品牌和谐度的提高。品牌和谐度是指品牌要协调与相关联公众之间的联系，包括顾客、员工、政府、媒体、合作者等，任何一类相关联公众的不和谐，均可能导致品牌的沉没。品牌要和公众和谐相处，良性互动，借助视频网站进行整合营销传播，拉近品牌与公众之间的关系。首先，借助视频网站与电视台传统主流媒体合作，传达品牌的正面形象；其次，视频网站与其他媒体的合作，集结多方力量扩大品牌的推广力度；再者，视频内容是人们获取内容的主要渠道，通过视频内容传达公益信息，可以引导消费者树立正确的价值观，突显品牌的社会责任感；最后，借视频网站的内容创造特性和分享机制，带动消费者以及企业内部员工参与到整合营销传播过程中。因此，视频网站为品牌与公众提供了一个和谐共处的平台，在企业整合营销传播过程中起着关键作用。

### 四、视频网站整合营销传播面临的挑战

**（一）多媒体平台的整合**

新媒体时代涌现大量移动终端 App，市场竞争激烈，企业用户极不稳定，且用户不会因短期品牌传播改变其使用习惯。由于受众对媒介的使用习惯不尽相同，导致其对使用动机、情感、目标都有所区别。所以，单一的传播渠道无法涉及全部受众。

**（二）移动互联网背景下的视频网站整合营销传播**

视频网站用户接触速度最快的就是移动互联网的消费者。移动互联网背景下，企业如何通过多屏互动实现整合营销传播值得思考。将不同平台上的广告无缝衔接，实现对用户的有效触达是企业现在应解决的问题。视频网站应与移动互联网相结合，进一步挖掘 O2O 模式下的营销传播空间。

**（三）难以独立开展品牌传播**

新媒体的迅速发展，众多智能手机软件的涌现，受众可多渠道迅速获取信息，信息多呈现"多元化、碎片化"。视频网站的品牌传播信息难以准确地传达至受众，且受众在众多信息中也难以捕捉到有效信息。在此环境下，单一的媒介传播渠道已经无法满足消费者追求全方位体验的需求。视频网站虽作为内容分享平台，但其单一的传播途径难以满足用户日益变化的需求，其品牌传播活动具有局限性。

**（四）双重转型任务叠加**

正当国内大多数媒体全力打造新闻客户端尚且不暇之时，短视频时代又接踵而至。国内媒体融合发展遭遇继续打造"两微一端"与努力占领新型短视频平台双重目标的压力。更为重要的是，目前以抖音、快手为代表的商业短视频平台已经崛起，国内媒体依靠自身实力再打造一个短视频平台的可能性几乎不存在了。媒体要想在短视频内容"卡位"就只有两种方式：一是在新闻客户端内设立视频频道；二是放弃自建纯粹的短视频平台，在现有主要短视频平台上"做号"，也就是内容建设和运营。事实上，国内媒体几乎是同时采取了这两种方式，一方面在自身的新闻客户端内增设了视频频道；另一方面在各大短视频平台开设了自己的官方视频号。这种情况下，一个现实问题摆在国内各媒体面前：一家媒体拥有的资源是有限的，平均发力各大平台，或者期许在所有平台都取得优异成绩，肯定是不现实的。各媒体的媒体融合发展战略和短视频发展战略也必定要有所取舍。

## 第三节　视频网站整合营销传播策略

### 一、打造整合营销传播专区，整合品牌信息传播

视频网站最大的特性就是"内容共享"，用户使用视频网站的最根本的需求也是为

了获取信息。结合用户需求与媒介平台核心优势,把视频网站"内容共享平台"的概念转接到企业品牌内容分享上,打造一个属于企业自身的微型视频网站"内容共享平台",即企业整合营销传播专区。在整合营销传播专区中,除了企业所提供的信息外,还可以带动消费者参与到整合营销传播过程中,让消费者参与品牌信息相关内容的创作,从而促进他们对品牌信息的分享传播,扩大品牌传播的影响力。

建立整合营销传播专区,有利于品牌通过一系列的传播行为发布主题一致的信息以传达品牌理念。受众能够在专区接收到同一诉求的品牌信息,通过其他分销渠道得到品牌传播信息的受众,可以引流至传播专区,以获得进一步的品牌信息接触,通过信息对受众潜移默化的作用,实现受众对企业品牌信息(如品牌理念、品牌内涵等)的认知和理解,甚至于实现对受众高级属性(如价值观、生活态度等)的有效传播。

企业建立整合营销传播专区有两种方式。

一是企业与视频网站优势资源互补,开创全新沟通平台。企业的品牌本身具有其独特、核心的个性、价值、内涵等,是品牌区别于其他品牌以及同其他品牌竞争的差异化优势。结合视频网站的核心优势,企业开展整合营销传播要把自身的价值体现出来,通过优势资源的强强联合,为受众提供一个精品内容专区,从而将品牌的利益点、价值等信息精准地传达给受众。如雀巢母婴与优酷母婴频道强强合作为新生代妈妈开创了一个全新的沟通平台。雀巢母婴在营销领域耕耘多年,具有丰富的经验,而优酷母婴也一直是优酷重点打造的差异化频道,通过双方的合作,雀巢母婴在优酷母婴频道上建立品牌专区,并推出《巢妈好孕学院》视频宝典,一方面可以充分将雀巢母婴多年收获的经验分享给网友,另一方面,借助优酷平台覆盖力、强大的内容整合力及互动特性,充分了解妈妈们的需求,汇集双方的优势,为受众提供精品化的内容,打造一个母婴类的权威、健康信息的互动平台,通过平台使信息精准抵达目标人群。

二是策划主题传播活动,定制视频官网。用户在视频网站上获取内容的行为具有一定的延展性,他们收看内容后,会对相关的信息进行搜索观看,视频网站具有丰富的内容资源,可以有效满足用户的信息获取需求。因此,企业要将视频网站平台强大的内容优势与用户获取信息行为相结合,把握传播时机,策划相应的主题活动,定制品牌视频官网,在官网上利用主题发布与主题相关的各种附加活动和信息,吸引、保持受众关注,并带动受众参与到主题传播中。例如,可口可乐"新年第一瓶可口可乐,你想与谁分享"活动,结合传播主题,定制可口可乐优酷官网,以"分享第一瓶可口可乐""分享第一份新年祝福"两条传播主线,让受众在表达祝福中深刻感受品牌的理念,并通过这种互动参与,引发受众对品牌的情感共鸣,从而大幅提升品牌的美誉度和黏着度。此次活动视频播放量超过 300 万次,影响人群超过了 50 万人,此外引发了受众积极参与互动,受众上传视频的数量创优酷历史最高。

## 二、创造受众感兴趣的内容,实现受众与品牌互动

一是开展情感营销传播,引发受众与品牌内涵共鸣。品牌形象设计大师 Marc Gobe(2004)指出,情感营销要超越人类物质满足,通过情感体验方式将产品和消费者

联系起来,品牌只有触动人类内心情感、驱使消费者对其产生渴望,才能够真正获得成功。情感传播就是在捕捉消费者情感的基础上,通过相关的情感因素来打动消费者,使消费者在情感的体验、理解中自觉地接受品牌,从而建立起一种长久的、持续的关系。因此,企业在整合营销传播中要洞察受众的内心,从情感层面上挖掘品牌与受众的共通点,将品牌拟人化,以"人与人"之间的沟通对话方式,将品牌内涵传达给目标受众,实现品牌的情感传播策略。视频网站中企业开展情感营销的方式有以下两种。一种是以节假日为起点,挖掘传播契合点。节假日是用户关注和分享的高峰期,节假日会激发他们特定的某种情感、情绪。品牌要充分挖掘事件背后的意义,找到品牌与其中某种符号的契合点,策划相应的传播活动,并借助视频网站的特色资源,将品牌信息高度融合,引起受众的情感共鸣。如飘柔抓住情人节背后的文化符号和文化价值,提出"放手去爱"的品牌内涵,并冠名了优酷"恋爱影像馆",通过四则发生在身边的真实爱情影像故事诠释了飘柔此次传播活动的品牌内涵。优酷"恋爱影像馆"将品牌的内涵及网友的关注点紧密结合,将品牌所要诠释的内涵融入影像故事中,使受众潜移默化地接受品牌所传达的理念,提升对品牌的好感度。2013年,一则《72岁+27岁的爱情》的微电影吸引了百万次点击,引发了网友及媒体的关注及热议。另一种是以品牌内涵为策划起点,策划匹配的传播沟通点。舒肤佳近年来一直传播着"爱心妈妈,呵护全家"的品牌内涵,根据这一内涵,舒肤佳策划了"妈妈的谎言"主题活动,通过洞察消费者的社会价值观念,以消费者孝顺母亲、感恩的价值观念为创意的起点,策划了与之精准匹配的传播策略。优酷以种子视频作为主要表现形式,画面通过80后、90后回忆"妈妈的谎言",表现出对母亲的深深感恩,整片充满了温馨怀旧的氛围,并且将舒肤佳品牌巧妙植入,最终引发目标受众的心灵触动,达到情感营销目的。这次合作借助优酷强大的平台影响力,使得视频在网络上形成网友热议和广泛传播,同时也赢得了更多消费人群对舒肤佳品牌精神的理解和认同。

二是开展事件营销传播,捕获受众对品牌的注意力。事件营销传播是指企业通过制造和利用具有重大新闻价值和社会影响力的事件,借由事件创造、策划相关的概念来引起受众和媒体的注意及兴趣,继而产生一定的影响力,快速提升企业产品或服务的知名度、美誉度,树立良好的品牌形象,最终实现产品或服务的销售目的。例如,奥运会是全民关注的热点事件,伊利将自身品牌打造成一个普通的"平凡人",呼呼网友"一起奥林匹克",共同实现"平凡人的梦想和追求",借助这种"平民路线"策略实现与消费者的平等对话和情感交流,做一个"懂你"的人,提升消费者与伊利品牌的亲近感。同时,"优酷牛人"的定位也是平凡人实现梦想的真实舞台,"平民奥运"与"牛人梦想"一拍即合,借助优酷强大的自制力量,以《平凡人的奥林匹克》系列微电影传达品牌"健康、绿色、活力"的生活理念,微电影《花甲背包客》,以真动人,感动了无数网友,并通过网友的分享迅速走红网络,也进一步扩大了品牌的推广力度。

三是开展娱乐营销传播,提升受众对品牌的好感度。进入21世纪,娱乐化浪潮席卷了各个角落,新闻娱乐化、影视娱乐化、消费娱乐化宣布了娱乐经济时代的来临。娱乐经济大师Michael J Wolf说过,在这个消费者时间如此少、需求如此多变的时代,企业抓住消费者注意力的关键就是"娱乐内容"或"娱乐要素"。娱乐营销传播能够借助娱乐明星和娱乐产品的人气快速提升品牌知名度,此外,娱乐元素能够赋予品牌轻松、愉快的个性,比如娱乐明星的气质、个性能够使其代言的品牌也具备相应的意象,将受众对明星的喜爱转移到品牌中。

OLAY针对品牌定位及产品防晒功效等品牌要素,锁定话题女王林志玲和小S,通过"粉丝"效应直接触及和影响OLAY的目标用户,引发他们对品牌的关注。同时,与优酷共同制作《康熙来玲》节目,以蔡康永、小S、林志玲作为节目嘉宾,围绕"美白大PK"的主题进行话题交锋,巧妙地借助两位女星分享各自美白心得的话题,植入OLAY产品防晒的功效。借势优酷平台和强档综艺节目的影响力,传播活动的影响力被充分引爆,品牌受众覆盖率和品牌曝光率大幅提升。

### 三、把握视频视觉特色,设计创意体验传播

视频网站在进行整合营销传播活动中,在了解目标用户的同时,强化视频资源的"感官"特色,设计独特的互动形式,使得受众群体全方位地感受品牌信息,从而实现互动体验式整合营销传播。

(1)以受众的视觉感官体验为出发点,创造立体互动空间。借助视频网站的"视觉"表现力,创建视频互动空间,为受众展示一个"视觉饕餮盛宴",以受众的视觉感官体验,加强受众对品牌的印象。土豆网的"百加得:乐闯狂欢岛"案例充分挖掘视频网站的特性,以视频作为创意的起点,采用"视频找茬"的互动形式,让网民挑战奇迹之岛,在视频中找不同,体验游戏无限乐趣。这个案例以用户的兴趣点"游戏"作为策略的核心点,发挥视频强大的感官立体化特性,给受众营造了一个立体体验式空间,受众通过参与游戏互动,感受品牌所传达的"狂野、刺激"调性,让品牌信息潜移默化地深入受众内心。

(2)策划主题,让受众参与品牌内容共创。充分发挥视频网站互动、分享的特性,策划相应的主题活动,让受众参与到视频创作互动中,实现受众与品牌的近距离接触。脉动结合其TC核心概念"脉动斜人",策划相应的主题互动游戏,依托土豆网平台优势,在各地拍摄大量视频,并将这些视频设置成视频拼接游戏,让网友参与到"视频排列组合"的互动游戏中挑选正确视频,并对视频进行拼接,拼接好的视频可以转发至SNS社交网站以及论坛上与网友进行分享。

### 四、了解受众需求,整合品牌信息传播渠道

(1)了解受众需求,实现品牌互动。首先,挖掘用户关注点。企业若想在纷杂的媒介环境中实现有效的整合营销传播,必须要了解用户需求,使消费者参与到整合营销传播中来。其次,信息的有效传播。整合营销传播的目的就是将品牌理念及品牌塑造的形象生动地传达至用户,用户再给予反馈,这一过程就是信息的有效传播。最后,激发受众的互动性。企业应借助视频网站的互动性调动受众参与的积极性,创造品牌与受众间对话的机会。

（2）把握视觉特色，实现创意传播。视频网站在其整合营销传播活动过程中，应强化感官体验。借助视频的张力，创设立体互动空间，为用户提供前所未有的感官体验，加深用户对品牌的印象。策划各类主题活动，使受众从旁观者转变为参与者，提高品牌与受众的互动性，实现创意传播。

（3）整合传播渠道，打造传播平台。整合线上、线下多种传播渠道，整合营销手段，将品牌信息准确地传达至消费者。改变渠道单一的现状，整合传播渠道，打造成为可互动的、多元化的、可移动的视听平台，为受众提供崭新的视听体验。结合视频网站的优点，根据其便捷分享、内容丰富、无限制的观看时间及空间等特点深度挖掘潜在用户，牢固锁定忠实用户，培养更多的深度用户。

**案例　　漫威电影借助视频网站进行整合营销传播**

在市场同质化的趋势更加明显的现在，消费者的购买决策越来越取决于品牌所传递出来的信息。随着网络信息技术的成熟发展，媒介借助新技术、新手段不断升级和优化，而同时，媒介过剩的问题也更加突出，注意力资源成了各大媒体企业争抢的对象。为应对激烈的市场竞争，达到期望的传播效果，塑造媒介品牌是非常关键的。品牌一旦成功塑造，并不容易被复制和效仿，通过整合营销传播可以赢得更多客户的青睐，稳定客户的忠诚度，从而获取更高的发展空间。

随着一部部漫威超级英雄电影在国内陆续上映，其电影中所塑造的英雄角色也逐步深入人心。钢铁侠、美国队长、雷神等超级英雄不仅为漫威影业带来了可观的票房，还为其打响了品牌名声。如今，漫威已经成为超级英雄电影的代名词，并且占领了超级英雄类型片的电影市场。几乎每一部漫威电影上映，都会掀起一场席卷全球的超级英雄风暴，引发全世界漫威迷的观影热潮。从首映式的爆满到口碑的火爆，最后是惊人的票房。

在传播策略方面，在线下，漫威影业利用名人效应，每一部电影上映都会集结电影的人气主创在世界范围内举行"粉丝"见面会的活动，提高影迷对电影的期待。作为漫改电影，漫威利用优势，建造主题公园，沉浸式体验使得受众拥有与电影场景以及角色融合的机会，提供了与众不同的品牌体验。随着互联网的迅猛发展，漫威不再满足于线下的院线平台，和视频网站合作打造线上观影平台成为顺应时代发展的策略。漫威的影视作品在传播上采取了多元触点的方式。除了大荧幕外，受众还可以在多个平台上实现观影需求。

进入21世纪，网络信息技术推动了新媒体的发展，新技术改变了电影放映技术，观影不再局限于传统影院，电影播放平台开始延伸。电影与网络平台联系体，形成了互联网电影的发展模式，而想要实现线上影院建设必须依赖第三方视频平台。为此漫威影业积极与网飞（Netflix）、优酷（You Tube）等平台合作，保证在电影院线终映后能第一时间在互联网上成功上架，也保证了品牌的网络宣传平台。而各视频网站为抢夺更多的用户量，也会争相购买新电影版权，这样平台会员能够优先获得观影权利，用户不需要进入影院就可以观看这些电影。比如我们所熟悉的腾讯视频、爱奇艺视频等均构建了电影资源库,为更多中国观众欣赏,甚至反复观看漫威系列电影提供了方便。

电影在互联网上上映除了能给品牌提供更大的播放与宣传平台之外,对漫威影迷也提供了便利。比如一张《蜘蛛侠3》的电影票价格一般为100元,而腾讯视频给所有网站会员提供2.5元的观影折扣。相比之下,视频网站一个月20元的会员费也显得更加优惠。除了价格的优势,足不出户的观影方式也保证了世界各地的影迷都有观看漫威影片途径。而对于视频网站平台,不仅可以成为影片营销物料的发布平台,还增加了影片媒体版权收益保障。各大视频平台展开了激烈的资源争夺大战,加之移动互联技术的推动发展,形成了移动手机院线,促进了电影事业的快速发展。漫威还设立了App应用程序,手机用户直接下载安装,就能欣赏其一些大作,即便不是会员,也可以观看很多主题性片段,这给观众带来很多福利。此外,观众还可以在其网站上下载视频短片,下载应用壁纸等。

**请思考**:试分析视频网站在上述漫威电影整合营销传播中的价值。

## 复习讨论题

1. 联系实际阐述利用视频网站开展整合营销传播的优势。
2. 视频网站整合营销传播面临的挑战主要体现在哪些方面?
3. 企业建立视频网站整合营销传播专区的方式有哪些?
4. 联系实际说明如何创造受众感兴趣的内容实现受众与品牌的互动。

# 第九章　门户网站与整合营销传播

**本章要点：**
- 门户网站的定义及特点
- 门户网站整合营销的目标、原则及模式
- 门户网站品牌构建策略与整合营销传播要素分析
- 门户网站的整合营销传播策略及实施

上一章讨论了视频网站给整合营销传播带来的便利以及视频网站整合营销的传播策略。本章将从比视频网站更加宏观的门户网站来陈述基于门户网站的整合营销传播策略及实施。

## 第一节　门户网站的定义及特点

"门户网站"是一个最容易被过度使用、误用、滥用及乱用的网络词汇。门户网站指的是进入网址和进行搜索的起始点,它可以是纵向的(为某一特殊的市场或者行业服务,如针对化工行业的 Chemdex),或者是横向的(提供跨行业的进入和链接,如包含有 53 个商业交易社区的 Vertical),也可以是基于种族或社区的。一些大型搜索引擎。例如,美国在线,除了提供自己的内容,它还是一个便利及架构良好的网络入口。网上冲浪者可以从美国在线跳跃至网页上突显出来的许多网址,尤其是与美国在线有合作关系,且为了能够在美国在线上占据显眼位置而支付费用的商业网址。门户网站的主要作用是引导冲浪者进入特定的网站,尤其是商业网站。全球范围内最为著名的门户网站是谷歌以及雅虎,而在中国,著名的门户网站有新浪、网易、搜狐、腾讯、百度、新华网、人民网、凤凰网等。

门户网站有广义和狭义之分。广义的门户网站是一个 Web 应用框架,它将各种应用系统、数据资源和互联网资源集成到一个信息管理平台之上,以统一的用户界面提供给用户,并建立企业对客户、企业对内部员工以及企业对企业的信息通道,使企业能够释放存储在企业内部和外部的各种信息。而狭义的门户网站,是指提供某类综合性互联网信息资源并提供有关信息服务的应用系统。门户网站最初提供搜索引擎、目录服务。

门户网站为广大互联网网民提供了各种类型的信息资源和与之相关的信息服务，是人们日常了解新闻资讯和各类信息的平台。不同的门户网站都有自己的内容特色以及擅长的领域，以此来提升自己网站的辨识度。虽然不同的网站建设总会有各自的特点，但是门户网站建设一般都具有以下三大特色：

（1）明确的功能服务。不同定位的门户网站有不同功能服务，以此作为宣传内容的基础，所以门户网站的功能特色很明确。门户网站的大致服务功能类型主要有两种：一种是搜索，即提供强大的搜索引擎功能以便于用户搜索相关信息，还有与之匹配的相关服务；另一种是新闻，即网站的主要特色是提供各类新闻资讯。在这里，汇集了各行各业的以及社会实时新闻资讯，是新闻资讯的集散地。

（2）实时资讯的传递。不管是什么功能性质的门户网站，其信息资源和新闻资讯都是实时更新的，以确保其实效性，这也是门户网站建设提升用户活跃度的重要方式。

"为数不多"这个词相信大家都听过，很多门户网站都有一个收集各个行业信息，对时事新闻进行报道的强大团队，这是很多门户网站进行竞争的主要形式，同时也促使了各个门户网站实时资讯传递的行为。

（3）较强的信息整合能力。门户网站建设对于信息的分类不仅清晰，而且每种类型的信息比较齐全，能帮助用户快速找到所需要的信息，且信息储存量符合大多数用户的需求，有较强的信息整合能力。

## 第二节 门户网站的历史及发展趋势

### 一、发展历史

（一）我国三大门户网站的诞生

曾被并称为中国三大门户网站的新浪、搜狐和网易相继在1997—1998年成立。虽然它们的业务都包罗万象，但它们的品牌传播战略和业务重点不尽相同。

新浪：单一品牌传播战略。1998年12月，四通利方并购华渊资讯成立新浪网，核心业务是新闻、微博和移动增值服务，并对所有业务使用单一品牌"新浪"和"小浪人"商标。

搜狐：多品牌传播战略（独立子品牌＋背书子品牌）。1998年2月，搜狐成立，并模仿雅虎模式推出分类搜索，但1999年即转型成为门户网站。搜狐在经营上，门户网站和垂直网站同步发展；在品牌传播战略上，以搜狐作为门户网站品牌及母品牌，旗下有"搜狐畅游""搜狐焦点""中国人校友录"等背书式子品牌；同时在搜索业务上自创独立子品牌"搜狗"，在网络游戏业务上通过收购获得独立子品牌"171733"。

网易：多品牌传播战略（背书子品牌）。1997年6月，网易创立，业务不断丰富，成为门户网站。网易拥有8个以"网易"背书的邮箱业务子品牌：163免费邮、126免费邮、yeah.nt免费邮、163VIP、126VIP、188财富邮、专业企业邮、免费企业邮。2001年，网易开发网络游戏《大话西游Online》，逐渐成为拥有自主开发和运营能力的游戏运营商。2006年年底，推出"网易"背书的搜索子品牌"有道搜索"。

（二）传统媒体的线上发展

电视和纸质媒体也相继推出门户网站，影响力较大的有凤凰网、新华网、人民网。

凤凰网：单一品牌电视媒体门户网站。1998年6月，凤凰网诞生，一直作为企业网站，直到2005年年底才开始转为门户网站。旗下的凤凰网、手机凤凰网和凤凰视频实现了互联网、无线通信、电视网三大平台的整合。凤凰网所有业务都使用与电视媒体相同的品牌名称和商标，单一品牌传播战略使其品牌资产在线上继续累积。

新华网：多品牌新闻服务门户网站。新华网的前身是新华通讯社网站，2000年3月改名为新华网。通讯社是向其他新闻媒介提供新闻采访、写作等服务的机构，是一个大规模的新闻消息工厂和批发商。依赖于其国家级通讯社的地位和遍布世界100多个国家和地区的记者站，新华网在新闻资讯类网站中拥有权威、准确、时效、贴近等竞争优势。在品牌传播战略上，新华网主要以"新华"为产品名称，以频道细分产品类型，包括新华时政等50多个频道和30多个地方频道。2010年，新华网与中国移动合作推出了子品牌"盘古搜索"。

人民网：多品牌纸质媒体门户网站。人民网，创办于1997年1月1日，是世界十大报纸之一《人民日报》的门户网站。依托人民日报社国内外70余个分社的采编力量，发布包括政治、经济、社会、文化等各领域的信息。人民网采取多品牌发展战略，包括以"人民"主品牌命名的多个产品类型，如人民微博、人民博客，以"强国"作为子品牌命名的强国论坛、强国社区等。

（三）腾讯网后来居上

据尼尔森在线2011年12月的统计结果，门户网站按流量排名前十名依次为：腾讯网、新浪、搜狐、网易、凤凰网、新华网、人民网、雅虎、中华网和环球网。腾讯网已超越三大门户成为流量最大的网站。

2003年12月，腾讯在原有公司网站TENCENT.com的基础上，购买QQ.com域名，正式进入门户网站领域。腾讯网采用多品牌传播战略，包含以公司品牌命名的腾讯新闻、腾讯微博等，以腾讯背书的QQ子品牌命名的QQ邮箱、QQ游戏等，以腾讯背书的拍拍网以及独立子品牌3366小游戏和财务通。

## 二、发展趋势

从市场、技术和资本三个不同层面来看，移动互联市场经历了前期的爆发式增长后，市场将逐步进入调整和细分阶段。人工智能、虚拟现实、自动驾驶等新技术不断成熟，可能对未来传媒产业的发展趋势有一定的影响。随着互联网企业的强大资本优势的不断凸显，它们或将最终影响中国媒介产业未来的整体格局。

未来传媒市场的细分将趋于人格化与社群化。互联网时代网络渗透得越彻底就越能够捕获到那些非主流的长尾需求,技术能够拉近彼此的距离,将广大范围中相同个性化需求的用户聚集到一起,并形成足以赢利的商业模式。长尾的发掘在未来依然具有美好的前景,而垂直化与专业化的细分市场正是网络媒体对长尾市场的追逐目标。事实上,近年来,传媒企业在大众化媒介产品的市场竞争中,市场格局都已经明朗。譬如,在网络新闻阅读市场中,传统互联网的四大新闻门户网站格局已经多年未发生变化,移动互联网市场中以腾讯新闻、今日头条、网易新闻为代表的第一梯队的优势已较为明显。在垂直化、专业化的细分领域,很多企业经过了多年深耕也积累了大量资源与优势。其中不乏汽车之家、易车网这样的汽车领域龙头企业,携程、去哪儿、途牛、艺龙这类专业的旅游资讯服务类企业以及58同城这样的分类信息服务企业。

而未来传媒市场继续细分发展的趋势将同过去有所不同,在垂直化与专业化的基础上,"人格化"与"社群化"的细分模式将逐步开启。也就是说,受众选择媒介产品的依据将不仅仅是其功能性与专业性,还包括产品中所蕴含的"人格属性",未来的商业模式也将从渠道为王、产品为王、内容为王过渡到人格为王,而"社群化"则是这类细分媒介在传播过程中形成的受众组织形态。

未来的互联网企业竞争将不再是传统的价格竞争、品牌竞争或销售渠道竞争等,互联网巨头生态圈之间的竞争将成为决定企业生存的重要因素。在互联网时代,平台的提供商是最关键的生态圈搭建者。譬如苹果公司建立了ios平台,就形成了一个生态圈,所有企业都可以进入这个生态圈,苹果通过制定规则来保证生态圈持续健康发展。生态圈的核心是提供一个平台,使各个成员都能通过这个平台获益,从而吸引更多成员加入,形成生态循环。生态圈使各个成员之间产生黏性,让各个成员难以离开,难以找到替代品。生态圈的各成员之间有竞争,更有依赖,成员必须共同创造价值,才能实现彼此的利益最大化。

## 第三节　门户网站与整合营销传播

### 一、门户网站整合营销目标与原则

**(一)目标**

建立门户网站是为了通过建设一个网站,更好地展示个人、企业或者机构。企业通过门户网站实施整合营销传播具体来说要达到三个目标。

第一,以消费者为中心,研究和实施如何抓住消费者,打动消费者,与消费者建立一种"一对一"的互动式的营销关系,不断了解客户和顾客,不断改进产品和服务,以满足他们的需要。

第二,整合营销传播要通过各种营销手段建立消费者对品牌的忠诚。

第三,具备整合的概念。企业过去习惯于使用广告这一单一的手段来促进产品的销售,但我们已处于数字化时代,现在的传播手段越来越多,传播本身开始分化和组合。这就要求企业在营销传播过程中注意整合使用各种载体,达到最有效的传播影响力。

（二）原则

现在很多企业都有自己的门户网站,这样可以更好地服务客户,统一发布信息,真正达到在互联网上称霸屏幕的效果。但我们要知道,门户网站的制作与我们一般企业官网的制作还有一定的差距,其中有很多值得注意的问题。

1. 门户规划

需要做好门户网站的规划。哪些是不合时宜的内容,要放哪些板块,做什么样的门户网站,这些都需要提前策划。你想通过门户网站做什么？一些企业希望有一个系统更新信息的平台,而另一些企业则希望建立一个品牌,让更多的用户了解企业。这些企业有不同的优先事项和计划。

2. 用户体验

门户网站制作的用户体验非常重要,无论是从设计还是从布局上都应该符合用户的喜好,而且由于这类网站的内容比较多,在用户体验上,我们需要努力,稍微布局不好,很可能会让用户感觉杂乱。因此,门户网站的用户体验应该从整体和细节上加以考虑。只有这样,网站才能拥有更大的流量,吸引更多的用户。

3. 网站加载速度

由于门户网站包含的信息量较大,对服务器的要求比较严格,所以一定要选择配置较高的服务器,并且在更新网站图片信息时,要对图片进行压缩,以免影响网站加载速度。

4. 浏览器兼容性

用户可能使用的浏览器很多,所以在制作门户网站时需要考虑网站的兼容性以及与常用的浏览器是否兼容。由于我们不能保证用户使用哪个浏览器,所以我们需要考虑到各个方面,在测试网站时也不能忽视它。

5. 内容价值

门户网站制作对网站内容有严格要求。首先,它必须有价值,即对用户有用。如果更新的内容都是从其他网站复制的,那用户没有理由浏览你的网站。除了定期更新的副本、每个部分的文本,甚至每个网页的标题之外,我们还需要特别注意这里提到的内容。只有做好细节,我们才能与竞争对手区别开来。

门户网站的制作,除了以上五点我们需要特别注意外,还必须记住网站首页应该足够吸引人,因为对于用户来说,无论进入网站哪个页面,他们都会习惯性地点击进入主页查看,如果连主页都不好看,就别指望能留住客户。

## 二、门户网站整合营销传播的模式

### (一) 打造趣味性网站互联网时代

传统版式已很难获得人们的满意,因此可以为门户网站增添趣味性元素及版块。例如,将传统静态图片替换成生动的视频,将一些文字信息传播变成有趣的游戏传播;将官方社交媒体账号植入网站,融入当下流行的新媒体及社交平台等。总而言之,将现代创新技术应用至门户网站。

### (二) 打造协同互助网站

国内当下的网站分类较多,不同部门成立独立网站,虽然能够使浏览者有针对性地查找,便于各部门的管理,但与此同时也为人们带来了一些不便。例如,对部门的管理领域不清晰,不知去哪个部门网站查阅;每个部门的网站名称不清楚,导致查找时间的增加和办事效率的缓慢;公众对官方网站的真伪识别较困难,导致许多名称类似的网站对公众的访问造成干扰。针对这类问题,建议建立独立门户网站,该门户网站既可以展现品牌特性,提供服务,又可以将不同部门网站进行整合,通过不同板块的链接直接准确地进入所要到达的官方网页。不仅可以在门户网站中进行部门网站的导航,还可以将门户网站的链接放入部门网站,便于网站互通,集中管理,便民利民。

## 三、门户网站的品牌构建策略

腾讯网、新浪、搜狐、网易、凤凰网、新华网、人民网代表了我国门户网站的三大类型。下面从两个方面分析这七大网站的异同。

### (一) 品牌定位

我国门户网站主要有三种基于核心业务的定位:基于新闻资讯的定位、基于电子邮件的定位和基于社区娱乐的定位。

#### 1. 基于新闻资讯的定位

凤凰网、新华网和人民网由于其传统媒体的发展基础,顺其自然地以新闻资讯为定位,且凭借跨媒体的协同效应,最大限度地发挥了其卓越的采编能力。商业网站因为没有采写权只能转载新闻,因此在新闻资讯领域的竞争优势受到制约。新浪虽以新闻资讯业务起家,但盈利能力一直不高,直到2010年新浪微博成为中国最有影响力的社交媒体平台,新浪才在网络广告和盈利上取得飞跃。基于新闻资讯定位的门户网站其核心竞争力应是原创、有特色、有深度的新闻讯息。在现有新闻制度下,传统媒体网站的采编优势未来将会继续凸显,成为当仁不让的领军者。

#### 2. 基于电子邮件的定位

1997年11月,网易自主研发了国内首个全中文的免费电子邮件系统,经过十几年的持续投入,按照网易的表述,"已经发展成为网易的核心战略业务"。但实际上,2010年网易总收入的87%来自在线游戏。可见,尽管网易的历史和专业毋庸置疑,但电子邮件市场规模有限,网易未来业务重点必然还是在线游戏业务。

3. 基于社区娱乐的定位

新浪和网易尽管分别以新闻和电子邮件业务起步,但为了生存,不得不将定位转移到社区或娱乐领域。网易在2001年开始探索在线游戏领域,2021年网易净收入876亿元,游戏贡献超七成。新浪微博最大的收入来源是广告和营销收入,2021年全年广告和营销收入为19.8亿美元,同比增长33%。根据搜狐财报,搜狐2021全年总营业收入为8.36亿美元,同比增长11%,其中,网络游戏收入为6.38亿美元,同比增长19%;品牌广告收入为1.35亿美元,同比下降8%;其他业务收入(主要为媒体与视频业务)为6 238.40万美元,同比上涨33%。

综上所述,目前中国门户网站的定位集中于两大领域,一是基于新闻资讯的定位,未来传统媒体的门户网站的竞争优势会进一步凸显;二是基于社区娱乐的定位。腾讯、新浪、搜狐和网易的定位都集中在游戏、社区、视频等业务上。新浪以社区为主,网易以游戏为主,而腾讯和搜狐力求双向平衡发展。

(二)品牌结构

品牌结构是指企业不同产品品牌的组合。合理的品牌结构能产生协同作用,实现品牌投入产出比最大化。新浪、凤凰网采用单一品牌传播战略,其余五家网站是多品牌传播战略。单一品牌传播战略的优势在于节省传播费用、利用已有品牌资产。尤其当产品类别相近时,单一品牌传播战略能促进品牌延伸。凤凰网等新闻资讯类定位的门户网站比较适合于单一品牌传播战略,因为可以借助其在传统媒体上的品牌资产,形成跨媒体的整合营销传播。而多品牌传播战略的目的是为用户建立多种品牌形象,或为了维持企业内部的竞争关系,分隔出独立运营部门。相对来说,游戏、搜索等领域需要比较专业的品牌形象,因此搜狐、腾讯、网易分别采用了子品牌,如搜狗、搜搜、有道搜索。

### 四、门户网站整合营销传播要素分析

品牌要素是品牌进行传播的基础。下面对品牌名称、品牌标志、卡通形象代言人和广告语等品牌要素进行分析。

(1)品牌名称和标志。腾讯网、凤凰网、新华网和人民网等使用了企业或主品牌名称,利用已累积的品牌资产,迅速提升网站知名度和美誉度。新浪、搜狐、网易等品牌名称最初就是为网站设计,命名与网络相关,便于记忆和传播。类似的还有搜狐的"搜狗"和腾讯的"搜搜"。七大网站品牌标志都标注了网站地址,凸显了网站特性。人民网和凤凰网沿用了传统媒体标志,而新华网则用英文单词强调其新闻资讯的定位。搜狐和网易的标志特色在字体和颜色,没有图案。

(2)卡通形象代言人。总体来说,七大门户网站对卡通形象代言人重视不足。新华网、人民网、凤凰网、网易都没有卡通形象代言人。搜狐之前有狐狸形象标志,2002年推出了名叫"小欧"和"小优"的两只狐狸公仔,目前却有意弱化。实际上,卡通形象代

言人是品牌传播一种非常有效的工具,它能够体现品牌的形象和个性,拉近与消费者距离,让消费者更易产生情感联系,所以有助于建立品牌知名度、美誉度和忠诚度。腾讯和新浪显然深谙此道,腾讯带着围巾的企鹅形象和新浪的大眼睛"小浪人"早已深入人心。

(3)广告语。新华网、人民网、凤凰网等无明显、统一的广告语。2000年,网易提出"网聚人的力量"的广告语,时至今日依然是门户网站广告语的经典范例。新浪广告语由创始时的"世界在你眼中",改为"你的网上新世界",2003年提出的"一切由你开始"至今未变。1998年,搜狐提出"出门靠地图,上网找搜狐"的广告语,2009年改为"上搜狐,知天下"。腾讯提出"一切以用户价值为依归"。

比较来看,网易、新浪和腾讯更强调人或者用户,而搜狐的"上搜狐,知天下"从新闻资讯角度描述网站的强大功能,忽略了用户的体验和参与。但是,腾讯的"一切以用户价值为依归"过于宽泛,任何企业都可适用。

## 第四节　门户网站整合营销传播策略及实施

门户网站是"平台型媒体"的积极践行者,它们的平台型媒体战略在 PC 互联网时代就已经开始,在移动互联网时代已经出现了多样化的应用。新浪、网易、搜狐、腾讯四大门户网站旗下平台型媒体之间存在竞争,各有优势与缺陷,在传播策略方面也各有特色。

### 一、门户网站的整合营销传播策略

(一)跨平台传播,增加曝光度

跨平台传播意味着整合营销传播的跨平台延伸,意味着信息传播渠道的拓展,这往往是包括传统媒体在内的各种媒体实现转型的一条必由之路。但跨平台传播的内容大多具有同质化倾向,存在高度相似性,因此,在实现跨平台传播的过程中,要根据平台的特征,改变内容传播的形式与侧重点,实现内容营销的多元化与差异化传播,打造出门户网站跨平台传播的媒体矩阵。

(二)跨媒体融合,合作共赢

在媒介融合与转型的过程中,不同形式的媒体有不同的战略选择。跨媒体融合是互联网技术发展的内在逻辑,是媒介机构适应用户需求并实现跨媒介信息输出的重要战略。2017年11月9日,新京报与新浪签署全面深度合作协议,约定新京报社旗下26个媒体账号全面落户新浪看点平台,这无疑是平台型媒体的又一重要举措。新京报社的图文视频内容将通过新浪看点平台,在新浪新闻客户端、手机新浪网、新浪网、微博等多端实现差异化的内容推荐和传播。同时,新京报社的若干精品栏目将与新浪的轻 IP 产品进行更深层次的合作。

（三）赋能MCN，构建内容营销生态

MCN(Multi-Channel Network)这一概念始于YouTube，其本质是一个多频道网络的产品形态，将PGC内容联合起来，可以帮助创作者放大优势、弥补劣势，通过系统性的运营保障内容的持续输出，实现稳定的商业变现。用户产生内容（UGC）的普及并不意味着内容创作门槛的降低，专业机构媒体和自媒体共同发力，反而构建了全新的内容边界，使用户和内容都产生了重构，而用户和内容数量剧增的同时也给内容质量和传播效果带来挑战。整体资讯内容过剩给信息市场带来更多不确定因素。因此，实现内容营销，最核心的是打造优质内容，随着内容、渠道以及媒介的高度融合，内容营销已成为品牌主们关注的合作模式。

（四）内容商业化变现扶植用户

平台型媒体往往根据文章阅读量、原创程度、文章质量等因素确定广告投放，用户由此获得收益，用户在满足某些基本条件后，可以申请开通原创标签，从而获取更多补贴，由此鼓励作者产出更多优质内容。腾讯"企鹅号"给已经通过试运营，转为正式运营的企鹅号自动开通"收益分成"功能，分成开通后，创作者将获得平台分成及内容分成中的广告分成收入。此外，给满足"① 正式运营企鹅号，企鹅号开通微信内容源同步，信用分100分，无扣分记录；② 正式运营满30天，发文被推荐满20篇（文章推荐量大于0），信用分100分无扣分记录"这两个标准的用户自动开通"流量主"功能，即文章阅读量提升、覆盖用户量增加，用户的广告收益也随之增加。

（五）广泛应用算法数据等技术

移动云计算大幅提升了物联网的处理能力；移动互联网的定位、传输、节能技术均可用于物联网，因此未来与物联网融合发展将是移动互联网的又一重要发展方向。传统媒体下泛媒体的发展显然并不顺畅，这说明泛媒体现象受到媒介技术演变的影响。信息技术的进步促进信息传播新态势的演进，通过数据挖掘更加精准地传播优质内容，一批老牌互联网企业纷纷推出自媒体平台。这些平台型媒体显然是媒体"去中心化"的有力表现。为了让企鹅号作者更客观地了解自身表现和作品效果，同时获得更公平、稳定的推荐和回报，企鹅媒体平台推出了企鹅号指数，从用户喜爱度、内容原创度、账号活跃度、内容垂直度、账号健康度这五个维度对用户进行评估，并通过对内容领域的开放，让内容创业者独立产出内容，从行业角度梳理整个内容产业，树立规则。

## 二、门户网站整合营销传播策略的实施

为了发掘品牌价值这一巨大的利益源泉，众多现代企业无不对品牌资产进行长期而艰辛的培育呵护，于是，品牌的传播与提升成为大多数企业最大的竞争投资。企业致力于品牌高效率传播的探索，以使企业的这笔最大投资达到投入产出相对优秀的境界。而这就必须全方位研究构成整合营销传播的四大要素：传播的主体、对象、渠道及内容，对此四要素相互关系的深入研究、科学运用，必然会使整合营销传播这项企业长期的系统工程达到高效的目标。门户网站整合营销传播策略的实施步

骤如图 9-1 所示。

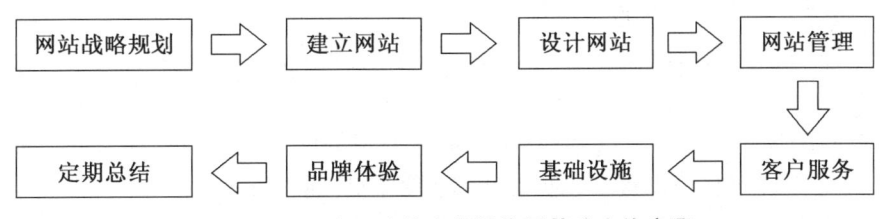

图 9-1　门户网站整合营销传播策略实施步骤

（一）网站战略规划

创建一个成功的网站的第一步是设定目标：创建网站的目的是什么？可能的答案有很多，包括教育、交谈和对话以及反馈和研究、娱乐和销售。

第二步是识别目标受众：他们是谁？他们在网上待多长时间？他们将使用什么类型的浏览器和计算机？他们为什么要到网站上来？他们访问的频度如何？

运行方面是一个大问题：谁将负责这个网站？网站将在公司内部设立和维护吗？如果是，由谁负责？怎么评价网站？如果有联系信息，后端操作将如何运行？有多少人需要这种回应处理？

最后，既然任何事都不是免费的，另一个关键问题是：预算如何？你可以在网站开发、运行和其他方面花费多少钱？

为了建立一个客户驱动和可持续的网站，这些问题必须考虑。

（二）建立网站

建立一个网站包括一些重要的初始决定，如网站的命名和主持。建立网站的第一步是购买一个域名。公司设计和主持自己的网站，但是大部分情况是由外面的服务供应商来管理，这些提供商自己拥有服务器，可将个人网址链接到网络上。外面的那些处理交易和分销产品的公司成为执行公司。

（三）设计网站

网站设计中最大的挑战之一是导航——人们访问网站，找到他们要的信息、在本网站和其他相关网站内穿梭的过程。因此，网站设计要使网页用户界面友好，使目标顾客从一些信息中快速得到基本的东西。下面是一些有关建立网站的原则：

（1）让主页努力建立起你的身份形象，并告诉别人你在做什么；

（2）让界面直观——人们不用为了使用网站而需要专门训练，所有操作应该简单易行；

（3）突出内容——不要把内容埋在许多图形、广告或复杂的网站设计底下；

（4）友好的用户导航；

（5）不要创造太多层次；

（6）保证菜单选项是完整的；

（7）给用户一个回到主菜单的路径；

（8）使用链接而不用长长的滚动条；
（9）在网页顶部和底部设置导航帮助；
（10）提供一张网站地图,如果可能就提供搜索引擎；
（11）创立一个可以只用文本格式阅读的网站；
（12）动画标题广告令人厌烦,特别是那些和你的网页只有一点联系的。如果你不得不使用它们,就把它们设置在主页底部或网站的其他地方；
（13）给用户一个联系和反馈机制。

（四）网站管理

多数公司雇用一个理解网站设计和运作的网络管理员。网络管理员的职责通常包括下面这些：
（1）监督和分析网站的活动；
（2）利用数据库日志来记录点击和访问者的使用情况；
（3）不断地检查问题；
（4）获取消费者概况和追踪对网站访问的路径信息；
（5）上传新材料以保持网站内容总是新的；
（6）持续地检验内容,导向,提供项目和反应机制；
（7）跟所有的部门协同工作以确保信息是最新的和正确的。

监督网站是一项特别重要的活动。多数服务器可以跟踪访问量（个人访问网站的数量）。如果一个公司计算访问量,它就必须确定当雇员打开他们的计算机时其计算机并不是在网站上打开的,否则这样的数据会含有水分。

保持对访问的追踪是好事,但更重要的是在指定时间和用户阶段的访问数量。"用户阶段"的定义可能随网站的不同而有所区别,但大致意思就是找出在网站上停留相当长时间的用户的访问频率,其想法就是找出在某一网站在一重要时间内用户访问频次。其他跟踪信息包括人们是怎样来到网站上的（他们是通过什么途径登录的）,他们一旦来到网站后做什么,他们待多久,网站的什么特色吸引他们,网络管理员也可以监控人们为找到网站正在输入什么关键词,以便让那些关键词字符串的链接更加强大。

（五）客户服务

回应客户是一件重要的管理责任,客户服务将决定胜负。换言之,服务必须在第一次接触时就开始建立良好的品牌关系并持续实行,并且贯穿售后客户服务的执行阶段,一项在12个国家中621家大型公司的研究发现,20%的网上客户不能按时收到订货,这个物流问题非常复杂,因为事实是客户希望在2天内收到他们的订货而不是当前业界的平均水平:4天。

在互动的新时代,"24/7的服务"指的是客户可在每周的7天,每天的24小时,随时得到服务,这样的服务对跨国公司尤为重要,使之与世界任何地方的客户实时沟通和做业务成为可能。新技术的发展也将转换时间成为可能。例如,一些公司发现呼叫中心可以安置在任何地方,甚至可以把所有来电转到全球任何一个呼叫中心,从而实现

24小时服务。

（六）基础设施

有一个容易被忘记的传统原则：如果你公布电话号码（或电子邮件地址），这些电话（或邮件）就一定要有人回复，因此就必须有适当的基础设施来处理这一业务的细节。自从1997年以来，科罗拉多大学就一直对这个互动要素进行研究，并且发现多数公司并没有为此做好准备。与不知名的购物者通过电话和电子邮件来建立优良（问题得到很好解决）联系的公司是很少的，大部分联系被评为一般（回复时会出现一个或者更多的漏洞）或很差（压根没有回复、严重拖延、粗鲁和不友好回复或者回应文不对题），换句话说，大多数公司没有一个足够良好的基础设施来处理互动。因此设置一个适当的基础设施来传递客户的期望是很有必要的。

（七）品牌体验

目前中国门户网站呈现"四大门户一马当先，传统媒体网站紧随其后"的态势。四大门户网站在品牌管理理念上较为先进。品牌定位也逐渐差异化，新华网等传统媒体网站，虽有跨媒体优势，但似乎对品牌运营投入不足，尚未完全发挥出跨媒体的强大实力。未来，门户网站的发展将从技术竞争时代进入品牌体验时代。因为随着网民数量增加趋势减缓、网络使用经验丰富，网民对门户网站会形成品牌偏好和忠诚度。

鉴于此，门户网站应更重视发展品牌，积累品牌资产。

首先，需要拥有独特的、具有足够盈利空间的定位。比如，新浪侧重微博的战略对其知名度、美誉度、忠诚度都起到了力挽狂澜的作用，但其盈利能力仍需观察。搜狐试图兼顾游戏和微博，结果发现微博业务并不尽如人意。这暗示网络用户日趋成熟，单纯地制造吸引眼球的热点已难以支撑其业务发展。

其次，应创建与品牌定位相匹配的用户体验，也就是提供独特的内容、高质量页面设计、便捷用户操作等高附加值服务。目前门户网站在页面设计和个性化服务上同质化现象严重，缺乏对用户心理需求和网页设计风格和细节的考量。比如，注意网站广告的类型选择，研究表明横幅式广告的接受度要高于弹出式广告，因为后者会让用户的被侵入感更强。

最后，门户网站应以网络使用者为中心，增强整合营销传播中的参与感和互动性。腾讯和新浪通过其品牌标志和卡通形象，为品牌塑造清晰、独特、易接近的品牌形象。而传统媒体网站延续了原有标志和严肃、专业的品牌形象，忽视了网络媒体特有的双向传播特性。网站与传统媒体最大差异就在于网络的实时互动。传统媒体门户应在整合营销传播的各要素上强化其网络媒体的互动性优势。

**实操设计**　　　　门户网站整合营销传播策划方案

（一）时间跨度

××××年×月×日—××××年×月×日

（二）预期目标

1. 完成特定品牌网站建设（或改版）；
2. 完成门户网站的诊断、优化，增强用户体验、方便运营推广；
3. 整合各种品牌信息传播推广方法，扩大信息覆盖面，提升品牌形象；
4. 合理分配门户网站整合营销传播推广资源，实现精准营销；
5. 完成×篇品牌新闻报道，完成×篇社区论坛帖子，浏览量达到×人，网站访问量达到×万人，品牌软文行业网站转载达到×次；
6. 对门户网站流量等数据进行实时、有效的监控、分析和优化。

（三）具体实施安排（分三个阶段，每阶段为期10～15天）

第一阶段：×月×日—×月×日

1. 完成特定品牌网站建设（或改版），整合并添加相关品牌信息内容；
2. 实现门户网站的全面优化，品牌主要"关键词"搜索自然排名居前；
3. 分析网民信息搜索习惯，筛选"关键词"并整合品牌信息推广内容；
4. 配合企业经营战略目标，选择整合营销传播平台，并策划品牌软文内容；
5. 筛选论坛社区平台，制定论坛帖子撰写、发布、传播、推广方案；
6. 定期跟进付费广告、品牌新闻发布、论坛帖子发布以及品牌负面报道等；
7. 检查、核算品牌新闻报道数、社区论坛帖子数、浏览量、网站访问量、品牌软文行业网站转载次数、网站跳出率、网站转化率等整合营销传播绩效指标；
8. 定期总结。

第二阶段：×月×日—×月×日

1. 针对搜索引擎进行门户网站的再次优化，进一步提升品牌主要"关键词"搜索自然排名；
2. 根据本策划的预期目标要求，整合、发布和更新品牌新闻及论坛帖子；
3. 调整、优化付费广告，开展网络专题宣传，加大门户网站宣传力度；
4. 整理收集潜在客户信息，分析竞争对手，及时跟进并清理网络侵权行为及品牌负面报道；
5. 提升和优化品牌新闻报道数、社区论坛帖子数、浏览量、网站访问量、品牌软文行业网站转载次数、网站跳出率、网站转化率等整合营销传播绩效指标；
6. 定期总结。

第三阶段：×月×日—×月×日

1. 根据本策划的预期目标，进一步整合、发布和更新品牌新闻及论坛帖子；
2. 调整、优化付费广告，发展网络媒体免费合作平台，开展网络专题宣传，加大门户网站宣传力度；
3. 进一步整理收集潜在客户信息，分析竞争对手，及时跟进并清理网络侵权行为及品牌负面报道；
4. 提升和优化品牌新闻报道数、社区论坛帖子数、浏览量、网站访问量、品牌软文行业网站转载次数、网站跳出率、网站转化率等整合营销传播绩效指标；

5. 定期总结,并针对下一轮门户网站整合营销传播进行策划。

(四)项目预算

百度预计投入:×万元

搜狐预计投入:×万元

网易预计投入:×万元

品牌新闻发布预计投入:×万元

搜索引擎关键词优化预计投入:×万元

网站建设预计投入:×万元

其他:×万元

## 复习讨论题

1. 联系实际谈谈你对门户网站的理解。
2. 联系实际,对门户网站整合营销传播要素进行简要分析。
3. 门户网站整合营销传播策略有哪些?
4. 在门户网站整合营销传播策略实施过程中应注意哪些问题?

# 第十章 社交媒体平台与整合营销传播

**本章要点:**
- 社交媒体的概念及分类
- 社交媒体平台信息传播要素与整合营销传播特点
- 社交媒体平台整合营销传播的渠道与内容

社交媒体的兴起和发展对整合营销传播产生了颠覆式的影响,同时也成为社会公众了解品牌、参与品牌传播和塑造的新手段和新工具。上一章我们讨论了利用如何利用门户网站进行整合营销传播,本章将社交媒体与整合营销传播联系在一起,探讨社交媒体平台的整合营销传播特点及传播策略。

## 第一节 社交媒体的概念及分类

### 一、社交媒体的概念

社交媒体这一概念来自国外,英文为 Social media,也译作社会化媒体,指允许人们撰写、分享、评价、讨论、相互沟通的虚拟社区和网络平台。Social media 的重要特征是允许网民在互联网环境中自由地进行分享与交流,这是 Social media 能够快速兴起的关键所在,因而比之"社会化","社交"一词更加能够体现其特性。David Meerman Scott 在其所著《新规则》一书中指出,Social media 的概念是"人们彼此分享见解、信息、思想并建立关系的在线平台。与主流媒体的区别在于,每个人都可以创建、评论和添加社会媒体内容,社会媒体可由多种形式呈现,包括文本、音频、视频、图片和社区。"根据维基百科的定义,社会性媒体(Social media)与商业媒体(Industrial media,或称为传统媒体、主流媒体,包括报纸、电视、电影等)不同,利用互联网技术和工具,在人群间分享信息和讨论问题,通过不断的交互和提炼能够有效地对某个主题达成共识,而且其影响速度、广度和深度是任何其他媒体所不能比拟的,并且几乎无须任何花费。综上,社交媒体和商业媒体最显著的不同是,让用户享有更多的选择权利和编辑能力,自行集结成某种阅听社群。社会媒体的概念包含以下几个要点:基于互联网技术,用户可以自己创造生产内容,具有强交流分享性特征。

如今,社交媒体成了舆论宣传、产品营销的重要平台,极大地改变了人们认知新事物的方式。现实生活中,人们对于某事物的看法往往会参考他人对于该事物的看法,同时也会发表自己的看法来影响他人。对于特定的产品,人们往往无法直接得到该产品是否满足自身需求、是否具有对应价值、是否具有优秀质量等信息,在这种情况下,他人对于该产品的看法则显得尤为重要。这种由他人看法组成的产品信息称为口碑信息,是产品重要的参考信息,并且随着互联网的发展,变得尤为重要。得益于互联网的快速普及,社交媒体中信息的覆盖范围越来越广,逐渐地改变了人们的生活习惯和消费习惯。电商网站、点评网站、微博、知乎等社交媒体都存在针对产品或服务的评论社区,用户可以任意地对企业提供的产品或服务发表自己的评论,产生了区别于传统口碑信息的网络口碑信息。这提高了人们获取信息的速率,方便了消费者做出理性的选择,根据产品的网络口碑,消费者可以结合自身需求快速做出是否购买的决定。

### 二、社交媒体的分类

在互联网快速发展的今天,世界上已经诞生了数量众多的社交媒体。一般而言,社会化媒体分为社交关系网络、视频分享网络、照片分享网络、合作词条网络、新闻共享网络、内容推选媒体、商务关系网络、社会化书签网络等类型。

尼尔森在线(2011)将中国的社会化媒体分为微博类、问答类、电子商务类、相亲类、及时通信类、社交游戏类、商务类、音乐分享类、图片分享类、博客类、社交类、团购类、社会化书签类、RSS 订阅类、百科类、消费点评类、轻博客类、视频分享类、论坛类。社交媒体在互联网的沃土上蓬勃发展,爆发出令人眩目的能量,其传播的信息已成为人们浏览互联网的重要内容,不仅制造了人们社交生活中争相讨论的一个又一个热门话题,更进而吸引传统媒体争相跟进。现阶段社交媒体主要包括社交网站、微博、微信、博客、论坛、播客等。目前国内使用率高、影响范围大的社交媒体如图 10-1 所示。

四大核心社交媒体平台　　　　　　六大衍生社交媒体平台

图 10-1　目前国内主流的社交媒体

(一) 四大核心社交媒体平台

(1) 微信:社交媒体营销中最有效的传播方式。

微信于 2011 年由腾讯公司推出,支持跨通信运营商、跨操作系统平台,通过网络快速发送免费语音短信、视频、图片和文字,同时,也可以使用通过共享流媒体内容的资料和基于位置的社交插件"摇一摇""朋友圈""公众平台""语音记事本"等服务插件。上线十年,微信月活跃用户数突破12亿,是时下拥有最多用户数量的社交媒体平台,其核心功能是基于熟人关系的三项社交应用,包括即时通信、朋友圈和公众号自媒体。但随着移动通信和互联网的发展,微信已发展为一个集社交、购物、游戏、阅读、娱乐、运动理财等方方面面为一体的互动平台。

(2) 微博:通过视频拉近用户。

微博于2009年由新浪网推出,是基于用户关系的社交媒体平台,用户可以通过PC、手机等多种移动终端接入,以文字、图片、视频等多媒体形式实现信息的即时分享、传播互动。微博基于公开平台架构,提供简单、前所未有的方式使用户能够公开实时发表内容,通过裂变式传播,让用户与他人互动并与世界紧密相连。作为继门户、搜索之后的互联网新入口,微博改变了信息传播的方式,实现了信息的即时分享。2022年6月,微博日均活跃用户数达2.52亿,是中国最大的公共信息传播平台,其核心功能是基于弱关系的兴趣社交。用户根据自身喜好,对平台上链接、视频、音乐博文产生关注、点赞、评论和分享等社交行为。

(3) 腾讯QQ:8亿人在用的即时通信软件。

腾讯QQ于1999年由腾讯公司推出,支持在线聊天、视频通话、点对点和断点文件延续、共享文件、网络硬盘、自定义面板、QQ邮箱等功能,并可以连接到各种通信终端,2022年月活跃用户数为5.64亿。腾讯QQ的传统功能是文字、语音、视频聊天和QQ空间的状态发布,现已拓展为一个将在线游戏、文件共享、网络硬盘、邮箱、论坛等服务集于一体的多平台即时通信软件。

(4) 豆瓣:文艺类泛娱乐分享平台。

豆瓣是2005年由杨勃(网名"阿北")创立的一个社区网站,截至2021年8月,豆瓣月度覆盖独立用户数(UV)已超过1亿,日均PV为3.6亿。该网站以书影音起家,提供关于书籍、电影、音乐等作品的信息,无论描述还是评论都由用户提供(User-generated content,UGC),是Web 2.0网站中极具特色的一个网站。网站还提供书影音推荐、线下同城活动、小组话题交流等多种服务功能,它更像一个集品味系统(读书、电影、音乐)、表达系统(我读、我看、我听)和交流系统(同城、小组、友邻)于一体的创新网络服务,致力于帮助都市人群发现生活中有用的事物。因此,豆瓣是以读书、电影、音乐为出发点,自动给出同类趣味和友邻推荐,并集同城、小组、友邻等文艺网络服务为一体的创新社交平台,是当下国内最权威的书影音评分网站,拥有超过2亿的书影音爱好者用户。

(二) 六大衍生社交媒体平台

(1) 知乎:有问题,上知乎。

知乎于2011年由北京智者天下科技有限公司推出,2022年平均月活跃用户数超过1亿,是一个集合了知识问答、KOL优质答案分享(知乎Live/知乎日报)、高品质读书会(听书、看书、讨论书)的综合知识交流社区。

(2) 抖音:年轻人记录美好生活的短视频社区。

抖音于 2016 年由今日头条孵化上线,2022 年抖音日活量突破 7 亿,是短视频同类 App 中的爆款。其核心功能是通过设置话题挑战、丰富音乐场景,设置影音模板等方式鼓励用户表达自我,分享 15 秒音乐短视频的年轻人社区。

(3) 王者荣耀:最火的多人在线手游。

王者荣耀于 2015 年年底由天美工作室群推出,2022 年日均活跃用户达 1.6 亿,是一个需要团队配合的多人在线战术竞技游戏。在每场游戏的间隙中,王者荣耀为团队战友创造了可以相互交流游戏规则、角色、攻略等话题的社交平台,同时也搭建了一个新生代年轻玩家(未来消费主力)的天然聚集地。

(4) 小红书:连接消费者和优质品牌的纽带。

小红书于 2013 年由瞿芳和毛文超创立,2022 年日均活跃用户达 2 亿,是一个以美妆、护肤和保健等日用精品为切入点的"社区+电商"跨境购物平台,致力于帮用户发现全世界的好东西。结合意见领袖(网红、明星)的影响力,小红书是中国电商精品导购平台的领航者。

(5) Bilibili:国内首家 ACG 直播的互动平台。

Bilibili(简称为"B 站")于 2009 年由网民徐逸创立,2022 年日均活跃用户超过 3 亿,是一个包含动画、漫画、游戏、音乐、舞蹈、科技等几乎所有视频类型的视频分享社区。B 站的特色是视频弹幕功能,为在线用户构建出一个虚拟的部落式互动观影平台和二次创造的文化社区,是国内众多网络热词的发源地。

(6) 陌陌:第一款专注于周边用户的社交平台。

陌陌于 2008 年由北京陌陌科技有限公司创立,2022 年日均活跃用户超过 1 亿,是一款基于地理位置,专注于通过向周边用户发送文字、图片和音频信息建立新关系的社交软件。

## 第二节　社交媒体平台信息传播概述

### 一、社交媒体平台信息传播要素

(一) 发起人

社交媒体平台的信息传播行为发起人为品牌所有者,主要分为两类。一类是传统企业,拥有线下的销售与传播渠道,为受众提供产品或者服务,在互联网的影响下,传统企业纷纷重视起在社交媒体上与用户的交流。企业基于社交媒体营销,促进销售和树立品牌形象的效果远超过其他营销形式,因此,基于社交媒体的整合营销传播也成为企业整体品牌传播战略中重要的一环。另一类是互联网品牌,这一类企业没有线下销售、传播渠道,其兴起发展、销售服务、品牌传播全部在互联网展开,有的是以线上渠道出售实际商品,比如小米、御泥坊、麦包包等,有的是互联网公司,主营公司平台、互联网服务产品等,其实社交媒体本身也是品牌所有者。

(二) 目标受众

目标受众是企业整合营销传播必不可少的一部分,不同的品牌有不同的目标受众,企业要根据自己的目标受众选择合适的传播渠道。而影响力较大的社交媒体平台数量并不大,所以供企业选择的余地并不多,比如新浪微博平台上,既有奢侈品牌的官方账号,也有生活必需品的官方账号。一个值得关注的现象是,基于共同兴趣兴起的博客空间、部落、在某方面具有专业见解的个人所开设的微博或者微信公众账号为企业提供了天然的分众媒体,如专注手持设备的数码博客"爱搞机",活跃在微博微信上的美妆达人、"知乎"上的各类问答,经过这些平台传播出来的品牌信息往往可取得较好的传播效果,但是这类平台的所有者并不是企业本身,不带有整合营销传播性质,因此不能作为企业品牌传播的主要渠道。

(三) 传播内容

企业通过社交媒体平台向目标受众所传递的是品牌信息内容,品牌信息的传送也与品牌的自身定位联系紧密,高档时尚品牌所传递信息与以价廉物美取胜的女装"淘品牌"所传递的内容必然不同。互联网时代的传播早已不是一方向另一方单向传输信息,品牌所有者向受众传递品牌信息的过程用"沟通"、"交流"这样的词汇更为合适。

## 二、社交媒体平台信息传播特征

(一) 社交媒体平台的传播内容

传统媒体上的传播内容由专业化团队去组织,社交媒体上的内容生产者是社交媒体的所有用户。每个人都是信息的接受者,也是信息的传播者,同时还是信息的制造者。信息传播的方式由以前的大众传播、分众传播变为泛传播——信息流交叉、交互交流网状式传播,即用户生成内容(User-Generated Content,UGC)——网络用户以任何形式在网络上发表的文字、图片、音频、视频等内容,它描述的是一种新兴的内容生产方式。

(二) 社交网络信息传播模式

社交媒体的内容来自用户自动生产,但用户的属性有所不同,乐于内容生产并积极传播的用户被称为"积极用户",他们生成了社交媒体上的大多数内容。这些内容被其他用户发现,并产生认同形成互动,"积极用户"受到鼓舞会更加积极地生成内容。这样与他们关系亲密或者拥有共同兴趣的人便会关注他们,成为他们的信息的第一批传播受众。这批受众可能会对"积极用户"发布的内容进行二次加工或是直接转发分享,形成内容的扩散传播。

社交媒体传播能量之大,可以用经典传播学理论"六度模型"[①]来证实。一度、二度

---

① 六度模型,又称六度分割、六度空间或小世界理论,即你和社会网络中的任何一个陌生人之间的间隔不会超过六个人,也就是说,最多通过六个人你就能够认识任何一个陌生人。

传播是信任驱动的。一度传播是人与人之间直接传播信息,可以理解为好友之间的传播或者契约维系的客户之间的传播,传播信息的双方互相信任。一度传播中还有一种品牌型传播。用户甲的信息传播到用户乙,甲、乙之间并没有对等的好友关系,用户甲和用户乙之间的联系是单向的,此时用户甲对用户乙进行的是品牌传播。二度传播是基于共同好友来实现两个陌生人信任的传递。三度以上则属于大众传播,是内容驱动和流行驱动的。

(三) 社交媒体的信息传播优势

用户在牢固的社交关系的基础上,实现内容的传播与互动。社交媒体提高了用户的参与度和用户黏性,降低了信赖成本和分享成本。社交媒体的传播优势主要体现为以下几点:

(1) 用户群体庞大;
(2) 具有即时性、自主扩散性、高效互动性;
(3) 受众群体的定位更加精准;
(4) 传播形式丰富多样;
(5) 投放成本低。

### 三、社交媒体平台的整合营销传播特点

(一) 传播渠道的多元化

相比于传统品牌传播依附的传统媒体、线下广告渠道,基于社交媒体的整合营销传播渠道的选择大大增多。国外相关调查报告显示,营销从业者常用的社交媒体平台包括 Facebook,Twitter,Linkedin,Google,Blogging,YouTube,Pinterest,Instagram,Forums,Yelp 等,分别是社交网站类、微博类、博客类、视频分享平台、图片分享平台、地理位置服务平台、点评类网站。

这就要求品牌所有者要有足够敏锐的嗅觉,去了解目标受众最愿意聚集的渠道在哪里。当下网络移动终端发展迅速,微信便是在这波潮流中兴起的社交应用,原来基于PC端的社交媒体平台都在纷纷探索移动之路,未来的整合营销传播需要跟随互联网整体的发展步伐。

(二) 传播内容的多样化

从内容形式来说,整合营销传播的信息内容可以是文字、图片、视频、游戏、音乐中的任何一种又或者是任意形式的随意组合,互联网为信息的传播打破了形式的限制,比如最近流行的基于 HTML5 创作的传播作品就可以将音乐、图片、文字、动画、游戏等等融合在一起,制作精致、设计精巧的作品往往能够在微信中得到较好的传播效果。

从内容篇幅来说,微博传播的信息主要是短篇信息,而论坛上则可以写作长文,已然兴起的随手拍摄功能应用使得即拍即传得以实现,而基于传统制作过程完成的广告作品也同样得以在各类社交媒体平台上传播。碎片化的内容和有深度的传统制作内容同样都可以成为传播的品牌信息。

比如香奈儿 CHANEL 的微博主页上,既有时装走秀的视频展示,也有模特身着品牌服装的图片展示,还有简短的语言文字信息,这一切都汇集在官方微博的页面上,全面展示品牌各方面的信息。

(三) 受众选择的自主性

品牌所有者在社交媒体平台上可以设立账户、开设公共页面、创立社区等,相比于传统品牌传播时代动辄大手笔的广告投入,社交媒体平台的传播成本自然低廉很多。但是,这样的传播方式使得受众不一定能够接收到品牌所传递的全部信息,传统的品牌传播依靠媒体、线下广告,通过这些渠道,用户对于信息的接触率较高,而对于品牌在微博、微信上进行各种各样富有创意趣味的信息传播,如果受众并未关注该账号,那么对于受众来说,这个品牌就没有进行任何品牌信息的传播。互联网带来了巨大的便利,也带来了信息爆炸,在社交媒体平台海量的信息中,受众拥有较大的自主性,不一定就是该品牌信息的追随者。

(四) 人际传播能力的加强

在社交媒体平台上,庞大的公司和个人一样,都只是一个小小的账号或者号码,从本质上说,拥有一样的传播能力,个人在互联网时代也变成了整合营销传播中的一个环节,品牌传播形成了这样的模式:品牌所有者—个人—个人。

纵向对比来看,相比于互联网普及之前,个人的传播对象只能是自己认识的人、身边的人。而互联网连接了一切,陌生人也可以因为共同的兴趣爱好而在虚拟平台上成为好友,个人信息的传达可能会被多个陌生人所接收。

实际上,在互联网时代进行横向比较,个人的传播能力有强有弱,普通人可能影响的多是周围的家人朋友,而如果是在某一领域的知名人士或者专业人士,拥有众多的追随者,那么他们在相关信息传播时就会成为意见领袖,达到更佳传播效果。人际品牌信息传播的效用大大优于企业自身的品牌传播行为,因而在人人都是网络传播节点的今天,用户之间良好的口碑非常重要,所以,互联网时代优质的产品与服务体验尤为重要,因为差评和好口碑的传播同样迅速。

(五) 受众的高参与度

基于社交媒体平台的整合营销传播使得品牌所有者与受众之间可以进行直接的接触交流,这样的传播方式使得受众可以在此过程中方便地给予反馈、分享信息或者是参与各类讨论以及活动,因而网络环境下新型的整合营销传播与传统的品牌传播方式相比,受众呈现高参与度。在参与的过程中,受众与品牌的距离变得亲近、联系变得深入,这正是品牌拥有者所希望看到的。

基于互联网社交媒体平台的整合营销传播是商家整体品牌传播战略中的一部分,是否在整体品牌传播中占据重要的地位和品牌的定位、经营业务联系是否紧密相关。主营 B2B 业务的企业并不直接面向个人消费者群体的公司,所以不需要在社交媒体平台上投入太多。而直接面向消费者的企业,比如快消品行业、服装行业等就必须注意在社交媒体平台上进行优质的整合营销传播。

### 四、社交媒体平台的品牌接触点

（一）自控品牌接触点

自控品牌接触点就是品牌主设计的、有目的的、在企业可控范围之内的接触点,传统渠道的自控品牌接触点可以是广告、包装、销售等。在社交媒体中包含了大量的自控品牌接触点。在社交媒体平台上的自控品牌接触点与运营商提供给品牌主展示品牌信息的主要功能密切相关。例如,在微信上的公众号、微信文章图文详情顶部广告位、朋友圈广告等,微博客户端的开启界面、个人首页顶端广告位、热门话题等,都是可供品牌主选择的品牌推广方式,品牌主可在这些关键节点展示品牌信息,形成自控品牌接触点。

（二）他控品牌接触点

他控品牌接触点,就是非品牌主设计的、不可控的。在公司可控范围之外的自发性品牌接触点,它在社交媒体平台上可以是口碑、亲友持有、专家评论等。在社交媒体上主要对应的是评论、分享等功能。用户在品牌主发布的品牌信息下,进行评论,表达自己对品牌的感受、体验等,或是自己撰写品牌相关的信息感受等,在社交媒体上面进行发布。由于社交媒体的公开性,其他用户也可以在这些媒体上看到这些品牌相关信息,逐渐形成品牌印象。由于这些品牌接触点是由用户自主发布信息形成的,因此被称作自发性品牌接触点。以自控型品牌接触点作为品牌信息源,积极互动,创造更多他控品牌接触点。

## 第三节　基于社交媒体平台的整合营销传播策略

### 一、系统规划社交媒体平台整合营销传播策略体系

品牌的运营不是一蹴而就,而是一个系统的循序渐进的过程。基于社交媒体平台的整合营销传播应该有长远的品牌规划和多维度的品牌对接。

（一）制定系统的社交媒体品牌策略

虽然社交媒体在品牌传播方面具有其独特的优势,但品牌传播是一个长期系统的渐进过程。每一个品牌接触点都会形成一定的品牌印象,最终在受众心中形成品牌形象。基于社交媒体的品牌传播只是辅助性的,以社交方式与"粉丝"进行互动并设置长期的互动策略,为受众养成与品牌沟通的习惯,及时发现潜在的消费需求和暴露的问题,积极制定执行策略,对整合营销传播才是至关重要的。

（二）社交媒体与其他平台的品牌接触点结合

第一是品牌内容平台,它可以是品牌官网、微官网等或是其他可靠的内容平台,去展示产品、强化消费者对品牌的认知,并且用传播平台去发出内容,同时也可以是目标

群体或是潜在目标群体在接触品牌信息并且对品牌产生好奇心之后，能够找到关于品牌的可靠内容，以增加他们对品牌的信任感。

第二是整合营销传播平台，移动社交媒体是目前合理的选择。微博或微信是目前受众较多、应用较为广泛的传播平台，除了微信微博还有贴吧、论坛、豆瓣、知乎等移动社交媒体可供选择，只要适合你的品牌定位，该媒体就可以聚集你的目标受众。通过传播平台去交朋友同时推广内容，可以发长文、图片、视频，便于传播平台分享。

第三是销售平台，近年来除了各大电商平台，如淘宝、天猫、京东、苏宁等，也涌现很多新兴的销售平台如网易严选、小红书等。而且现在移动社交媒体也在建立自己的销售平台，如微信的微店。这样就更大限度地促成了用户在移动社交媒体上面接触正面的品牌信息后完成品牌商品的购买行为。

品牌的运营不可能是一蹴而就的，需要用心经营。要根据产品的特性以及营销的内容和受众对平台进行有侧重点的选择，如微博利于图片传播和视频传播，微信更便于图文链接传播。所以，就需要品牌主结合多个平台，管理好各个品牌接触点。

（三）社交媒体与线下体验商业模式的品牌对接

社交媒体中用户基数较大，信息量巨大，消费者碎片化，在社交媒体上用户聚合形成社群，形成不同兴趣爱好为特征的细分市场，有助于整合营销传播。用户转发品牌信息到朋友圈或是微博首页后，品牌信息和用户本来的生活信息交织在一起，形成了更具渗透力的传播效果。

如今的社交媒体都带有LBS定位功能，用户可以与朋友共享地点信息，商家的广告投放也可以根据用户的位置进行精确筛选。社交媒体的支付功能也为线上促销与线下消费结合的互动方式提供了便捷。移动化的产生并不仅仅是终端的改变，更是消费者的整体态度和行为的变化，这必将重构消费者与企业品牌之间的关系。基于移动社交媒体的线上品牌认知与线下的品牌体验和消费也将产生协同作用。以移动社交媒体上的品牌互动作为线上工具，开展线下活动，并与线上形成互动，以增强"粉丝"黏性。

## 二、构建整合营销传播的渠道与内容

（一）传播渠道网络的搭建

基于互联网新环境，整合营销传播的渠道主要有两大类，一类是品牌自己建设的网站、论坛等，另一类是品牌借助已经存在的社交媒体平台。传播渠道网络的搭建与品牌的定位关系密切。

1. 自建渠道

品牌自己建设的网站处于品牌自我展示的旗舰地位，品牌形象、官方信息、产品信息等重要的信息都会在官方网站上有所体现。知名的品牌一般都会精心设计、维护自己的官方网站，使之能够以最佳的状态向品牌受众展示品牌形象、传递品牌信息。

当下的品牌官网一般都有以下几个功能的融合：品牌形象展示、官方活动发起、品牌产品的线上售卖。官网就是品牌展示的窗口，比如宝马品牌中国官网，一点开就是一段气势磅礴、富有冲击力的精致视频；可口可乐中国官网，点开之后，就是一瓶可乐被慢慢注满的下载页面，充满趣味，契合着自己的产品定位。

2. 已有社交媒体渠道

人气社交媒体平台聚集了大量的用户群体，因而成为商家选择社交媒体时的必然选择。不同的社交媒体主推功能不同、定位人群不同，呈现不一样的特点。商家应该结合自身的品牌定位与各平台的特点选择合适的渠道，打造适合自己的社交媒体传播矩阵。商家并不一定需要面面俱到，在每一个平台上都设立自己的账号，而是应该有的放矢，根据产品特征、消费者人群选择适合的平台，根据不同社交媒体的不同特性传播不同特点的信息，将每一个平台打造成整合营销传播的一个基地，而所有平台联合起来形成整合营销传播的矩阵。

新浪微博是品牌进行社交媒体传播矩阵搭建时必然会选择的平台。新浪微博使用人数众多，影响较大，且有大量名人入驻，是进行整合营销传播的优质渠道。微博的特点在于及时性，简短编辑，快速发布，信息精短，便于受众以对话感方式进行交流，用户众多，传播性强，在强调私密性的即时通信软件微信兴起之后，虽其供人分享的性质有所减弱，但媒体特性则在加强，因而联合影响力大的名人进行的品牌传播信息适合在微博上传播，具有较高话题性的相关信息同样适合在广场式的微博上进行传播。

3. 人际传播

自建渠道、已有社交媒体平台构筑了品牌所有者的传播渠道大体框架，渠道的末端是每一个受众个体，他们构成了传播渠道的末端。受众个体不是作为静止的点存在于末端，而是具有传播力的个体，每一个受众个体可以进行人际传播。社交媒体平台化为个人的广泛传播提供了机会，个体受众在一个社交媒体平台上所拥有的"粉丝"数可以是几个，也可以是可观的千万级，传播个体往往是某一领域的专家、名人，其在传播上的意义则相当于是某一领域的意见领袖。在社交媒体平台上产生的人际传播可以持续发生，像接力赛跑一般，我们常见的微博、朋友圈刷屏现象就是最好的佐证。

（二）品牌与受众的交流内容

基于互联网社交媒体的整合营销传播渠道为品牌与受众之间的交流搭建了平台，社交媒体平台的出现让原本距离遥远的商家与受众变得贴近，互动交流变得容易。互联网时代，信息产生快、更新快，造成了信息爆炸的态势，受众每日接触的信息量大大超出了其所能吸收的容量，因而互联网时代的商家需要争取的是受众的注意力。

1. 传播信息与接受反馈

商家需要发布信息，或是活动信息，或是产品发布，如果需要受众的配合，那么让受众知晓信息是必要的。如何让受众知晓呢？互联网的兴起改变了人们对信息的接受习惯，新环境下，把信息送到用户面前让他们看到才是提高效率的做法。微博、微信、社区论坛、QQ等，每一个平台都离我们很近，在品牌搭建的社交媒体渠道体系上发布消息，能够尽可能保证受众接收到商家所传递的内容。

为此，信息发布者需要全面考虑以下问题：我的读者是谁？我如何才能把信息传递给他们？他们的动机是什么？我能帮助他们解决什么问题？什么内容能够吸引他们，同时还能把信息告诉他们？什么内容才能吸引他们购买我的产品？站在受众的角度来组织发布品牌相关信息十分重要。受众需要的实用信息、可能感兴趣的信息是品牌所有者需要予以关注的。

社交媒体平台化同时为受众提供了反馈意见的渠道，互联网双向互动的优势尽显。用户信息反馈、产品建议、售后服务等模块都可通过社交媒体平台来实现，当然这不能只依靠社交媒体平台，商家需要在整个公司运营层面予以支撑才可以较好地实现。

2. 娱乐性内容

受众喜欢社交媒体的重要原因之一是娱乐消遣，所以，品牌与受众的沟通过程中，娱乐性的内容必不可少。所谓娱乐，可被看作一种通过表现自己和他人的喜怒哀乐而使受众者喜悦，并带有一定启发性的活动。

娱乐性内容包括传播内容形式上的娱乐性与传递信息本身的娱乐性。传播内容形式上的娱乐性是指，内容形式能够让用户参与或是让用户觉得有趣、愉悦。微博常见的"转发有奖""@五位好友赢取奖励"等就是娱乐性的形式。以物质奖励鼓励网友参与互动，扩大信息的传播面，此类的信息在小米的微博中十分常见。再比如最近微博上常见的戳开图片，图片上的字立刻跳转，下一页展现一个受众意料之外的内容抑或是高度凝练的内容。除了形式的娱乐性之外，传递信息本质上的娱乐也很重要。例如，可口可乐发布过一系列具有精彩创意的广告视频，在微信朋友圈广为传播，所依靠的就是令人称赞的创意，让受众觉得有趣、愉悦甚至惊叹。

3. 拟人化交流

品牌走入社交媒体平台意味着，原本只是商品服务提供者的企业走入了我们在网络平台上搭建的另一个真实世界。社交媒体平台为品牌提供了品牌形象化、拟人化的良好契机。品牌各自定位不同打造的品牌形象必然不同，但是在各自品牌形象个性之外，还有共性的特质。

社交平台上的品牌拟人化的另一个形象则是陪伴左右的友人。社交媒体平台上需要维持一定的信息发布频度，让用户知道它始终存在，哪怕没有热点内容，就仿佛这是受众生活中的一位朋友始终活跃于某一社交平台上，让受众知道它的存在。这一形象的打造除了固定的信息发布频度之外，从内容上看，也需要平台运营者能够针对品牌与用户之间的关系，发布与其自身定位、产品特性相符合的内容。比如高端汽车品牌的微博发布的消息多与汽车文化、汽车赛事等相关，奔驰官方微博还提到了大热的《速度与激情7》，时尚品牌则是发布时尚讯息、明星红毯秀等内容。

### 三、进行针对不同受众的整合营销传播

构建完备的整合营销传播渠道网络、与受众进行交流时，品牌所有者还需要注意整合营销传播的有效程度，要针对不同的受众群体进行传播。

### （一）维持并增强品牌忠诚度

在构建整合营销传播体系中，选择合适的传播渠道、形成可以互联的矩阵、优化品牌与受众的交流、形成良好的反馈与解决机制都有助于品牌忠诚度的维护。需要强调的是，以品牌体验、品牌社区为主要内容的关系营销是培育品牌忠诚的关键利器。

品牌社区的建设对于维持、增强品牌忠诚度十分有益，因为它满足了消费者的需求，并最终获得消费者与品牌之间的强关系以及忠诚。互联网时代，基于虚拟品牌社区线上、线下活动的开展，有助于受众群体参与度、归属感的提升，能够有效维持受众对于品牌的忠诚度。

苹果公司在世界各地都开设了体验店，其本身就是一个现实中的品牌社区，爱好苹果品牌的受众可以聚集于此，体验店能够为受众提供实际产品的体验，而且体验店里的工作人员全部接受过公司专业培训，可以解答受众的任何疑问，整个体验店的风格、设计化都与品牌、产品的风格相统一。

### （二）提升品牌知名度

提升品牌知名度有两种途径，一种是依靠人际传播的力量，即由传播渠道系统末端的个人向这部分群体传递信息；另一种则是由品牌所有者直接与这部分受众群体沟通，沟通的方式则是要借助热门话题、事件营销。

第一种途径中商家需要关注的是在品牌相关领域十分专业且关注度高、传播能力强的个人，他们实际上扮演了意见领袖的角色，如小米品牌的CEO雷军，其个人在社交平台上也配合公司进行了精心的经营。除了企业重要人士在社交媒体平台上对自己的产品品牌进行推广之外，还有一类是因为其专业性而得到受众的信任，如微博、微信上活跃的美妆、时尚博主，爱美人士会予以关注，因为这类博主在相关领域的专业性，她们推荐的某品牌、某款美妆产品、衣物单品等就会成为信任博主的"粉丝"们搜寻购买的对象。

---

**案例**　　　　　　　　　**小红书助力"老品牌焕新"**

作为中国家喻户晓的啤酒品牌，力波啤酒曾在2016年前后因经营不善面临停产，老厂房也被出售。直至2021年，元气森林收购力波，重建团队进行老品牌焕新。力波啤酒产品经理高琦说，焕新之初，品牌决定做两件事：一是找身边的老上海人了解力波故事，找回属于力波的时代记忆；二是以小红书为观察阵地和灵感获取平台，了解年轻人消费啤酒场景、口味的需求变化以及他们喜欢的事件营销方式。"希望能抓住力波提倡的'奋斗拼搏'文化内核不变，创新产品和营销理念来适应年轻人日益提高的消费需求。"为坚持做全麦芽啤酒，经多次实验、多方验证，品牌还原了老力波啤酒配方，于2022年推出了全新"红力波"啤酒，引发一阵怀旧风，"红力波"被网友笑称为"最舍得放麦芽的啤酒"。

2022卡塔尔世界杯期间，力波准备了一个足球让一位老爷爷拉着在上海大街小巷转,引来许多年轻消费者的围观和合影。"看球喝力波"宣传内核在线上、线下被大量分享。高琦认为,品牌不能是为了曝光量或者是完成转化率而做投放,而是要让用户有感知,知道品牌在为谁发声。

**请思考:** 小红书是如何构建基于社交媒体的整合营销传播内容的?

## 复习讨论题

1. 谈谈排名前三的社交媒体平台的优势。
2. 联系实际阐述社交媒体平台信息传播要素。
3. 联系实际阐述社交媒体平台的整合营销传播特点。
4. 整合营销传播渠道网络的搭建方式有哪些?

# 第十一章 网络直播平台与整合营销传播

> **本章要点：**
> - 网络直播平台的内涵及分类比较
> - 网络直播平台发展的驱动因素
> - 网络直播的整合营销传播价值
> - 网络直播与整合营销传播模式的创新

上一章主要讨论了在社交媒体平台下的整合营销传播，从这一章起将讨论网络直播平台给整合营销传播带来了哪些价值以及哪些模式上的创新。

## 第一节 网络直播平台的内涵及分类比较

### 一、网络直播平台的内涵解析

网络直播是基于当前互联网信息技术，在电脑、手机等设备终端上借助网络将现场的信息以图像、声音、文字、弹幕等形式在本地进行实时呈现的一种信息传播方式。这种形式改变了以往由电视内容制作机构向用户单向传递内容的形式，赋予了用户参与到实时直播中并进行互动的能力，使得传统信息传播形式中的用户由信息的接受者变为参与者，甚至变为内容生产者。

对于网络直播来说，离不开内容生产、用户互动、社交打赏这三项基本功能和特性。基于此，网络直播加深了内容生产者和用户之间的纽带，成了区别于传统电视媒介的信息传播新媒介。首先，主播作为内容生产者，吸引用户进行直播互动，进而二次产出直播内容，形成了吸引观看的内容基础。其次，平台通过新颖的互动形式，吸引用户参与到直播中，最终成为直播内容和效果的一部分。最后，在直播中参与互动的观众会在参与过程中认为自己受到重视，因此会更加倾向于在平台上消费以及打赏主播。

网络直播平台是指以电脑端或者手机端为网络直播平台载体，由网络直播平台经营者、主播和观众三者通过主播与观众之间的多种方式进行实时互动的网络新型平台。相比传统媒体，网络直播平台具有双向沟通的功能，用户在观看的同时能够参与到信息内容的生产和制作过程中,受众拥有了更自由的内容选择空间和参与感,而不再只是信息的接收者。

互联网直播平台是网络直播内容生产和发布的场所,也是资本塑造直播行业网络红人主播的主要场地以此实现利益的产出和交换,因此主播也成了直播平台中的主要交通枢纽。当前人们对互联网产出的娱乐内容越来越关注,因此对于其需求也越来越多。网络直播之所以能够得到人们的喜爱,不仅是因为网络直播这一形式具有创新性,同时也是因为在主播、用户、平台等多方参与下产出的直播内容对于观众来说十分具有吸引力,并且加上平台自身的推广,极大地拓宽了平台用户流量,这也是近年来网络直播行业快速发展的原因。

## 二、网络直播平台的分类比较

在新媒体背景下,短视频营销与直播营销已经成为拉爆流量的两张王牌。其中直播营销更是以其互动性强、展示更直观、购买决策成本更低的优势备受品牌青睐。网络直播平台最为核心的资源是主播与用户之间的纽带关联。通过搭建直播平台与提供对应的技术、指导、引流等服务,为用户提供直播内容服务,最后从用户的礼物消费中进行抽成,获取利润。

目前市面上主流的网络直播平台见表11-1,其中,除了电商属性较强的平台外,抖音、快手这类依靠短视频内容起家的平台也在直播上表现得非常积极。除了带货的需求外,不少品牌也会选择以线上直播的形式宣发新产品。

表11-1 目前主流的网络直播平台概况(2020年4月)

| 平台 | 月活(万) | 平台属性 | 直播形式 | 主推品类 |
| --- | --- | --- | --- | --- |
| 淘宝 | 69 918 | 电商 | 商家、主播带货 | 服装、珠宝、美妆个护 |
| 抖音 | 46 918 | 内容+电商 | 网红主播娱乐+带货 | 女装、美妆、护肤、食品 |
| 快手 | 26 853 | 内容+电商 | 网红主播娱乐+带货 | 食品、美妆、家居日用 |
| 拼多多 | 25 216 | 电商 | 商家店铺带货 | 水果、食品、生活用品 |
| 西瓜 | 14 045 | 内容+电商 | KOL带货 | 水果、食品、服装 |
| 京东 | 8 781 | 电商 | 商家、主播带货 | 日用、家电、数码、食品 |
| 小红书 | 5 354 | 内容+电商 | KOL分享+带货 | 美妆、时尚、生活、美食 |
| 苏宁易购 | 945 | 电商 | 商家店铺带货 | 家电、数码、日用 |
| 蘑菇街 | 243 | 电商 | 商家、主播带货 | 女装、鞋靴、箱包、彩妆 |

而各个网络直播平台的优势、劣势以及品牌的投放策略可参见表11-2。

表 11-2　目前主流网络直播平台的优劣势

| 平台 | 平台属性 | 直播形式 | 主推品类 |
|---|---|---|---|
| 淘宝 | 流量优势得天独厚；占据手淘首页重点位置；直播商品品类丰富 | 流量争夺十分激烈；考验主播能力和内容策划；"粉丝"互动功能单一 | 穿搭和美食类目的直播数据领先，优先考虑满足刚需、短决策和低客单价三大特点的品牌和商家 |
| 抖音 | 达人资源丰富；团队策划能力强 | 用户购物欲望与需求不够明确，需要内容引导 | 作为内容生态社区，不仅适合带货，也适合推广品牌及品宣 |
| 快手 | 盛行"老铁文化"；私域流量强大 | 对于价格优势要求较高 | 直接选择大V合作，坚持爆品原则，结合商家号建设保障引流和销量 |
| 拼多多 | 主打"商品逻辑"；流量为商品服务 | 缺乏完善的"粉丝"体系 | 适合有下沉需求的品牌和商家 |
| 西瓜 | "值点商城"可以打通电商后链路 | 主播和商家尚处于孵化阶段，直播体系尚不完善 | 对于中小品牌，可以作为直播试水的平台 |
| 京东 | 拥有电商基因，注重品牌营销，主打"高品质直播内容" | 尚未有代表性的主播和商家 | 目标受众为男性的品牌可尝试 |
| 小红书 | 用户属性较为垂直，种草能力强 | 缺乏公域流量，带货商品仅限小红书商城商品 | 直播互动＞直播带货，品牌可以在前期先做品宣营销 |
| 苏宁易购 | 明星资源加持，曝光量增加 | 必须开通店铺才能直播，缺乏KOL或达人资源 | 实体经济和虚拟经济结合 |
| 蘑菇街 | 场景化直播，带货能力强大，擅长直播的精细化运营 | 缺乏巨大流量池，用户群体单一，产品种类有限 | 服装、美妆品牌商家可优先考虑 |

## 三、网络直播的属性特性

（一）网络直播的社交属性

网络直播的用户在趣缘、地缘或社群的兴趣点上相互关注，并通过视频直播与明星、主播以及各类陌生人实现面对面的交流。与此同时，各大网络直播平台还能与微博、微信等社交平台进行关联分享，使现实关系在这样的分享中得到虚拟延伸，轻松建立虚拟关系。

人们观看直播大多数是兴趣使然，而社群正是由拥有同样兴趣的人们聚集而成的。这样的兴趣点是五花八门的，喜欢看唱歌跳舞的人会选择秀场直播，喜欢体育的用户更偏向体育直播，而游戏迷们则会锁定游戏类直播，网络直播在提供直播内容的同时满足了人们的社交需求，衍生出各类兴趣社群从而更好地调动起直播使用者和观看者的参与积极性，让直播互动变得更加有趣。

（二）网络直播的低门槛和去中心化属性

网络直播发布门槛的降低大幅度减少了这种"压力"。在网络直播过程中，进行直播和收看直播所需要的工具越来越简单,用户只需配备有摄像功能的智能手机及其移动网络,每个人都可以随时进入直播状态,切换成"主播"的身份去发出自己的声音、表达自己的态度、释放个性。

众多的网络直播软件提供了五花八门的直播场景供用户随时观看,直播的内容非常碎片化,每个直播者都能形成独立的话语中心,个性化的直播内容使主播迅速成为不同兴趣点或者不同话题的意见领袖,强化了"人人即媒体"的传播格局。碎片化的内容和主播带领自己的观看者不断设置新议题的局面使网络直播成了"去中心化"与"再中心化"的交点,意见领袖构建的新的话语权力体系,让网红经济、社会化专业自媒体成为最新风口。

(三)网络直播的实时性

泛生活类直播平台的诞生,进一步展现了直播的核心价值:陪伴和共享,这也正是当前网络直播的主流形态。技术的便利、操作的简单使人们随时随地都能把正在经历的事件现场通过网络直播平台对外发布并与观看的网民展开实时互动。"实时"是网络直播的第一要素,在时间和空间上都将直播者与观众之间的距离感压缩到最小,直播的各个环节都让用户产生不可预料的新鲜感和身临其境感,从而有更加强烈的参与欲望;而主播在直播过程中使用的丰富的传播元素,包括图像、声音、文字等语言与非语言符号,都使观众的情绪受画面上特定现场和气氛的影响比其他传播形式更为强烈。

信息在多级传播的过程中必然会有所损耗,"人们在接受信息传播的过程中,信息转述层次越多,信息损耗或变形越严重,可信性越差;反之传播层次越少,可信度也就越高"。网络直播的实时性使信息的传播省略了转述的过程,因而极大地减少了"信息损耗",增强了信息的可信度。

(四)网络直播的互动性和不确定性

网络直播拥有实时互动的天然优势。不但主播和观众之间可以进行"一对多"实时互动,观众和观众之间也能同步开展互动,这一过程让更多观众参与到直播中,带来了更强烈的身临其境感。而网络直播平台本身的社交属性,又使被相同兴趣驱使聚集在一起的人们互动更加频繁。随着网络直播与 VR 和 AR 等全新技术的结合,直播的过程将更具沉浸感与参与感。区别于传统电视媒体的直播,网络直播没有现成的脚本,直播内容的发展无法预料。尤其户外活动和生活场景类直播的出现,将大大满足观众的猎奇心理。但也正是因为网络直播内容实时发布的不可预料,导致此领域充满了不确定性,增加了监管的难度。

## 第二节 网络直播平台的发展历程与驱动因素

一、网络直播平台的发展历程

我国网络直播平台的发展历程共经历了四个阶段,分别是直播 1.0 时代的秀场直播、直播 2.0 时代的游戏直播、直播 3.0 时代的泛娱乐直播和直播 4.0 时代的 VR 直播。

(一) 直播 1.0 时代——秀场直播

网络直播的萌芽最早可追溯到 2005 年,在韩国网络视频聊天模式火热的影响之下,国内视频直播鼻祖傅政军,首次创立了 9158 视频交友社区。其运营模式主要是通过用户进入直播间,通过付费行为来观看主播表演,被视为"秀场直播"的萌芽阶段。

经过网络信息技术的发展,直播业务也进行了调整,以 YY 语音为代表的网络直播平台的出现标志着直播 1.0 时代的诞生。主播通过电脑客户端的方式,在线进行内容生产和创造,直播形式多样,以唱歌、跳舞或表演为主。随着直播业务的更迭,2010 年以六间房为代表的视频网站通过签约主播的方式,依靠主播在直播过程中获得打赏的方式来获益,直播的商业模式趋于成熟。

(二) 直播 2.0 时代——游戏直播

在电子竞技的刺激下逐渐催生出游戏直播的需求。2008 年,《魔兽世界》进入中国游戏市场,广大中国玩家热情参与到该游戏中。由于该游戏进程中的副本系统需要多人联合在线配合,语音沟通成为玩游戏时必不可缺的一项,YY 语音在这种需求背景下应运而生。相比 QQ 语音程序,YY 语音更具有通话稳定、语音质量清晰的特点,因此受到广大游戏玩家的喜爱。此时 YY 语音迅速抢占游戏通话语音市场的空白,积累了广大用户。2009 年,YY 语音顺应直播潮流转型为 YY 直播,直播 2.0 时代开启。此后,各大游戏直播平台如雨后春笋般发展起来,广大游戏玩家开始驻扎游戏直播平台,游戏直播平台成为玩家的聚集地。

(三) 直播 3.0 时代——泛娱乐移动直播

随着 4G 技术的普及和应用,2015 年国内用户兴起移动直播的浪潮。移动直播是指用户随时随地在线直播,相比直播 2.0 时代以电脑为传播渠道的直播风格,泛娱乐移动直播引爆了国内的直播市场,随时随地直播,无须受到场景和直播主体的限制,移动直播深刻改变了直播的格局及玩法。移动直播模式大大刺激了直播市场,以映客、花椒、抖音为代表的移动直播平台纷纷上线抢占直播市场,并迅速把握住了年轻用户的需求。直播 3.0 时代不再受到场景、网络技术以及传播主体的限制,真正把握年轻人的内心需求,驱使直播走向泛娱乐直播时代,任何人在任何时候、任何地点都能够直播,打开了直播领域的蓝海市场。

(四) 直播 4.0 时代——VR 场景直播

VR 场景直播是指利用 VR 视频技术,以手机、电脑为终端,以直播受众为传输对象进行在线直播,带给受众全景式和沉浸式的直播体验。VR 场景直播技术能够为受众带来身临其境的直播体验,如在现场感受直播内容的一切。

Marshall McLuhan 说过"媒介即人的延伸",VR 直播技术更是人们视听觉和感官的延伸,有力地提升了直播的质量和水准,并且为运营商带来巨大的商业流量价值。但由于现阶段 VR 技术的使用场景受到局限,技术不够完善,产品不够成熟且开发成本较高,受众的个人观看使用成本相对其他直播模式较高,因此目前 VR 场景直播仍然处于蓝海阶段,值得我们期待。

### 二、网络直播快速发展的驱动因素

截至 2021 年 12 月,我国网民整体规模达到 10.32 亿,互联网用户普及率达 73%。其中网络直播用户 7.03 亿人,占网民总体的 68.2%。具体来看,电商直播用户为 4.64 亿,占网民整体的 44.9%;游戏直播用户为 3.02 亿,占网民整体的 29.2%;真人秀直播用户为 1.94 亿,占网民整体的 18.8%。以电商直播、游戏直播、真人秀直播为主的网络直播行业发展势头强劲。经过分析,推动网络直播快速发展的因素主要有以下几点:

(1)用户的新需求得到满足。需求会对生产发展和社会进步产生驱动作用,而用户对于直播的需求则源于社会的发展。随着互联网技术的发展,社交成了人们使用互联网的目的之一,通过使用互联网工具能够大大缩减人与人之间信息传递的时间和成本,以此来满足人的社会化需求。相较于微信、QQ 等通信工具,在直播中用户还可以通过发送弹幕、留言、礼物等形式与主播进行互动,甚至还可以与主播进行互动游戏,大大拓宽了用户参与的途径。网络直播内容多样的种类,能够满足用户的社交需求和心理需求,在一定程度上更加刺激了用户的消费欲望。

(2)商业资本助推了网络直播的发展。网络直播行业的快速发展起源于对用户需求的准确把握,但其快速发展的背后也离不开商业资本的助推。在直播平台成立之时,商业资本就开始关注一些代表性的直播平台,如斗鱼、虎牙、映客、花椒等,但是这一时期市场对刚出现的新事物也往往呈现观望态度。2016 年以后,网络直播平台的商业模式逐渐成形,大量资本进驻。这场资本的盛宴给网络直播也带来了不良的影响,主要表现在一些平台过于注重盈利而导致自身在发展过程中出现了内容结构失衡的情况,长此以往并不利于网络直播的良性发展。但是也不能否认商业资本助推了网络直播的发展,全民直播时代因此来临。

(3)信息技术进步降低了行业门槛。随着移动互联网技术(5G)、Wi-Fi 热点、智能手机终端等技术的不断发展,网络直播发展的技术门槛大大降低,网络直播进入"随时播、随时看"的移动互联网直播时代。对于主播而言,只需要一台手机或者电脑就可以随时随地进行直播,产出直播内容。对于用户而言,只需拥有一部手机就可以实时观看网络直播,参与在线互动。随着信息技术的进步,主播和用户可以借助网络直播平台随时随地进行直播内容的产出和互动,不仅方便了直播内容的调整,也给用户带来了前所未有的参与感。

(4)"平民化"提高了直播在普通用户群体中的地位。在传统媒介中,以电视为代表的专业媒体向社会大众传递信息时,社会精英群体往往占据绝对的话语权,社会大众只能够被动地去接受这些信息内容。网络直播之所以受到普通大众的广泛追捧,其原因也在于网络直播作为"自媒体"渠道,消解了以往传统媒体占据绝对话语权的特殊地位,使得广大用户在参与媒体信息传播的过程中也成了内容的创造者。网络信息技术和社会的进步在一定程度上拉平了以往社会精英和普通大众在信息传递过程中的传播能力,普通用户也能够借助网络选择更加灵活、自由且成本更低的表达方式,在这个过程中传播媒体由"精英化"转向"平民化"。

## 第三节 基于网络直播平台的整合营销传播

### 一、网络直播的整合营销传播价值

网络直播这种全新的媒介形态蕴含着勃勃生机,作为数字时代品牌营销传播的新型手段,网络直播具有明显的社交属性。在使用网络直播进行品牌营销传播的过程中,品牌与受众互动频繁,不仅能够整合多种营销渠道,还能实现精准化传播。总的来说,网络直播给营销者开展品牌营销传播带来的价值包括以下几个方面。

(一) 网络直播的广告价值

与传统媒体的广告投放相比较,网络直播显然更加经济且制作成本更低。网络直播平台在与企业品牌合作时不按时长收费的模式,有着成本低廉和部署便捷的优势。网络直播是一种新型的整合营销传播渠道,它以音视频、图片、文字等丰富的综合性元素为载体,将企业产品形象、品牌文化、品牌服务等需要向消费者传递的内容进行整合传播。对于消费者而言,他们在直播的过程中看到的是真实的、感觉未经包装的企业产品及服务;对于企业而言,他们在直播过程中实现与用户的实时互动,有助于为品牌建立更好的口碑,提升用户对品牌的黏性和忠诚度,更好地实现其营销目标。而这整个传播过程完成后,企业不仅能实现品牌信息的传播,同时还能获得"粉丝"沉淀和销量转化的附加价值。

(二) 网络直播的沟通价值

客户是企业最重要的资产,与目标消费者的沟通是否顺畅是决定企业能否获得客户及保留客户的关键所在。网络直播的出现,恰好为企业与消费者的实时沟通带来了一种全新的渠道,它不再是一种企业对传播内容经过多重选择后再推送给消费者的单向信息传播手段,而是让品牌与消费者直接进行信息双向互动的全新模式。这样的传播提升了沟通效率,其传播内容的产生也具有很强的开放性。更进一步来说,企业在进行网络直播的同时,对直播用户可以进行实时沟通,能够快速地了解用户对公司产品或服务产生的质疑或询问信息,并直接在网络直播中予以及时回应。这样不但可以迅速地完成客户服务的流程,也可通过及时为客户解决问题有效地控制住企业负面信息的扩散,提升了企业与消费者沟通的效率。

(三) 网络直播的公关价值

网络直播自身所具有的低门槛、实时性和不确定性等特点为企业开辟了新的网络公关阵地。消费者看多了精心包装的宣传内容往往容易产生审美疲劳,然而那些未经修饰的企业日常、幕后花絮等很少能在传统媒体上进行展示的内容反而更容易引起消费者的关注。网络直播操作的便利性和成本可控性可以让企业从各种角度、多个方面向消费者展示企业、展示品牌。国内知名企业万达集团入驻网络直播平台所进行的常态化直播就是很直接的案例。在入驻网络直播平台后开展的一系列直播中,万达集团不仅仅发布了企业的一系列整合营销传播战略,而且为了向网友全方位展示其企业文化,万达还对员工食堂、宿舍等企业日常进行了直播,成功吸引了众多网友的观看,提升了万达集团品牌美誉度。

(四)网络直播的转化价值

网络直播的优质内容不仅吸引流量,也可以通过构建沉浸式的实时互动场景引导消费者进行即时消费,给企业、商品带来了直接变现的渠道。企业在进行网络直播的过程中,能够一步到位地实现获得"粉丝"、留下"粉丝"并与"粉丝"展开互动的一系列动作,并可以基于直播中获取的客户资源开展二次甚至多次营销。网络直播中,企业与客户展开实时互动,并辅以产品销售跳转链接,这就将整个在线直播的现场打造成了一个有产品展示、有销售客服、有客户体验的虚拟销售场景,产品直播和在线销售可以同步进行,或者通过在直播中开展促销活动将观众导流到产品销售的电商平台进行购买,从而把关注直播的观众直接转化为购买产品的客户,让企业的产品或者服务价值在网络的虚拟销售场景中得以顺利实现。所以对于品牌而言,网络直播营销不但能显著降低营销成本,还能快速获得并留下客户,更能实现销售转化和整合营销传播的附加价值。这也正是目前越来越多企业将网络直播作为其整合营销传播的重要手段的直接原因。

## 二、网络直播与整合营销传播模式创新

(一)网络直播与整合营销传播思维重塑

1. 找准自身定位,明确整合营销传播目标

网络直播具有广泛的受众范围,对于传播目标具有一定的拓展和延伸作用。用户的范围既覆盖了低价扫货的消费者、品牌的忠实使用者,也包括那些受流量吸引而新进入直播间的围观者。品牌方通过网络直播这一收获流量的方式,可在短时间内最大范围地吸引目标受众,且有机会使其成为品牌的私域流量。因此,表面上看,网络直播的最大优势在于营销传播效率,实际上,其对于新生产品的品牌市场确立有着深远的影响。品牌应当依据自身的定位,充分发挥网络直播的流量优势,因地制宜地制订网络直播方案,从而实现传播效能的最大化。

2. 充分激发场景化活力,重塑"网络直播"的场域

网络直播的场景化既可以营造成卖场氛围,也可以通过产品的重新组合,重塑产品的使用场景,保障品牌在网络直播中保留一定的品牌特性。比如,在白酒品牌泸州老窖的网络直播营销活动中,往往很少单一地进行品牌自身的直播行为,通常会借助其他的品牌形象,使得酒品营销更具生活化,削弱网络直播的营销性质。2020年6月23日,泸州老窖选择在淘宝平台和杭州知味观直播连麦互动,通过知味观产品粽子的嵌入,将酒品直接嵌入到生活场景中,不仅促进了短时间的营销,更植入了品牌的使用场景。因此,品牌方应当跳出原有的"场景化"设计框架,依据自身需求,重新打造适合自身品牌

气质的网络直播场域。

3. 构建网络直播矩阵,深化品牌的传播价值

面对用户的分众化和需求的差异化,单一的网络直播内容已经无法满足当前新的消费环境变化。为了实现品牌的长效发展,使其具有较长的生命周期,要将品牌的核心价值与不同的消费文化进行有效融合,生产出能够满足不同消费群体文化特征的整合营销传播内容,针对不同的对象和需求,构建符合品牌长效发展的网络直播矩阵。一方面,品牌方可以通过线上、线下所有渠道的流量,将网络直播作为流量变现的工具;另一方面,可以借助组合营销手段,发挥直播媒介内容可塑性强的特征,用"内容+直播+营销"的形式,以显性的强IP项目、隐性的知识传播方式,充分挖掘品牌价值。总之,品牌应当依据不同的传播目标,充分调研不同网络直播形式的特征和适配的直播产品,构建网络直播矩阵,全方位激活网络直播势能。

4. 搭建舆情监控系统,统筹网络直播方案

"即时互动"作为网络直播互动机制的重要组成部分,可以通过实时互动,了解消费者的实质需求,并依此制订产品生产方案,但与此同时,也对整合营销传播团队提出了实时舆情管理的挑战。为此,品牌方应当从机构设置、策划团队、舆情评估系统等方面全方位地制订网络直播方案。首先,品牌方应当强化整合营销在整体品牌传播中的作用,并独立设置整合营销传播管理机构,负责统一制订整体的网络直播方案,避免不同经销商带来价格不同、品牌传播目标不同的网络直播活动。其次,直播策划团队不仅要对直播产品负责,更要提前从舆情角度对直播内容进行把关,对可能出现的舆情事件进行提前设计预案。最后,搭建舆情评估系统,通过算法的形式,对每一场的直播活动进行舆情监测,实现直播效果的可追踪、可评估,从而最大限度地避免直播带来的舆论风险。

(二) 网络直播与整合营销传播策略重构

1. 认知层面:流量汇聚增加品牌可见性

在品牌构建方面,网络直播突破了传统电商低价吸引流量这一单一维度,而是以"多元渠道合力吸引流量—舆论热度—'粉丝'围观—二度刺激流量"的模式,推动传统电商进行营销模式升级。事实上,网络直播的流量来自线下门店、线上社群、带货主播等多元渠道,是将原有分散购物的用户进行流量汇聚的重要途径。当流量聚集到一定程度,直播间将不断涌入围观"粉丝",通过评论参与互动,形成新的媒介景观,推动网络直播再一次达到舆论峰值,为提高品牌可见性提供了巨大的机遇。

此外,品牌构建具有多重性的特征,其影响因素不仅在于价格,也存在于品牌先进性与优异性的建构。而网络直播依托直播平台的媒介优势,依据产品特色和需要,构建场景化现场,搭建"云逛街"的氛围,颠覆用户原有的目标购物模式,为用户创造新的需求,构建品牌独特的价值。进一步而言,不同品牌处于不同的生命周期阶段,对于整合营销传播的诉求不一致。对导入期、知晓期的品牌,品牌在市场中的认知程度不足,急需通过直面市场的网络直播这一模式建立品牌的独特内涵,甚至构筑认同感和依赖感。

而网络直播短时间汇集众多流量的内在特点,有助于快速提升讨论度,增加新生品牌的可见性。

2. 内容层面:多元营销手段促进品牌"实心化"

在内容层面上,网络直播同时汇聚了互动营销、场景营销、计算营销等多元营销手法,消除了品牌营销过程中前后台的信息差异,进一步促进品牌"实心化",增强品牌在多元市场背景下的辨识度。

首先,为树立品牌个性,品牌方需要回归精准的品牌产品知识的建构,并借助新产品的开发和宣传巩固品牌文化建立的根基。值得注意的是,整合营销传播中的产品宣传不仅包含产品的物理特征,更涵盖了产品的生产工艺、制造、做工、技术、来源地等产品一线的生产过程。而网络直播恰好提供了一个充分展示产品功能的渠道。在网络直播前,主播在选品时会参考"粉丝"的偏好或建议,对上架内容进行调整。在直播过程中,一方面主播通过场景化设计,营造用户线下使用产品的氛围,有的主播甚至直接将直播间设在生产车间,这有利于全面展示产品的生产过程,打破信息不对称的屏障;另一方面主播通过"粉丝"弹幕的反馈,对品牌进行补充讲解。在场景和互动的双轮驱动下,网络直播对品牌多环节的嵌入传播,可在用户心中逐步塑造品牌的独特性。

其次,在网络直播的全过程中,算法还将以"非接入的方式"对观看直播的用户、购买产品的用户进行个人基本信息(LBS 地址等)、行为数据采集,从而进一步精确地识别消费者群体及他们的需求,并反向指导产品开发与生产,缩短信息回流的时间成本,促进品效合一。这一方面意味着产品生产结构中流通环节被压缩,另一方面更标志着品牌传播的效果评估不再无迹可寻,品牌方可以通过网络直播链接多方资源,在短时间内动态监测目标消费者的用户画像和消费需求变化,从而将一度务虚的品牌传播变为可预测、可测算的媒体传播工具,大幅提高了营销的精准性和资源配置效率。因此,在多元营销手法的赋能下,网络直播将在一定程度上破除品牌传播与营销传播的边界,在实现品牌差异化传播的同时,也提高了营销效率。

3. 价值层面:价值共生共创拓展品牌文化

在价值层面上,伴随社会化媒体时代的传播模式从"一对多"向"多对多"转变,品牌的内涵也不再局限于原有的"宣传与劝服"框架,由品牌方单一创作经典性价值符号,而是在消费者群体中不断流转、丰富,最终形成更加深入的品牌内涵。在网络直播中,品牌方可通过消费者内容生产与数据挖掘相结合的方式,将消费者的身份与需求的数据一一对应,进行符号的垂直细分,最终实现品牌价值的共创。尤其在当前的"粉丝"文化时代,社会认同和情感认同是品牌价值的核心,品牌方可以借助网络直播培育品牌"粉丝",强化用户与品牌之间的互动,让用户在对品牌价值进行延伸的过程中不断形成自我和超自我认同,进而巩固用户的忠诚度。这背后的本质是在网络直播开放性的网络结构下,用户作为平等的节点被赋予内容生产的权力,打破传统的传播路径,并依据新的影响力衡量标准,如"粉丝"数、用户观看量等重塑传播结构。总之,品牌方应当重视网络直播这一共创品牌价值的机会,主动挖掘用于整合营销传播的网络直播形式,创新性地调动用户的积极性，不断拓展用户"原生广告"的可能性。

### 三、基于网络直播的整合营销传播流程设计

（1）第一步：瞄准自身定位，明确直播属性。

品牌想要开展网络直播，首先需要根据自身的属性确定直播形式。不同的直播平台，对应着不同的用户群体。同理，不同的品牌，对于直播的诉求也不尽相同。除了常规的直播带货形式之外，网络直播也可以带品牌。

直播带货对于很多品牌和商家来说，是正处于上升期的出货方式。在直播间的互动氛围下，购买的群体效应更容易被激发，从而能够极大地提高销量。毫无疑问，它是值得尝试的，如果品牌确定了自己的卖货需求，就可以从平台属性、消费者画像等维度来选择直播的渠道。

直播带货的成功案例不胜枚举，然而是不是所有品牌都适合带货呢？答案是否定的。相比带货，直播对于一些品牌而言，更像是一片崭新诱人的品宣蓝海。

以特斯拉为例，从2020年1月份开始，就开展了线上直播营销。当然，特斯拉直播的目的并不是为了带货，动辄几十万的"天价"既不符合直播带货的"低单价"特点，也不满足"高折扣"的要求，它是为了让不了解特斯拉的人通过观看直播的方式，了解各项"黑科技"功能，再加上直播特有的高反馈互动性，能够打通消费者与品牌之间的桥梁，给消费者带来全新的"种草"体验。通过直播提升品牌和新品影响力，加深品牌在消费者心目中的印象，进而促进未来购买行为。这种方式更加适合在以内容为导向的平台开展，如抖音直播。

总结来说，无论是带货，还是带品牌，一定要紧紧围绕品牌的属性以及产品的特征。服装以及快消品类主打带货需求，无法在线上进行消费的品类（如房地产、汽车等）则可以把重点放在品牌形象建设及功能优势宣传上。

（2）第二步：锁定目标人群，实现平台聚焦。

在确定了直播的形式之后，接下来需要敲定的就是直播的平台了。因为近年来疫情的原因，很多企业纷纷减少广告营销预算，那么在有限的预算里，如何才能让直播营销的效果更加稳、准、狠呢？不妨试试平台聚焦的思路。

平台聚焦，即根据品牌特性，针对性地挑选一个平台进行深度合作。在实现平台聚焦之前，首先要确定平台的用户人群与品牌锁定的目标人群重叠概率有多高，尽可能挑选重合度高的平台。除了减少试错成本之外，这样做不仅运营起来更加省心，还可以借助品牌优势与平台方强强联合，获得流量或者其他方面资源的扶持。

比如LV选择了小红书。LV在小红书长达一小时的直播，观看人数达1.5万人。众所周知，小红书是各路网红的"打卡地"，用户主要分布在一、二线城市，购买力普遍很强。而LV作为一线奢侈品牌，针对的目标受众正是这些热衷于"种草""剁手"的高消费力人群，而且它也是第一个在小红书开通官方账号的奢侈品品牌，所以其第一场直播顺理成章地选择了这里。尽管整场直播的观感以及数据被很多人吐槽"翻车"，但是对于品牌而言，不会只以这一场直播论输赢，而是放长线钓大鱼，利用直播的内容形式，实

现最终的品效合一。

以上总结来看,在预算投入有限的时候,品牌可以优先选择与自身目标用户重合度较高的直播平台,进行聚焦投放,一方面可以节省成本简化操作,另一方面有机会获得平台的资源扶持。

(3)第三步:强化直播策划,铺设引流互动。

如果说上面两步操作已经造好了直播的大船,那么接下来这一步就相当于给大船备上充足的粮食和弹药,准备起航。策划主要体现在主播筛选和直播脚本上,一场好看的直播,首先需要一个与品牌调性相符的主播,该主播既需要具备相关的专业知识,也需要具备有趣的表达能力。其次就是直播脚本的策划了,一般来讲,能够突出"轻综艺""强互动"这两大特性的策划脚本,实际效果往往不会太差,因为它同时满足了趣味性与互动性的要求,能够保证直播间的基本氛围。比如主播连麦的形式,可以几个主播互相娱乐、唱歌或者玩游戏,这一玩法可以显著提升直播间的活跃度,有利于直播间优先呈现。

设置礼物互动也是一种非常有效的形式,通过定时定量的福利刺激,可以拉高人均观看时长,同样也可以起到活跃气氛的作用。除此之外,直播运营也是很重要的一环,主要涉及预热、引流及传播。开播之前通过微信、网站、媒体报道、朋友圈、群聊等多种渠道积极引流,借助营销物料的传播,能够达到直播预热的效果。

### 案例 扶贫攻坚,直播助力农村新发展

2020年8月20日,拉萨市人民政府主办,由拉萨市脱贫攻坚指挥部、拉萨市扶贫开发办公室、拼多多承办的"净土拉萨,高原优品"消费扶贫直播节在拉萨正式启动。启动仪式上,拉萨市副市长扎西白珍和拼多多副总裁狄拉克分别代表拉萨市政府与拼多多签订消费扶贫战略框架协议。主播由来自拉萨市相关县区、市扶贫办、市旅游局、经济开发区等部门的12位领导组成,这场直播持续了14个小时,成交额环比增长890%,带动当地牦牛肉、藜麦在平台的搜索量环比增长826%、753%。直播带货成功为"助农扶贫"发力。

受特殊情况影响,各地不同程度地出现了部分农产品滞销的情况,根据商务部大数据监测显示,仅仅在2020年一季度,就有100多位县长、市长走进直播间为当地产品"代言",成功拉动了当地农产品等特色产品的销量。"直播带货"这样的销售模式成功连接起了城市消费者和贫困地区的农户,实现了产销对路,不仅让滞销的农产品流通起来,也有助于推动农民增收致富、县域形象提升。直播平台作为一种受众获取信息的崭新方式,为我国打赢脱贫攻坚战,实现全面建成小康社会的目标提供了有利条件。直播平台拥有受众优势、渠道优势、流量优势和成本优势等,利用直播平台开展直播助农、直播脱贫等,可为农村提供农产品交易窗口,为贫困地区带来流量与销路,实现良好经济与社会效益,为打赢脱贫攻坚战提供了有益助力。

## 复习讨论题

1. 网络直播快速发展的驱动因素有哪些?
2. 联系实际阐述主流网络直播平台的优势、劣势。
3. 联系实际说明网络直播给营销者开展整合营销传播模式带来价值的主要体现。
4. 网络直播给整合营销传播模式带来了哪些方面的创新?

# 第四篇 管 理

# 第十二章　新媒体背景下整合营销传播战略管理

**本章要点：**
- 整合营销传播战略管理体系的构成要素
- 新媒体背景下整合营销传播战略的转变与升级
- 新媒体环境下整合营销传播战略的设计与实施

新媒体不是传统媒体的延伸，新媒体整合营销传播也不是传统营销传播平移到新媒体这一平台。随着创意经济和体验式经济正逐渐成为潮流和趋势，企业必须重视新媒体背景下整合营销传播战略管理，并实现转型升级。

## 第一节　整合营销传播战略管理体系构成要素

与传统的营销传播相比，整合营销传播更加侧重于通过完善的战略管理体系来实现它的目标。因为现在所处的环境非常看中战略管理方案，所以工作的价值都需要有一份周密详尽的计划来体现，于是各种形式的计划方案通常被看作是未来工作的执行蓝本。所以，整合营销传播也需要有一份书面形式的战略管理方案。大体上，一个整合营销传播战略管理体系应该包含以下内容：
- 目标受众（市场细分）；
- 传播目标（AIDA 模型中的认知、兴趣、欲望、行动模式）；
- 传播战略（信息设计与信息表现）；
- 传播手段与工具的选择；
- 传播预算（零基规划）；
- 传播方案执行（实施时间与地点）；
- 传播方案执行的效果评估（传播本身效果和销售效果）。

不论这个方案形式如何，它都必须包含目标、战略和战术三个基本要素，必须阐述什么时候运用什么营销传播战略职能和媒体手段,并且将其运用到怎样的一种程度。

## 一、目标受众

营销传播战略方案最先关注的是需要达成的目标以及达成这个目标所需的基本途径。因此,首先要进行市场细分。细分市场所做的工作主要是识别和判断市场,它将目标集中化,注重从个别群体中寻找差异,从而使目标市场的确立更加简捷,更具有深入发展的价值。在营销传播的战略过程中,在细分市场阶段主要集中于对消费群体和市场结构的确认上,在目标市场阶段则转向为产品乃至于营销传播所确立的针对性目标群体。进行市场分析需要运用一系列数据,对消费者需求和购买行为进行研究,寻找相应的细分市场,从中发现市场机会。而公司最终确定的,并准备进入的那个细分市场或者是细分市场组合被称为目标市场。所以探讨目标市场也就是探讨如何寻找市场机会。

整合营销传播的关键是要了解顾客,所以市场细分应该从识别和描述现有顾客开始。这里有三个基本原则需要注意:第一,把产品卖给现有客户比卖给新客户成本更低;第二,一部分客户比其他客户更加有利可图;第三,一个品牌的高获利性客户的共性可以被用来指导发现新的客户。因此,在细分市场过程中,我们需要注意平衡开发新客户和维持老客户之间的关系,也就是说要寻找到一个有利的目标市场。整合营销传播是否成功的关键就在于有没有准确找到一个恰当的目标市场。我们做市场细分就是为了要找到一个合适的目标市场,然后再在这个基础上实施各种定位战略,进而确定整合营销传播的方向。在市场细分过程中,我们可能会发现很多机会,并且很多细分市场看上去都有利可图,所以需要对这些细分市场进行选择和评价,来最终确定我们的细分市场。在评价细分市场时,重要的是要评价各个细分市场的盈利潜力和销售预测,即需要进行"市场规模测量",进一步,我们需要考虑这个市场是否容易渗透。

## 二、传播目标

确立传播目标就是为了保证整合营销信息对目标市场传达的有效性。由于整合营销传播的目的在于建立和管理品牌关系,它的目标可以分为两种,即传播目标和行为目标。通常来说,营销传播对其中一个或两个方面都会产生积极的作用,首先,它对传播效果有显著作用,比如,宣传可信性的增强以及品牌地位的巩固或改变;其次,在行动效果方面表现为试用产品、销售和信息索取量的增加。我们在策划整合营销传播战略时需要认识到这两类目标的必要性,因为不论是现有顾客还是潜在顾客都不可能如战略策划者所设想的那样采取行动,而他们的行为准则是行动的方向有利于自己。

基于传播目标,一系列的消费者认知步骤和不同的品牌决策过程模型都可以用来设定传播效果。比如 AIDA 模型中的认知、兴趣、欲望、行动这一模式,就表现了整合营销传播过程中不同阶段的目标界定,其中最后一个步骤"行动"就是一个典型的行为目标。通常,在整合营销传播过程中,我们得到来自目标市场的反馈是,我们的目标顾客在各个阶段所受到的影响会越来越小,也就是说达成行为目标要比达成传播目标相对困难。这是因为,让目标市场知道一个品牌比说服目标顾客购买或者采取其他行动要容易很多。整合营销传播的预期影响度会因为产品类别和品牌信息强度的不同在最后呈现不同的效果。

当然,对一个公司而言,购买和重复购买是对消费者行为的最大期望,因此我们在设定整合营销传播目标时需要统一传播目标与行为目标,比如说,可以鼓励潜在的消费者来索取产品信息,参观产品展览,试用产品等。上述都是整合营销传播策略所关注的重点,在利用大众传播手段之外还使用各种互动传播形式的做法就是对这种要求所做出的反应。

### 三、传播战略

在传播目标确定之后,进一步的工作就是提出好的创意构思以解决关键问题,这时候需要进行信息设计。而好的创意构思是信息战略中的核心所在,它为所有传播工作提供了一个聚焦点,也为信息设计和信息传递指出了方向,这个创意构思最终必须在所有的执行过程中有所体现。品牌信息中的战略一致性,要体现在各种与品牌信息相匹配的信息细节之中。

信息传播者设计制定有效的信息,在最理想状态下,信息应能引起注意,提起兴趣,唤起欲望,导致行动,即 AIDA 模式。通常来说,制定信息需要解决四个问题:说什么(信息内容),如何合乎逻辑地叙述(信息结构),以什么符号进行叙述(信息格式),谁来说(信息源)。

第一,信息内容。信息内容是信息传播者要决定对目标受众说什么,以期产生所希望的反应,挑战是使创意能够引起特定目标群体注意。在决策最佳信息内容时,管理者要寻找诉求、主题、构思或独特的推销主题。第二,信息结构。理论上,信息的有效性取决于所传播信息的结构,关于信息结构存在一些论点,比如最好的广告是提出问题,但一个过分明确的结论往往会限制对此产品的接受度,一般认为单面展示产品的优点比同时暴露产品弱点的双面分析更有效。第三,信息形式。信息传播者必须为信息设计具有吸引力的形式,在印刷广告中,信息传播者将决定标题、文稿、插图和颜色。如果信息是通过电视或人员传播的,所有这些因素加上体态语言(非言语表达),都要加以设计,展示者还须注意自身的面部表情、举止、服装、姿势和发型。如果信息由产品或它的外包装传播,信息传播者还必须注意颜色、质地、气味、尺寸和外形。第四,信息源。信息传播者知识的专业性、信息源所具有的客观性和诚实性以及信息源对观众的吸引力都会影响信息源的可信度。

### 四、传播手段与工具的选择

媒体是信息战略的承载和支撑,在某种意义上它和信息战略相互依赖,在开发信息战略的同时也在开发媒体战略。对于目标市场的信息送达而言,媒体组合的基本原则就是确定以最低成本传递品牌信息,使信息影响最大化并努力产生积极的效果。整合营销传播中的媒体考虑并不是简单的大众媒体,很大意义上它指的是多种形式的顾客接触通道。

因为不同的营销传播工具有不同的传播侧重和独到的说服强项，所以大多数营销传播计划都选择运用多种营销传播工具，而这就是我们选择营销传播组合的原因。我们需要认真了解每种营销传播功能在哪一方面具有独特的优势，这样就能判断出为了经济有效地达成目标需要选择哪种营销传播工具。以一家专营店为例，它的目标顾客为高消费群体，在经营中发现广告或者降价促销不是最有效的形式，而不断与老客户保持沟通才最有效，因此在选择营销传播工具组合时就可以舍弃一般形式的广告甚至是大规模的促销，正确的做法是为这部分老顾客建立个人档案并定期向他们发送营销信息，并根据他们消费情况给予一定的折扣。这种做法让老客户感受到了关怀，进而维护了和老客户的关系，新客户也会因为老客户的宣传而加入。

### 五、传播预算

在很大意义上说，整合营销传播的操作实施是一项系统性的战术管理，它涉及许多方面的操作细节问题，我们主要从有关整个实施计划的预算、方案执行和绩效评估几个方面分析。第一点就是传播预算，它包括整合营销传播的资源分配。整合营销传播计划需要资金的支持，由于不可能永远有足够大的充分的预算来保证完成所要做的每一件事，因此好的营销传播计划人员要根据分析合理地分配资源，并将其用到最需要处理或者利用的事情上来。

这里的传播预算就是营销和营销传播在一个确定的时间段里，被分配运用的确定数量的资金。而这些资金属于公司总预算之内，营销传播部门和其他部门开展竞争才能获得这些预算，即使这些预算进入营销传播中，还面临其内部各个不同功能项目之间的相互竞争。因为在预算过程中这些竞争因素的存在，所以对资金的合理分配就显得格外重要。当我们进行营销和营销传播的预算时，我们所担心的不是资金的来源，而是如何预测这些预算的收益。因为从预算到达成最终结果是一个长期过程，需要相当长的一段时间，其间会受到很多变数的影响，诸如消费者需求的改变，竞争对手促销手法的强化等。因此，在预算过程中存在多种不同的方法，不同公司或者品牌根据自己的未来预测，往往会选择相应的预算方法。这些方法主要有销售百分比法、目标任务法、竞争对比法和投资收益法等。

### 六、传播方案执行

整合营销传播是一个有序性的实施过程，为了保持战略信息的一致性，各个元素需要相互配合。此外，整合营销传播还必须保证工作进程的连续性和有序性，因此在实施时间的选择上就要考虑保证整合营销传播效果充分发挥。而零基计划的一个重要任务就是合理安排整合营销传播中的各项促销日程，主要是决定媒体、促销计划和其他营销传播活动的投放时间，包括开始、持续和结束。

在整合营销传播实施过程中，时间选择所涉及的第一个问题是促销和媒体日程。大多数情况下不是每个时期的营销传播都是一样的，公司或者品牌的营销运行在不同时期有所不同。因为功能性质和消费习惯的不同，很多产品或者品牌往往会出现季节性特点。时间实施需要注意的第二个问题是不同的营销传播工具在时间流程上的相互配合。不同的促销工具其信息影响并不一样,比如广告,在传达产品性能和建立品牌知名度等方面具有优势,它的冲击性很强并且效果明显。但是,在完成了营销传播前奏之后,广告的效果就不如其他营销传播手段了。比如广告虽然可以很快地提升知名度,但是在刺激消费者的直接行为上效果却并不明显,在这一点上促销就比广告更有效果。其他的媒体和营销传播工具,诸如公关对于提升品牌信誉,互联网在保持与客户的互动方面有自己的优势。因此,在整合营销传播的时间安排中,一定要注意根据品牌在不同时期的传播特点进行有序的配合。科学的营销传播管理其实是一种时机的把握。

### 七、传播方案执行的效果评估

传播方案执行效果评估的核心是以目标的市场测试以及结果评价为基础的。因此,在整合营销传播的零基计划中,为了检验整合营销传播效果,我们需要设定一个恰当的测试工具或者测试方法。因为整合营销传播战略是一个持续的过程,在这个过程中竞争环境或是自身资源都在发生变化,而且在整合营销传播中营销传播动机和努力会出现有意无意改变的情况,所以需要寻找一种可以作为检验的方法来进行管理。根据在整合营销传播中使用时间的不同可以将这种检验分为预先测试和绩效评估,这些检验方法在很多广告实例中已经得到利用。

广告效果评估主要是对广告信息效果进行评价,一般来说有三个方面的内容。第一,广告信息内容效果。广告信息内容是广告所要传达出的主导信息和所想要达到的目标,所以评估的首要任务是对广告所传达内容的认识。对于这方面的评估,首先要弄清的是广告是否按照既定策略准确完整地表达了我们所想传达出的信息。第二,广告传播效果。从广告传播效果所涉及的方面来说,可以分为两个方面,广告对应的传播方式和受众对所传播的信息所起的反应。传播方式大多是对广告表达方式的认识,其中包括信息表现模式、媒体方式等一系列包装性因素;而受众反应是指在对确定信息传达中这种传播方式所达到的我们想要的效果。我们可以用 AIDA 模式,即注意(Attention)—兴趣(Interest)—欲望(Desire)—行动(Action)这传播过程的四个阶段来评估广告传播效果,每一阶段都可以对广告的具体反应做出评价。第三,广告对市场或销售的直接影响。我们发布广告信息最根本的目的是想要促进市场和销售发展,直接促销的广告更是如此,我们同样可以根据广告前后市场占有情况和销售额的变化来评估广告信息效果。

## 第二节 新媒体背景下整合营销传播战略的转变与升级

### 一、新媒体背景下营销传播观念的重塑

新媒体时代营销传播的本质是以用户的需求为出发点创造价值,在为用户创造价

值的基础上为企业创造利润。信息交互方式的变革,改变了人与人的沟通方式,也就重塑了这个时代的营销传播。

（一）营销传播即分享

营销传播的本质是一种分享,而非单一的价值交付过程。新媒体时代的营销传播,是给用户的全面开放分享:分享你的故事、你的价值观、你的趣味和情感、你的理念和态度,而产品只是一个介质。基于营销即分享的认知,营销传播的内容将极大丰富,与用户将产生极大的共鸣与共振区域。

（二）营销传播即内容

传统营销传播经历过渠道为王、终端为王、推广为王的过程,而如今渠道的作用被弱化、推广的力量被削弱、终端的分量被降低。新媒体时代,我们要树立起营销即内容的新思维,即每个企业都是一个自媒体,我们通过营销传播向用户、向市场输出打动人心的内容。内容就是讲故事,让用户成为你的忠实读者、忠实观众。设计理念、研发过程、车间故事、产品特色、团队价值、创始人态度、商业观点等都是可输出的内容,靠内容去感染用户,去打动用户,去俘获用户的心,比如"褚橙"的成功。

（三）营销传播即设计

营销传播是设计的另一种表现,是对传统设计的衍生和扩展。传统的设计是输出产品、输出功能、输出参数,而新媒体背景下营销传播设计输出的是产品的温度、产品的情感、产品的故事、产品的价值观、产品的趣味、产品的人格,甚至输出企业未来可延续的商业模式。我们必须像设计师那样去思考和管理营销传播,为此,要做好以下三方面：

（1）变需要为需求,把人放在首位,发现用户未知的需求,换位思考,从用户洞察中提炼需求。

（2）用手思考,设计顾客体验,设计用户需求场景,绘制用户体验蓝图。企业可以组织团队设计场景图片,蓝图一方面是高度概括的战略文件,另一方面是对细节的精细分析。

（3）成功的顾客体验的特征:消费者能主动参与;让顾客觉得真实、可信、吸引人;与顾客的每个接触点,都必须以深思和精确的方式来执行,如特斯拉的车门把手、宜家家居的环境设计等。

（四）营销传播即连接

营销传播是公司与用户之间的天然桥梁,是一个连接的通道——信息的连接、价值的连接、资金的连接、态度的连接。作为营销管理者,要跳出传统的思维局限,全力打造好这个连接系统,形成与用户的全面全时无缝连接。通过营销传播建立庞大的用户社群,通过社群建立牢固的连接关系。

（五）营销传播即产品

按照传统观念,营销传播和产品是两个相互独立的部分,其组织构成也是两个部门,进入新媒体时代,营销传播与产品合二为一,共融共生,营销传播即产品,产品即营销传播。让产品自己说话,让产品能自发营销繁殖客户;让营销能生产,不再是传统的成本中心,而是一个增值中心,创造新价值、新内容、新趣味,增加用户黏性。

## 二、新媒体背景下整合营销传播战略思维的转变

新媒体是科技发展催生的产物,与传统媒体相比,新媒体具有较强的互动性、社交性、传播性,对推动整合营销传播战略思维的转变具有重要意义。

(一)树立全新的新媒体整合营销传播战略理念

新媒体时代,企业的市场营销工作离不开先进的技术支撑和媒体运作,因此,必须要树立全新的新媒体整合营销传播战略理念,充分认识并重视新媒体在企业与客户营销互动中的优势。第一,站在消费者的角度分析,新媒体是消费者获取信息最为便捷的渠道,在当下也成为他们消费的主要方式,这种消费方式的转变要求企业增强新媒体营销意识。第二,从企业自身发展的角度分析,企业整合营销传播行为的本质是对市场现有信息、资源的掌控,而新媒体以其较强的互动性和传播性能在短时间内获取信息和资源,为企业的整合营销传播提供便捷的渠道。因此,必须要树立以新媒体为核心的企业整合营销传播战略管理理念,促进企业竞争力的提升。

(二)发挥网络优势,实现精准化营销

激烈的时代竞争要求企业实现精准化营销,这是不断提升企业发展竞争力的关键所在。因此,应充分发挥新媒体网络优势,建立以消费者为主导的运营模式。第一,针对企业庞大的客户群体,必须通过搜集大量数据来分析消费模型,并借助信息手段打造客户 CRM 系统,分析消费者的消费行为、消费动机、消费倾向,并为之推送有效的信息服务,不断提升企业市场营销行为与客户需求的契合度。第二,真正推出个性化服务,针对不同消费群体的特征来捕捉其消费偏好,制定合理化的营销传播方案,并以不同的营销传播专题形式呈现出来,实现与客户的互动。总之,新媒体具有较强的信息捕捉能力,善于借助网络来实现精准化营销,对企业未来发展具有重要的促进意义。

(三)整合新媒体资源,拓展营销传播渠道

信息化时代,新媒体的营销传播渠道具有多样性,企业应以不断创新企业的整合营销传播战略理念与方式整合富有优势的新媒体渠道。首先,企业要不断完善自身的新媒体技术手段,例如,可以借助企业官网、官微、微信公众号、小程序等新媒体手段来开展营销传播,在保证其利益最大化的前提下,选择合适的营销渠道。其次,积极开展社交类的新媒体营销传播活动,充分利用朋友圈转发、微信微博话题互动、搜索引擎推广等方式来扩大营销传播范围,有效提升营销传播覆盖率和影响力。最后,应充分挖掘传统媒体的优势,重视新媒体与传统媒体的结合,提升企业营销传播的效果。如创办企业杂志,并实现线上电子杂志同步;还可以组织线上直播、线下推广等活动。

(四)凭借媒体优势实现企业品牌塑造

新媒体最重要的职能是实现信息传播,最大化地提升企业市场营销的有效性。新

媒体是企业发展中的无形资产,对企业品牌塑造具有重要的促进作用。因此,必须充分挖掘新媒体的优势,以强化企业品牌塑造,提升企业核心竞争力。第一,借助新媒体技术正向引导企业的口碑宣传工作,以有效塑造正面的企业形象。第二,依托信息化技术,有效规避营销危机,在第一时间运用技术处理负面信息,以更好地维护企业的品牌形象。总之,必须高度重视企业的品牌塑造和口碑宣传工作,并借助媒体技术手段对其加以维护,这对于不断提升企业整合营销传播战略的创新绩效具有重要意义。

(五)强化新媒体营销体系的技术投入

技术是第一生产力,它是新媒体运营的重要支撑。因此,必须不断强化新媒体整合营销传播战略体系的技术投入,以有效推进企业营销传播工作的开展。第一,增加技术投入和资金支持。围绕现阶段企业营销传播工作的重点来更新技术,加大资金投入和专业技术人才培养,确保新媒体整合营销传播工作正常运行。第二,成立专门化的技术开发团队,负责本企业营销传播工作的推广、运营、网站设计、微信宣传、App 开发,保证新媒体营销传播策略手段形成一套体系,不同的营销传播方式互相配合、有益补充,以更好地服务于企业整合营销传播战略的创新。总之,强化新媒体营销传播体系的技术投入是企业营销传播工作得以顺利开展的重要前提,从根本上决定着企业的市场占有率和时代竞争力。

### 三、新媒体背景下整合营销传播战略的升级

(一)新媒体背景下营销研究的升级

1. 从常规调研到碎片化研究

新媒体时代,市场调研基于超级发达的网络和海量大数据,可以使得营销调研节省大量的人力、物力,同时结果也会变得更加精准。与此同时,低廉的调研接入成本、智能化的信息化处理技术使得低成本、大样本的定量调研成为现实。只通过网络上基于调研对象的评论、看法等信息,便可以推导出消费者真实的态度,将使得研究消费行为及消费心理变得更加容易、精确,从而帮助企业更为精准地捕捉商机。企业可以通过主动投放网络问卷或者在网络上直接采集碎片回复的方式来收集数据,甚至可以使得企业在新产品尚处于概念阶段就利用互联网技术进行产品设计和模拟测试,并通过与消费者互动,让其参与到产品研发中,转变成需求共创模式。

2. 从文本观察到行为数据

随着技术的进步,使用智能手机、平板电脑逐渐占据了人们日常生活的大部分时间。企业也正在尝试通过智能手机、平板电脑等移动终端设备收集用户数据,再通过大数据技术以及特定的算法加以分析,得到目标用户相应的行为数据结果。如今市场调研不再仅限于分析文本中所包含的用户信息,新的技术和移动终端设备的普及使得企业可以进一步实时跟踪用户的行为数据,这是传统营销调研无法比拟的。例如,在商业零售、地产、旅游等行业,利用位置数据、音频识别技术可以帮助企业更加及时、准确地了解用户的真实需求。

### 3. 众包模式对市场调研的颠覆

在理解众包模式之前我们需要先明白外包和众包的区别,外包通常是一对一,好比一家物流公司把物流业务外包给第三方物流企业,是企业对企业的关系。而众包则是一对多,将个人或企业的诉求借助互联网平台,聚合众人的力量、智慧来完成一件工作。众包调研就是通过网络做产品的开发需求调研,以用户的真实使用感受为出发点,大量征集他人的解决方案,从而获取信息并将其用于特定任务或项目。该服务可以是有偿的,也可以是无偿的。例如,"拍拍赚",作为一个移动劳务众包自助平台,针对 O2O 业务中的数据进行采集和产品推广,为各种商业检查与消费者调研提供兼职劳务。客户企业可以在 PC 端发布任务,平台会员通过手机端 App 接受任务通知,执行并提交到平台。企业可随时看到执行情况,然后通过支付宝给合格完成任务的会员发放任务金。通过众包平台,切实满足了会员和企业双方的需求。

### 4. 从市场研究到"泛数据"分析

新媒体时代,消费者越来越习惯于数字媒体以及在线购物,于是,通过传统方式获取的信息在此背景下成为缺乏时效性的市场信息,企业也因此错过了太多的市场机会。近年来,随着国内外市场信息化发展日趋完善,数据在类型、格式、地域等方面呈多样化发展趋势。简单地说,"泛数据"是分布在不同地域空间的各类数据或数据格式的统称。在新市场营销传播模式中,可以通过对实时信息或近乎实时的消费者体验信息的采集以及分析来制定相应的市场策略和战术,市场分析和"泛数据"分析将会从策略调整与市场预测的方方面面改变营销决策活动,更能通过尽可能减少猜测和假设,使营销机构更加接近真实的营销目标。

### 5. 基于大数据的文本抓取

随着互联网技术的发展,市场研究中所需要的数据可以通过很多新的方式获取,像爬虫抓取等。数据抓取系统通过自动抓取电商网站、媒体网站、微博、论坛、社区等网站的页面公开数据,帮助企业对网络舆情、广告投放效果等数据进行分析和监控。获取这些数据之后,可以进一步对其中的文字进行语义分析,从而得出相应趋势或结论。众所周知,对汉语言文本进行语义分析一直是一件极为困难的事情:可以搜集获取信息,却无法高效率地整合、分析信息。大数据分析技术已开始用于解决这一问题,它能够对目前互联网上所有可以查看到的公开信息进行搜索和抓取,并在搜集信息的基础上对其中的汉语含义进行分析,相对智能地获取网络上网民对某种产品或某个事件的态度和看法,并即时从中挖掘出具有价值的重要信息,帮助企业在大数据时代找到关键决策信息。基于大数据的文本抓取可以做到:① 通过核心词汇的词频分析,帮助品牌定位更好地切合目标受众的需要;② 通过词频检测进行品牌舆情检测,帮助企业做好品牌危机公关。

## (二)新媒体背景下营销战略 STP 的升级

### 1. 市场细分:从目标消费者到消费者网络

市场细分是营销的核心环节之一,根据人们的共同愿望和需求划分成一个或若干个小组,然后围绕最有可能的接触点和各种媒体渠道,设计和实现营销策略。新媒体背景下的营销传播扩展了这一做法:数据将此变化加速,营销者可以从搜索引擎、移动设备和社交网络上得到相应信息,研究出更深层次的基本人口状况和地理细分。营销传播者可以利用大量的位置信息,包括社会、社区、移动端的行为互动和行为指标、移动搜索和浏览数据、SMS 文本、用户评论、网络内容等,重新定位营销目标人群,但和以往不同的是,这种市场细分关注的是消费者互动的网络联系和更微分的单元,通过不断扩大彼此认同的连锁和相交的消费者网络推动营销战略升级。

2. 目标市场选择:从大众市场迈向小众市场

小众市场的营销战略可以形成一个新的营销传播战略体系。小众目标市场战略选择需要"深潜"和"想象力"的结合。所谓"深潜",就是要比以往更深入地靠近消费者,企业要成为"客户拥有者",贴近客户以减少成本,以客户增长取代以往的市场扩张。要通过与客户对话,让客户参与进来以扩大企业边界,提供更加深度的内容。所谓"想象力",就是在"深潜"的垂直思维下,补充水平思维,增加营销传播的创造力,以"想象力"打开新的市场空间。小众市场营销传播战略的实施框架一般包括七大步骤:特定客群—快速连接—产品众创—圈层推进—跨群扩散—分项衍生—变现盈利。

3. KOL:目标用户的圈层选择

KOL(Key Opinion Leader),即关键意见领袖,指的是在人际传播网络中经常为他人提供信息,同时对他人施加影响的"活跃分子",他们在大众传播效果的形成过程中起着重要的中介或过滤作用。KOL 存在的意义在于,市场与品牌具有折射和涟漪效应,KOL 所具备的社会话语权将对其周围的人产生影响,因此,信息从企业/媒体到 KOL 再到公众的这个过程被称为两级传播。营销传播人员在选择目标市场的过程中,特别是在新媒体所造成的"品牌声浪"中,需要对 KOL 进行有效的管理,甚至要将其纳入企业的目标客户管理当中。

4. 品牌定位的战略逻辑

从公司战略逻辑上看,品牌定位=价值链定位+业务模式定位+品牌心智定位。

(1) 价值链定位。

价值链是指企业在顶层资源配置上的逻辑与价值取向,它决定了企业进入哪些领域参与竞争、价值链如何分布与延伸、在价值链的各个模块如何布局资源等。

(2) 业务模式定位。

业务模式定位解决的核心问题是"企业的业务模式究竟是什么?"(即德鲁克之问"what is your business?")。新媒体时代,根据企业业务定位的不同,可以将企业分为四种类型:

① 价值点企业。这类企业将业务聚焦在价值链的某一环节,最典型的就是"隐形冠军"企业,它们主要是一些中小型企业,却往往是某一个细分市场的世界领导者,通过高度创新与专业化精准定义细分市场,并有效制造市场准入壁垒。

② 价值链企业。通过并购或自建等方式打通价值链上下游,实现产业链的资源整

合与布局,从而充分提升企业战略自由度与行业话语权。

③ 平台型企业。平台型企业采用平台经济与共享经济的思路,通过搭建资源平台,以促成双方或多方供求之间的交易,收取恰当的费用或赚取差价而获得收益,同时也促进资源的最大化整合与优化。

④ 生态型企业。生态型企业指的是企业将自身的核心资源(如企业价值观)、客户资源和网络资源进行输出与分享,并在此过程中进行投资参股,从而完成生态经济的建立与持续。

(3) 品牌心智定位。

品牌心智定位是指通过设计公司的产品和形象,在目标市场中占据一个独特的有利位置,实现区隔化,目标是要将品牌留在消费者的心中,以实现公司的潜在利益最大化。

(三) 新媒体背景下产品战略的升级

1. 从洞察主导到循证主导与 MVP 模式

产品开发洞察的营销技术不断完善,从最初宝洁公司进入消费者家庭的"浸入式调查",到后来购物者营销兴起后的消费者反应调查,再到目前流行的视觉图片、影视调研,技术的提升会增强消费者洞察的精确性。然而,上述这些都不能完全保证产品的成功,新媒体时代的反馈经济使得"循证"成为可能。

"循证"其实是一个医学名词,表示某种方法能够被循环证实。新媒体时代,所谓"智慧营销"最关键的就是要迅速抓住客户的问题,推出产品,不断尝试、验证,这种思维就是近几年硅谷产品管理所奉行的精益创业思维,即强调市场测试而不是细致的策划,强调顾客反馈而不是自己的感觉,强调反复的设计和改进而不是大而全的产品开发,在产品开发时强调 MVP(最小可行性产品)。MVP 的思维帮助企业先去证实市场,然后再做产品开发与调整,以"实证"的思维提高产品成功率,直接颠覆了以往从商业计划书到产品开发、产品上市的思维。

2. 边界扩展:产品+社区

新媒体将我们带入社交红利时代,在海量同质化产品共存的情境下,单靠产品升级已无法有效地增强用户黏性,而利用产品开发社区进而聚合社群方能持续获利。如果你想做"产品+社区",你必须要解决以下几个问题:① 你的目标用户是谁? 你的社群目标用户一定和你产品的用户是相匹配的。② 你的目标用户在哪里? 目标用户决定你的主战场放在哪里,这和你自己的优势有关。③ 你的目标用户的痛点是什么? 这个痛点怎么挖掘,有些是没有被挖掘或者已经被挖掘了但是没有被满足。④ 你的服务和内容如何解决用户的痛点? ⑤ 我有什么? 要记得现在是一个分享经济的社会,你没有什么,你完全可以去整合这个资源。⑥ 用户凭什么进来,凭什么留存,关系如何递进? 你必须要先清楚这几个问题,然后才能设计好你的社群。

3. 从大创想(big idea)走向大数据(big data)

以往产品依赖于"大创想",即营销战略家的有效洞察,但是消费者的比特化趋势让大数据开始取而代之。新媒体的真正价值在于用户的精准性,它要挖掘出数据亮点,要把这一点呈现在广告主面前,得到他们的认可;还要融合更多新技术到新媒体营销方式中,做到真正有别于传统媒体,这样广告主兴趣会更大。大数据由企业内部和外部的数据组成,成为进行持续分析和制定策略的绝佳工具。借助全球互联网上现在可用的大量信息,以适当的顺序获取这些数据从而获得更深入的见解变得非常必要,这就是大数据发挥作用的地方。大数据营销是基于多平台的大量数据,依托大数据技术,应用于互联网广告行业的营销方式。大数据营销的核心在于让网络广告在合适的时间,通过合适的载体,以合适的方式,投给合适的人。大数据营销衍生于互联网行业,又作用于互联网行业。依托多平台的大数据采集以及大数据技术的分析与预测能力,能够使广告更加精准有效,给品牌企业带来更高的投资回报率。

4. 产品服务化:从拥有到共享

狭义上,"共享经济"是指以获得一定报酬为主要目的,基于陌生人且存在物品使用权暂时转移的一种商业模式。共享经济是对"沉没"闲置资源的社会化再利用,是将熟人之间的共享关系推向陌生人的经济形式。"零"边际成本、商业化信任和社会化互联是共享经济的三大驱动要素。

移动互联媒体是共享经济得以释放的重要前提。第一,全民移动化,尤其是服务提供者开始接入移动互联网,打开了共享经济的前端供给;第二,移动支付的普及性和全面应用成为保证共享经济平台便利性和中介性的最重要条件;第三,动态的反馈机制对管理的支撑。共享经济平台提供了供给方与需求方的相互评价机制、动态定价机制,成为共享经济发展的最佳注脚。共享经济平台作为移动互联网的产物,通过移动LBS应用、动态算法与定价、双方互评体系等一系列机制的建立,使得供给方与需求方可以极为便利地通过共享经济平台进行交易。

(四)新媒体背景下价格及渠道战略的升级

1. 从收费到免费、补贴组合策略

新媒体时代是一个"融合经济"的时代,行业、企业间的边界越来越模糊,造成了只要你拥有客户资产,就可以通过自身延伸和合作的方式向其他行业、企业渗透。在这一战略本质的指引下,"免费"就是极好的吸纳客户资产的方式,一旦吸纳成丰厚的客户池,就可以用商业模式的创新来盈利。在这个"基于客户资产的商业创新模式"策略的指引下,企业可以做的远不只是"免费",甚至可以"倒贴",最为典型例子的莫过于滴滴出行,倒付给客户打的费用。在新媒体连接下,企业的定价方式从以前的直接受益,转变为"直接受益、关联受益、延伸受益、衍生受益"的四维度组合,这不仅是定价模式、营销传播模式的转变,也是商业模式的改造。

2. 从无差别定价到动态与场景定价

动态定价这个名词听上去好像很陌生,但其实在日常生活中很常见,只是你在不知不觉中体验了却还没有发现。比如购买机票,预订酒店客房或叫出租车服务,所要付的费用其实并不是一成不变的,而是根据市场需求在调整,这就是动态定价。以往,动态定价是基于过去的销售数据,通过分析季节性和周期性趋势来预测市场需求。现如今新媒体背景下,动态定价涉及的过程更复杂,如大规模数据的收集和分析。动态定价具有许多同义词,包括激增定价、需求定价、智能定价、实时定价或基于时间的定价等。从广义上讲,动态定价是定价智能化体系里的一部分:企业通过收集和处理数据以调整定价策略并增加利润。动态定价允许企业根据实时需求为商品或服务设置灵活的价格,并根据供需变化、竞争对手的价格以及其他市场情况进行调整。

新媒体背景下产品定价的中心从生产渠道环节转移到了消费者,从消费者的可感知价值、可评估价值、可对比价值为出发点进行价值描述、价值呈现。在这种环境氛围下,产品定价的基础是其所呈现在顾客面前的价值场景的构成组合,在聆听用户的需求和与用户互动的过程中,企业采用新科技、新的方式可以重构定价模式,实现敏捷性的场景定价,碎片购买。产品的可感知价值,是由一个个价值场景叠加而成的"迭代价值组合体"。消费者可感知到的场景价值有多大,他们可接受的终端价格就有多高。

3. 从单渠道、多渠道到O2O、O2M

O2O,网络用语中指Online To Offline,即在线离线/线上到线下,是指将线下的商务机会与互联网结合,让互联网成为线下交易的平台。与传统的消费者在商家直接消费的渠道模式不同,在O2O平台商业模式中,整个消费过程由线上和线下两部分构成。线上平台为消费者提供消费指南、优惠信息、便利服务(预订、在线支付、地图等)和分享平台,而线下商家则专注于提供服务。O2O的优势在于把网上和网下的优势结合。通过网购导购机制,把互联网与地面店对接,实现互联网落地。让消费者在享受线上优惠价格的同时,又可享受线下贴身的服务。同时,O2O模式还可实现不同商家的联盟。

O2M,即互联网+分享经济新模式,通过线上线下互动营销。O是Offline Organization,代表线下组织能力的建设与打造;M是Mobile Internet,Middle office,代表移动互联解决方案和以数据分析、客户定制、产品设计构成的中台能力。O2M是基于地域的线下销售团队的有效集合,与线上平台为客户订制服务的能力相结合的全新服务体系。将以强大线下实力为发展基础,依托移动互联技术,力图做到"通盘""通客""交叉销售""共享资讯""共享中台",整合多种业务线为客户提供一站式、平台化、交叉交互式的轻资产房地产服务,最大限度实现客户价值。

(五)新媒体背景下服务战略的升级

新媒体背景下服务战略在多方面进行了升级,如图12-1所示。

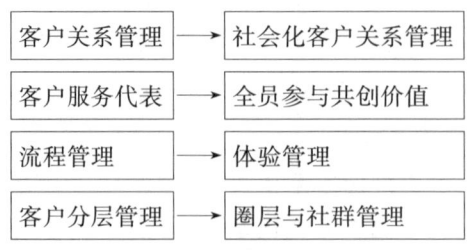

图12-1 新媒体背景下服务战略的升级

1. 从客户关系管理(CRM)到社会化客户关系管理(SCRM)

SCRM,全称是 Social Customer Relationship Management,中文意思是社会化客户关系管理,Social(社交)就意味着与客户打交道多一点,以营销为重点。通过社交媒体与客户互动,建立紧密联系,侧重企业与客户之间双向的触达、互动与回应,强调的是客户参与和双向互动。SCRM 可以培养潜在客户,并为你的销售团队收集有效的线索。一旦有部分潜在客户成为合格的销售线索,公司便开始使用 CRM 软件来继续后面的互动和过程。移动互联时代的消费者不再以单纯的物品(服务)的消费者或产权拥有者静态存在;更多是以品牌的关注者、聆听者、建议者、共同创造者存在;SCRM 让用户更加拥有归属感、趣味感和成就感;互动的双边关系,让消费者的需求和想法同品牌定位的发展紧密结合;品牌和消费者真正融为一体。对于市场营销人员来说,互联网技术的发展为品牌方提供了成千上万的可用数据,庞杂的原始数据迫使市场人员在整理、分析数据的过程中进行大量的人工操作,这就意味着大量的人力付出。有了营销自动化工具,就可以利用技术的优势自动分析处理数据,为品牌方节约了大量的人力成本和时间成本。

2. 从客户服务代表到全员参与共创价值

价值共创理论是在社会深刻变革、知识经济兴起和网络经济发展的背景下产生的。企业的价值创造体系主要包括以企业提供商品和服务为核心以及以经济价值提取为核心的价值创造体系。传统理念中,客户是被动的一方,企业的价值创造由企业自身产生。传统方式下是通过历史交易记录和描述性数据来了解客户需求,由于客户无法充分获得他们需要的信息,信息不对称给企业带来了巨大的利益。新媒体环境下,价值创造体系以消费者为中心,客户能够积极投身于企业供应链的各个环节,作为创造客户体验的合作伙伴,企业获得经济价值。在新的共同创造价值体系下,企业通过各种互动、多渠道环境了解客户的需求,为客户提供一些生产过程信息,使客户能够更积极地共同参与价值创造。企业利用这些重要的客户信息,更有效地改进产品和服务,满足客户需求,提高客户满意度和忠诚度,从而提高品牌价值,增加企业利润。

3. 从流程管理到体验管理

体验营销是指通过看(See)、听(Hear)、用(Use)、参与(Participate)的手段,充分刺激和调动消费者的感官(Sense)、情感(Feel)、思考(Think)、行动(Act)、联想(Relate)等感性因素和理性因素,重新定义、设计营销流程的一种思考方式与营销方法。新媒体所形成的社交网络有很多可以让商家直接与消费者对接的体验接触点。这种对接主要体现在:浏览体验、感官体验、交互体验、信任体验等。上述这些体验活动给了消费者充分的想象空间,最大限度地提升了用户参与和分享的兴趣,提高了消费者对品牌的认同。

《体验式营销》一书的作者 Bemd H. Schmitt 将不同的体验形式称为战略体验模块,并将其分为五种类型。① 知觉体验,即感官体验,将视觉、听觉、触觉、味觉与嗅觉等知觉器官应用在体验营销上。感官体验可区分为公司与产品(识别)、引发消费者购买动机和增加产品的附加价值等。② 思维体验,即以创意的方式引起消费者的惊奇、兴趣、对问题进行集中或分散的思考,为消费者创造认知和解决问题的体验。③ 行为体验,指通过增加消费者的身体体验,指出他们做事的替代方法、替代的生活形态与互动,丰富消费者的生活,从而使消费者被激发或自发地改变生活形态。④ 情感体验,即体现消费者内在的感情与情绪,使消费者在消费中感受到各种情感,如亲情、友情和爱情等。⑤ 相关体验,即以通过实践自我改进的个人渴望,使别人对自己产生好感。它使消费者和一个较广泛的社会系统产生关联,从而建立起对某种品牌的偏好。

4. 从客户分层管理到圈层与社群管理

客户分层是新媒体营销策划的一大切入点以及重要助推力。企业产品档次、价格高低等不同各有其对应的客户消费群体,客户分层影响客户价值,也影响客户的价值化管理,数字化技术驱动着企业数字化转型升级,以新零售模式策划为代表的新媒体营销策划创新大大加快了客户分层管理,新零售策划运营使客户标签、客户智能营销策划成为现实,全渠道品牌营销策划点燃了客户的参与热情,数字品牌策划使用户的黏性大大提升,产业级品牌传播战略创新推进,数字营销策划促进客户分层大大进化。

与此同时,优秀的企业总会聚焦核心消费人群,提升人群的产品消费品质及价值能量,以优秀产品匹配用户价值,点亮核心圈层消费能力,放大产业级品牌策划能量,以全面提升产业级品牌传播战略影响力。社群营销是一种以社交媒体为核心的用户联系和沟通的网上营销手段,其主要运营方式是通过连接、沟通等方式来实现用户的价值,其营销手段具有人性化,既深受用户喜爱,又有可能成为持续的传播者。为此,企业要建立起可靠的顾客交流机制,运用新媒体等信息科技手段,以各种方式提升顾客的体验,使顾客对商品及服务品质有更好的感觉,激起顾客的购买欲,进而提升商品与服务的销量。

(六) 新媒体背景下整合营销传播战略的升级

1. 从价值导向到价值观导向

产品要有痛点,更要有观点,这就是营销 3.0。新媒体时代的产品,除了要能够抚慰消费者的痛点之外,更要有其自身鲜明的特点。在个性化需求中,消费者对产品品牌价值观的需求取代了以往对产品功能的需求。大量定制化的产品进入市场,由消费者个人决定产品的特质,而在具有相同功能的产品当中,消费者更倾向于选购其认同的价值观的品牌。美体小铺(The Body Shop)以五大核心理念(社区公平交易、反对动物实验、唤醒自觉意识、维护人权、保护地球)闻名于世,以绿色、平等的原则获得了大量消费者的认可。传统的企业营销围绕"价值"展开,遵循"选择价值、传递价值、让渡价值"的系统原则,而在新媒体时代则继续魅力管理,围绕"营销价值观"展开整合营销传播战略,因为"价值观"比"价值"对消费者来讲更有意义。

2. 从劝服者到互动、赋能者

传统的品牌传播战略中,品牌是在严格控制下被培养并保护起来的资产,CEO 与 CMO 可以通过定义、设计品牌,将品牌的价值单向传递给客户,实施并取得劝服的效果。新媒体时代的整合营销传播是将品牌转化为平台的合作而非资产的杠杆。社会性品牌与"粉丝"和追随者联合制作吸引人的体验激励消费者参与。通过这种方式,社会品牌成为一个互动的平台或开放的生态系统,消费者在持续的进化中发挥着积极的作用。通过社会化协作目标人群的反馈机制,社会化品牌能够在市场中更有组织性、更有效。

当一个品牌拥有创新的力量,才能在激烈的竞争中立于不败之地,继而巩固原有品牌资产,甚至多层次、多角度、多领域地参与竞争。这就需要对品牌进行革新,也就是我们常说的品牌赋能。品牌赋能有两大方向:一是没有形成品牌烙印的企业,我们通过后端大数据的调整与分析、总结市场发展与需求,帮助企业进行市场定位、产品定性、品牌定向,取得最有价值的核心竞争力;二是对于已经定型、初具品牌意识的企业,更多的是帮助企业进行品牌竞争。基于市场的前提下,以大量数据分析为指导,帮助企业衡量品牌发展方向的准确性;从更全面的角度分析企业的名称、包装、价格、历史、广告风格等,重新调整或注入新的理念与动力。所以,品牌赋能就是为品牌提供核心价值,帮助品牌创造新的生命力。

3. 从硬性广告到内容与数据营销

在信息泛滥的时代,受众可以接受并消化的信息是有限的,传统的信息自上而下的传播方式已经难以打动消费者,相反,善于"讲故事",善于做内容营销,善于将社交媒体的热点与品牌信息进行"拼合"的传播方式易为消费者接受。内容营销,指的是以图片、文字、动画等介质传达有关企业的相关内容来给客户信息,合理的内容创建、发布及传播,向用户传递有价值的信息,从而实现网络营销的目的。内容营销本质上是指导如何做营销的一种思维方式,其重中之重是"特定人群的主动关注"。也就是说,你的内容能自带吸引力,能让消费者来找你,而不是运用纯媒介曝光。

数据营销(Database Marketing Service,DMS)是在 IT、Internet 与 Database 技术发展过程中逐渐兴起和成熟起来的一种市场营销推广手段,在企业市场营销行为中具备广阔的发展前景。它不仅仅是一种营销方法、工具、技术和平台,更重要的是一种企业经营理念,它改变了企业的市场营销模式与服务模式,从本质上讲是改变了企业营销的基本价值观。通过收集和积累消费者大量的信息,经过处理后预测消费者有多大可能去购买某种产品,以及利用这些信息给产品以精确定位,有针对性地制作营销信息达到说服消费者去购买产品的目的。通过数据库的建立和分析,各个部门都对顾客的资料有详细全面的了解,可以给予顾客更加个性化的服务支持和营销设计,使"一对一的顾客关系管理"成为可能。

## 第三节　新媒体背景下整合营销传播战略的设计与实施

### 一、新媒体背景下整合营销传播战略布局

(一)精准选品,细化渠道

新媒体环境下信息日趋丰富化与碎片化,企业在整合营销传播战略布局过程中更

要精准选品,细化渠道,才可能事半功倍。

首先,选品涉及企业所处行业赛道的选择。企业所处的行业不同,选品特点乃至其所对应的用户群体也大相径庭。一方面,从产品本身来讲,不同行业的资本投入以及运作周期等因素有差异。例如,依托互联网的轻资产重技术类行业,资本投入主要集中在人力成本上,产品库存等场地的资本压力较小。另一方面,不同行业所对接的客户群体有差异。例如,依托薄利多销以量取胜的行业可能在直接对接企业大客户上更有优势,而追求个性化服务与生产高品质的定制类产品的企业则需要拓展净值个体客户群。新媒体环境犹如一张大网,囊括了丰富的行业和企业类型,不同的赛道选择让企业在整合营销传播战略上的最终归宿也会有所差异。

其次,选品的精准性在于企业需要聚焦明星产品。企业在不断发展壮大的过程中,产品也会随之不断丰富,甚至衍生出不同的产品线。一方面,同一企业会针对不同人群设定高、中、低档产品线。另一方面,同一企业可能往集团化多栖发展,由不同的支线事业部或子公司开发不同类型的产品。新媒体环境下,基于对碎片化信息记忆的有限性,如果在营销传播中面面俱到地宣传推广每一种产品,一则特点不鲜明,二则需要耗费较大的人力物力资源。在新媒体环境下,较为高效的整合营销传播战略在于精品推选,通过内容丰富、形式多样的多媒体营销投放,实现持续化、渗透式的营销传播,不断激活用户的产品记忆,进而以点带面,实现同线其他产品的营销推广。

(二) 目光长远,积累口碑

新媒体的快传播信息以及碎片化内容,容易营造"速食"的氛围。由此,近年来甚至还诞生了以"薅羊毛"为业的群体,即利用新媒体各渠道中的信息,获取新客优惠券等折扣优惠,在使用完较大力度的优惠后,转投其他具有相似功能的替代性产品。而企业营销为了获取用户,也只能参与到"白热化"的市场价格竞争中,不断推出各类优惠策略带动销量。回馈用户本身是立足于企业长远发展的社会担当,同时,新媒体环境下,除了在营销传播技巧上不断创新,更重要的是要有长远的目标和较大的格局,以积累口碑而不是以短期业绩为导向。

口碑的积累在前期需要较大的投入,但同时口碑的积累也具有滚雪球效应,一旦在一定范围内具有影响力,其传播与发展往往具有垄断性。但在新媒体环境下,信息周期短,大众心态较为浮躁,在某种程度上会促使企业在营销传播过程中急于求成,希望创造热点,甚至为了博取关注不惜哗众取宠,这实际上是得不偿失的行为,并不能推动后续有效流量的转化。同时,口碑积累前期的大量投入也会对企业资金链带来压力。通过粗犷型的盲目让利优惠可能吸引来的更多的是在意蝇头小利的体验式用户,高黏度的用户转化率低。相反,企业如果树立长远的眼光与战略格局,从企业参与社会入手,承担更多的社会责任,可能反而是整合营销传播战略中稳健而有力的办法。

(三) 双线并行,互联互动

双线并行指在整合营销传播战略布局中需要同时考虑"线上线下"的联动,即在新媒体发布相关产品、活动时,需要在线下同步实体店活动,让产品走进市场,客户实地体验。同时,进行线下发布会、路演活动时,也可以借助新媒体手段进行推广,如通过直播等形式实现不同地区的互动。双线的并行和联动并不仅仅停留在同步执行营销宣传上,更重要的是真正实现"互联网+"落地。用户往往更青睐可在线下实体店面进行尝试和体验的产品,但线下实体渠道由于场地、人力等方面的限制往往对于互动场景的要求更高,而线上新媒体的营销渠道则可以弥补这些不足。但这一消费模式容易使线下营销销售人员业绩流失,进而影响工作积极性、产生职业倦怠。因此,在新媒体环境下,需要在线上线下互联互动的渠道打通中考虑体制机制的完善,为营销人员赋能。

## 二、新媒体背景下整合营销传播战略设计

### (一) 战略目标的确立

新媒体环境下,市场细分、目标市场选择以及市场定位成为公司整合营销传播战略设计的关键要素。

**1. 市场细分**

市场细分即根据目标客户群体以及对产品的不同需求,通过企业细分原则,将市场分为若干不同的顾客群体(比如偏向创新、偏向质量或者偏向价格的不同顾客群体),使得每个顾客群体都可以构成目标细分市场。如戴尔旗下,"xps""成就 vostro""灵越 inspiron"三个品牌面向不同用户群需求。其中"xps"是专为游戏爱好者设计的游戏本,配置高、价格贵;"成就 vostro"是商用型电脑,采用中低端配置,价格相对便宜;钟情于"灵越"的用户,则大部分是追求性价比的家庭或个人用户。

**2. 目标市场选择**

目标市场选择,即评估不同市场的细分,选择目标市场、目标客户,进军不同的领域,实施整合营销传播战略设计布局。例如,联想品牌按行业,把实施 IT 服务的目标客户分为中国电信、中国税务、中国金融;按地理区域,根据地区的生活水平差异,不同地区提供不同的特价机;依据人文因素,有商用机和家用机的区分。华为公司也逐渐进军发达国家市场,利用一些营销计划和办法增加相应品牌的销售量。

**3. 市场定位**

市场定位的实质是让顾客可以感受到本品牌和其他品牌的差别,在顾客群体中形成印象,加深品牌在群众心目中的特殊地位。实现市场定位,要求企业对潜在顾客的心理进行整合营销传播战略设计、创立产品、设立品牌的某种形象或某种个性特征,从而取得竞争优势。

### (二) 战略体系的设计

**1. 多种新媒体渠道整合营销战略**

进入新媒体时代之前,经常会出现品牌市场垄断现象。这是由于传统媒体信息阻塞,传播渠道窄,致使一些大品牌利用自身的影响力和资源条件,占领大量市场份额,限制了众多小品牌的发展。现今,通过整合品牌的营销传播渠道,赢取受众的碎片化时

间,营销传播效果立竿见影。全方位的立体化营销传播在新媒体环境下变得容易实现,通过新媒体营销传播渠道和营销传播方法的整合,开发服务于品牌营销的 App,利用搜索引擎和社交网络营销以及网络广告联盟、精准广告投放、搜索引擎优化等辅助营销传播方法,结合饥饿营销、事件营销、互动营销、知识营销、情感营销、会员营销等营销方式,最终实现品牌的新媒体整合营销战略。

2. 传统媒体与新媒体完美结合

新媒体时代对于营销传播有着极大的优势,传播速度快,无地域限制的传播范围,传播即时且具有互动性。但是,新媒体也有相应的不足。传统媒体在某些方面具备的优势可以弥补新媒体的劣势,如传统媒体的受众群体稳定,而且对传统媒体有极高的依赖力和认可力。因此,传统媒体和新媒体相结合才能使品牌宣传影响力最大化。新旧媒体相互结合所具有的优点体现在以下方面:第一,新媒体和传统媒体相结合的销售渠道扩大了受众范围;第二,利用新媒体进行品牌营销,消费者在网络众多信息中难以辨认真正有价值的信息,而传统营销模式可以提供品牌的可信度和权威性;第三,新媒体和传统媒体可以是互补模式,利用传统媒体吸引受众,有了小范围的影响力之后,通过新媒体在网上广泛传播,迅速形成品牌的知名度和影响力。因此,实现新媒体和传统媒体的优势互补是整合营销传播战略的最优解。

3. 把握新媒体营销的原则

第一,开展新媒体整合营销传播,应该利用大数据遵循精准营销传播原则,将营销信息推送到合适的受众群体中,从而节省营销传播成本,实现营销传播效果最大化。第二,竞争压力巨大的新媒体时代,产品的创新是品牌影响不断传播的关键因素。在产品创新的基础上也要依托新颖的传播手段和独特的品牌策划,以适应市场的不断更迭和发展。第三,进行个性化品牌营销传播,除了个性化的营销手段还要专注个性化的消费人群,为整合品牌营销传播打下坚实的基础。

4. 尊重意见领袖与分享主

意见领袖善于利用圈层的个性化需求提出关键性意见,与消费者站在统一战线上。消费者对权威信息的崇拜会逐渐转移到意见领袖或分享主身上。而分享主则是愿意将品牌进行二次信息加工来分享的群体。如今的"网红"和"博主"就是意见领袖的衍生。企业应积极利用品牌所在行业中的知名人物或者权威人士进行整合营销传播和产品解读,让品牌影响力不断扩大。

5. 加强受众的参与度和互动感

新媒体时代提供了受众与消费者互通有无的条件,因此品牌商应该利用好社交渠道,加强消费者的参与和互动。要时刻保障新媒体反馈渠道的畅通,让消费者可以与品牌对话,并且保障用户的反馈和建议能够及时得到品牌方的回复解决,避免消费者在沟通的过程中失去耐性,从而失去对产品的兴趣。可以建立整合营销传播的专项讨论社群,由相关人员管理和控制,及时建立消费者的互动反馈体制。构建与消费者像朋友般对话的模式,提升消费者对品牌的亲和印象。

**6. 以"新 4C 法则"为指导进行整合营销传播**

所谓"新 4C 法则",是指我们可以在适合的场景(Contex)下,针对特定的社群(Community),通过有传播力的内容(Content)或话题,利用社群的网络结构进行人与人连接(Connection),快速实现品牌信息的扩散与传播,以获得有效的商业传播及价值。随着人们接触媒介习惯的改变,"硬广告"对于人们来说,难以接受。因此,形象更加贴合、易被消费者接受的营销解决方案至关重要。"新 4C 法则"本质上来说,并未完全脱离传统的品牌定位和销售模式。只是由于消费者接受方式的转变,在具体的呈现层面有所区别。而在现实中,宣传者会根据品牌自身形象、理念以及产品特征,来选择不一样的传播工具、呈现模式和不同产品的发布时间,并将新媒体与传统媒体相结合,让销售效果最优化,使品牌更容易被受众接受,从而留住用户,发展忠实产品"粉丝"。但是,销售者需要注意某些"产品粉丝"盲目夸大吹捧会造成品牌形象受损。总而言之,选对普通用户或者专业分享用户也是品牌商需要解决的问题,避免产生不必要的负面影响。

### 三、新媒体背景下整合营销传播战略实施

**(一)整合营销内容**

企业需要在整合营销传播战略监测中构建出与消费者联系更为密切的平台,例如,建立微信公众号或者微博账号,这代表的并非个人,而是企业品牌形象。现实中,很多企业将其微信公众号的平台定义为具有广告色彩的内容,因此,在整合营销传播时要将营销内容进行整合。在选择发布内容和发布形式时,要高度重视发布信息的策略,集中研究探讨,避免低俗广告对"粉丝"造成的影响。发布产品的低俗广告,不仅会降低关注微信公众号的用户数量,导致用户不再关注微信平台,而且很难实现广告宣传的目的。企业微信平台不仅要保持正面形象,提高关注度,还要选择与企业宣传内容相匹配的广告,运用个性化或者人性化的方式进行发布,采取这种发布方式在短时间内可能会减少经济收入,增加运行成本,但这些广告更具有针对性,也有更高的宣传效果,有助于企业微信公众号的长远发展。

**(二)树立消费者核心**

从营销传播方式进行分析,近年来,由于新媒体的不断发展,微信、微博等营销传播平台更为盛行,这种营销传播模式具有独特特征,具有现实发展价值,成为打造品牌最为重要的因素之一。事实上,在微信平台上发布有趣信息才能够吸引更多用户,长期发布个性独特的营销内容必然会耗费大量的成本,增加企业所投入的人力物力和时间,而且很难在一定程度上与热点融合。伴随新媒体所提出的"以用户为核心"的理念的深入,许多人已经逐渐意识到用户的独特地位与作用,比如,企业会关注个人用户的建议,改善营销传播策略,发布更多适合消费者阅读习惯的微信内容,这种方式不仅能获得更为广阔的传播渠道,也能直接增强企业宣传部门与用户之间的关系,提高互动性,是进行品牌营销传播的最佳策略。

### (三) 增强线上线下联系

新媒体平台注重与用户之间的沟通,是一种新型营销传播策略。在传统营销传播模式中,通常会采取最为常见的会员制营销模式,比如在会员生日到来时,可以通过电话、短信或者其他提醒方式与用户进行互动,主要是增强与用户之间的交流和沟通。新媒体平台作为一种新型营销传播工具,需要加强企业与用户之间的互动方式,这种互动形式在新媒体下能呈现多元化特征,比如,用户在微博上晒某类化妆产品同时将企业微信公众号或微博账户进行截图,就能获取此类产品的试用装,但需要注意在沟通中把控节奏。高效的互动不仅能让用户获取相应奖励,还能使企业拓展传播途径,提高传播效果。

### (四) 提升品牌综合形象

随着人们消费水平的提高,消费者在追求多样化购物的同时,更注重产品质量,相关企业在推销产品的过程中,需要注重数量和品质,挖掘知名度较低的内容,选定时间为顾客提供更为优质的服务,贴近顾客的购买欲望或其他期望,让顾客在购买时能以轻松、愉悦的心情享受购买过程,从而产生更高品质的体验。企业在策划和制定新媒体营销传播内容时需要对文案进行美化,让文案能与产品质量密切相关,适当调整页面的图文比例,贴合市场发展方向,融入当前时代发展的根本特征,综合政治、经济、文化与消费者心理活动,优化网页形象,推出更精致的产品页面,进行网站主页的综合设计,提高顾客对品牌的好感度,增强品牌知名度,扩大品牌影响力,使品牌综合形象有所提高。

### (五) 优化用户反馈机制

满意程度更高的购物体验是企业实施新媒体营销传播最为有效的途径,能直观、全面地反馈客户感受,以此帮助企业制订后续营销传播计划或改进现行营销传播计划,提升用户好感度,以此开拓更为广泛的市场空间。企业应持续跟踪移动端及新媒体推广效果,分析数据并反馈,总结经验,建立有效运营手段提升用户活跃度,增加"粉丝"数量、关注量。要深度了解顾客所购买的产品以及顾客的最终需求,在短时间内整理出一套符合公司发展和用户需求的产品营销方案。产品购买结束后顾客的体验和感受能不能得到高效反馈,在一定程度上关系着品牌宣传的效果。企业营销传播网站可以在每一项产品后增加反馈机制,如用户在购买后可以上传照片或希望改进的内容,工作人员在阅读后进行回复,同时总结需要改进的位置,创新方案,并将这类问题反馈公司。公司需要定期召开会议,针对用户提出的方案、建议有效沟通,对企业内部管理和产品质量等进行优化。顾客在选择产品后可以加入微信群并发言沟通,提出相应问题,企业派专人负责进行一对一的答复,提高顾客体验同时也能减轻接线人员的负担,形成更为快速、便捷、公开、透明、全面的沟通形式。

### (六) 完善产品体系

产品管理(或产品运营),包括产品的内容管理、用户管理、活动管理等,而新媒体运营领域也同样包括新媒体平台的内容运营、流量运营、用户运营、活动运营等。但值得一提的是,为产品而生的新媒体平台,扮演的是营销传播的角色,所以传播和品牌建设的权重比较高。因此,企业要根据自身特征制定符合现代化发展的品牌宣传策略,用更加成功的销售理念,细致全面地建设服务体系,促使品牌文化迅速融入市场,扩大自身在市场中的影响力。这一体系同样也适用于未来规划,企业在发展中需要重视品牌营销中用户关注的热点,扩大产品涉及的领域,设计更为丰富、具有多样化的特色购买方案或优惠策略,以丰富主题或者添加优质文化促进产品销量,推动自身品牌发展,使品牌影响力逐步增强,走向世界,在未来发展中获取更多优势。

(七)建设营销人才团队

想要通过多媒体打造品牌、拓宽营销传播渠道,就需要一定数量的专业营销人才。新媒体的信息传播速度快,数据信息量大,多数内容短且快,具有碎片化的特征。对于消费者而言,在购买前需要系统性地对比分析,节约时间,并尽可能降低支出,这需要消费者花费更多时间在新媒体上浏览、研究购买内容或者其他攻略,并将内容进行综合比较。因此,想要借助新媒体开展整合营销传播,就需要组建新媒体营销人才团队,营销人才要充分发挥个人才智,为消费者撰写品牌的特点、优势、重要作用,精心选择切入点,减少消费者做攻略的时间,也可以充分发挥新媒体优势,为消费者制作短视频,通过图文并茂的方式真实记录购买场景,凸显购买优势,还可以短视频App为推广核心,使消费者在潜移默化中加深对产品的印象,结合优惠提升消费者兴趣,增强购买欲望。

**案例** 蒙牛的冬奥营销

在其"老对手"伊利成为北京冬奥会官方唯一乳制品合作伙伴的竞争压力下,蒙牛要想搭上冬奥营销这辆车还颇有些难度;但蒙牛成功地"押宝"——提前签约了斩获两金一银的谷爱凌作为自家品牌代言人,让它喜提流量大礼包。

代言人在努力,品牌也不能"躺平"。关注代言人赛事,第一时间发出祝福、庆祝海报这些也只是基本操作。背靠多位明星代言人的蒙牛还邀请了宋茜、杨紫等人在微博发文庆祝谷爱凌夺冠,文稿中附上了"谷爱凌中国牛""燃动冰雪要强中国"的话题和"在我心里这就是中国牛!新的一年,让我们和'纯甄'一起……"的广告语,双倍流量加成一路推高品牌热度。其中,"谷爱凌中国牛"的话题更是达成了253.5万讨论、31.4亿阅读量。

蒙牛 #谷爱凌中国牛#
263.5万讨论 31.4亿阅读

此外,蒙牛还发起了"请牛人干牛事"的百万文案征集活动,邀请网友进行海报共创,增强互动感。活动文案要求同时关于代言人谷爱凌和"天生要强"的蒙牛精神,50字以内,评选将共择出18条入围作品来瓜分一百万的奖金。

蒙牛独家冠名的纪录片《谷爱凌:我,18》则将它的品牌曝光推上了另一个高峰,2022年2月8日,谷爱凌夺冠当天,该片首集"天才少女天生好强"在腾讯体育上线,蒙牛在其中获得了片头广告和产品植入的露出。截至2022年4月中旬,腾讯单平台纪录片播放量达到了3.5亿。除在品牌曝光上的运营外,蒙牛在消费转化上同样花了功夫,搭建会员小程序主题场景、发起拼团秒杀赠送谷爱凌礼盒的活动、邀请用户玩抽送谷爱凌冰箱贴的"跳一跳"游戏等。

蒙牛借势多维的整合营销,让其最大限度地抓住了冬奥红利。

**请思考**:试分析蒙牛此次新媒体背景下整合营销传播战略的实施内容。

## 复习讨论题

1. 联系实际阐述整合营销传播战略管理体系的构成要素。
2. 联系实际谈一谈新媒体背景下营销战略STP有了哪些方面的升级。
3. 新媒体背景下营销传播观念应该做哪些方面的调整?
4. 新媒体背景下整合营销传播战略思维应做出哪些改变?

# 第十三章　新媒体背景下整合营销传播组织与控制

**本章要点：**
- 整合营销传播计划、组织与执行
- 新媒体背景下整合营销传播组织设计
- 新媒体背景下整合营销传播应用执行
- 新媒体背景下整合营销传播发展保障

整合营销传播是20世纪90年代才出现的一种新的营销传播理念，是一种系统化的营销传播方法，具有自身独特的思维模式和运作体系。新媒体背景下，整合营销传播的环境更加复杂化，实现的手段更加多样化。因此，需要从组织与控制的角度对整合营销传播理念进行重新架构，建立起与之相适应的组织形式和管理体系，从而使企业的营销传播效率在新媒体背景下得到进一步提升。

## 第一节　整合营销传播计划、组织与执行

### 一、整合营销传播计划的内容

整合营销传播所要完成的不仅仅是简单的声音强化和集中清晰，它超越一般营销传播要求，还包含了对整个组织形式和组织资源的全面整合和重新配置，需要采用系统化的程序，因而本质上属于计划的范畴，并根据特定情况和环境的变化而变化（见表13-1）。

（一）环境分析

在开始进行任何决策之前，必须从各个方面对背景情况进行综合深入的分析。在决定营销传播过程时，考虑营销传播发生的环境对整合营销传播计划的制订具有重要作用。必须考虑四个主要的环境因素：市场（或商业环境）、消费者/受众特征（消费者环境）、公司（内部环境）和大环境（外部环境）。

表 13-1 整合营销传播计划的内容

| | |
|---|---|
| 环境分析 | 市场(或商业环境)；<br>消费者/受众特征(消费者环境)；<br>公司(内部环境)；<br>大环境(外部环境) |
| 市场目标和定位 | 市场目标：市场占有率、提高投资回报率、维持或提高销量或渗透进入某一特定市场等；<br>定位：设计出来的营销传播必须能够达到特定目标，使产品"在目标受众的心目中"获得一定的地位 |
| 营销传播决策 | 了解目标受众的特点；<br>确定受众需要接收的核心信息 |
| 制定推销组合 | 提高品牌知名度：广告、公共关系营销；<br>引诱消费者尝试某种产品：促销活动；<br>存在明确目标消费者：直接销售 |
| 实施：资源及其协调 | 对实施过程进行仔细的协调，确保恰当的资源分配和恰当的时间计划，以保证每一个活动都在恰当的时机推出，使营销传播活动的有效性最大化 |

（二）市场目标和定位

应注意市场目标与市场传播目标的区别。市场目标是在计划的时间表内需要达到的特殊目标，通常包括提高品牌的市场占有率、提高投资回报率、维持或提高销量或渗透进入某一特定市场等；市场传播目标是与传播有关的特定目标，通常与以下几个方面有密切关系：提高知名度、向市场告知产品的某一特殊性质或功能、产品的新用途、解释产品的功能机制、改变对某一产品或服务的看法等，有助于对整合营销传播活动进行整体性评估。

定位是与营销传播相关的一个关键的决策性问题。设计出来的营销传播必须能够达到特定目标，使产品在目标受众的心目中获得一定的地位。营销传播的一个主要作用就是给品牌定位，也就是说，利益相关者可以清楚地从所有的竞争品牌中辨别出某个特定品牌。而在整合营销传播计划的相应阶段，我们的任务是确立品牌的市场定位以及是否需要运用营销传播来对品牌进行重新定位，从而使该品牌的地位和价值更加明确清楚。

（三）营销传播决策

营销传播决策主要包括两项任务：了解目标受众的特点和确定受众需要接收的核心信息。

目标受众可以是以下三种中的任何一种：

（1）最终用户(B2B 和 B2C)——拉动(Pull)；

（2）销售渠道中的任何一种参与者——推动(Push)；

（3）所有的利益相关者——整体市场(Profile)。

这三种受众组成了营销传播决策的 3P 策略：拉动策略（Pull）、推动策略（Push）和形象策略（Profile）。

对消费者环境的分析有助于确定应该传达的最合适的信息。了解消费者对你的公司、产品、服务或品牌是怎么想、怎么感觉以及怎么采取行动的，这是至关重要的一点，因为这些信息有助于确定应该传达哪些最有效的信息。另一个方法就是分析消费者在选择品牌时的标准。这些标准可能与每一个个体相关——从每个人的愿望来看，也可能与产品有关，包括产品的物理特征和相关的感情联系。这些因素一起构成了被目标消费者所理解的完整单一的信息，保证了营销传播的有效性。

（四）制定推销组合

因为营销传播的每一个环节的工作都是实现传播决策目标不可缺少的工作，因而必须很小心地避免用假设来决定传播活动中所需因素以及各个环节的优先顺序。在大部分情况下，这些都是在制定营销传播计划过程中按一定的顺序发展的。如果主要任务是提高品牌知名度，那就应该考虑广告、公共关系和直接销售的优点；如果目的是引诱顾客尝试某种产品，那么可能进行一系列的促销会产生比较好的效果；如果目标顾客非常明确，那么直接销售就可能比针对范围较广的广告活动更加合适。

（五）实施：资源及其协调

为了使营销传播活动的有效性最大化，必须对实施过程进行仔细的协调，即恰当的资源分配和恰当的时间计划，以保证每一个活动都在恰当的时机推出。

首先要保证充分地向销售人员说明营销传播活动的性质和目的，激发销售人员的热情，这样就可以在恰当的时机使其他因素到位。同时要保证销售人员有足够的推销手段和工具，以便于他们向直接受众传达信息。

同样重要的是，必须留有足够的时间，这样不仅能使销售人员做好营销传播活动实施的各种细节，也可以使发行渠道能够在活动开始之前准备充足的库存，并增进零售商与公司之间的关系。实际的活动进行情况是最重要的，因此需要引进一个持续的监控机制——可以是跟踪研究，也可以是其他任何形式的阶段性调查，这样就可以确定营销传播活动对于目标受众的影响。而通过监控搜集到的信息则可以为随后的营销传播活动计划提供额外的信息。因此，必须建立某种形式的反馈机制来对营销传播活动进行评估，以确定计划目标被完成到了何种程度。

## 二、整合营销传播组织及其分类

（一）整合营销传播组织概述

所谓整合营销传播组织，顾名思义，是在整合营销传播理念指导下建立起来的一种新型的组织形式，是执行整合营销传播功能以达到传播目的的实体。整合营销传播是一个连续的过程，在此过程中有很多相互关联又彼此独立的部门或独立的实体的参与，因此，广义而言，整合营销传播组织是所参与整合营销传播过程的部门和实体，既包括传播主体的整合营销传播部门，也包括外部营销传播代理组织和配套服务组织。而狭义的整合营销传播组织的范围仅仅是直接参与传播过程的部门或实体。具体而言,整合营销传播组织就是指从事品牌运营的计划、组织、实施、监督和调节的经济组织或社会团体,它是整合营销传播行为的主体,一切整合营销传播活动都是由整合营销传播组织来完成的。

整合营销传播组织在企业中的地位是资料存储中心、信息传播中心、环境监控中心、趋势预报中心和利害关系者接待中心。整合营销传播组织日常活动的内容有听取收集相关信息,建立并保持与各方的联系及其制度,迅速处理事件,负责内部的整合营销传播管理和协调事宜,培训整合营销传播专职管理人员。整合营销传播组织定期活动的内容有组织各种宣传活动、接待来访,编辑、印刷、出版各种宣传材料,参加各种与IMC相关的经营管理会议,组织安排公益性活动。整合营销传播组织专门活动的内容有组织安排企业的事件活动,筹划安排企业的传播和联谊活动,组织对企业产品和品牌的介绍活动,协助整合营销传播专业人员的业务关联工作。

(二)整合营销传播组织类型

不同的整合营销传播组织有不同的性质、作用、职能、任务和工作程序。

按照对品牌价值的贡献不同,整合营销传播组织主要分为两大类:执行性整合营销传播组织和行业性整合营销传播组织。执行性整合营销传播组织包括企业内部整合营销传播机构、整合营销传播代理机构、整合营销传播媒介,它们是整合营销传播活动的基本参与者,对品牌的创建、传播有直接贡献。整合营销传播后于营销和传播出现,很多行业性整合营销传播组织在环节上理解,就是营销和传播的行业性组织;行业性整合营销传播组织的观念与整合营销传播的概念并未取得同等的普及程度,专门的行业性整合营销传播组织还很罕见;行业性整合营销传播组织不参与具体的品牌运作,在微观视角对品牌没有直接贡献。

按照组织职能、隶属关系和工作程序的不同,整合营销传播组织主要分为两大类:企业内部和企业外部整合营销传播组织。

企业内部整合营销传播组织设置于企业内部,便于接触服务品牌,收集了解品牌资讯,且保持整合营销传播工作的连续性和稳定性。这种组织形式结束了传统企业典型的由内而外导向的规划模式,改变了部门间各自为政的局面,统一了讯息,节约了资源。

企业内部整合营销传播组织的优点有:① 对组织情况熟悉;② 服务方便;③ 保持IMC工作的连续性和稳定性等。其缺点有:① 经费使用可能比聘请IMC咨询公司要大,除了需要支付营销传播管理者工资外,还需购置大量的办公设备;② 由于组织内部成员长期交往所形成的关系,可能会出现妨碍如实报道的情况,他们出于对自己前途的考虑,有可能掩盖问题的真相;③ 企业内设IMC部门,由于与组织其他机构在一起有许多琐碎的事务要处理,干扰了正常的IMC工作等。

企业外部整合营销传播组织的组成与来源相对比较复杂,有整合营销传播咨询公司、综合性广告公司、媒介购买公司、事件营销公司、直接营销公司、销售促进(SP)公司、公共关系(PR)公司、市场调研公司、设计公司等,它们整合品牌运作过程的各类资源或协同品牌运作的部分环节。

企业外部整合营销传播组织的优点有：① 客观性；② 丰富的经验与卓越的才能；③ 广泛的社会关系；④ 弹性较大；⑤ 节约经费；⑥ 意见具有权威性等。其缺点有：① 对企业组织内部情况缺乏了解；② 距离较远，不利于迅速开展活动；③ 时间过长难以再维持客观性等。

### 三、整合营销传播执行的维度

整合有许多维度，若要实现整合营销传播，许多问题必须得到相应维度的处理。通常认为整合是将促销组合的要素排除在外的。这是一个重大的将问题过度简单化的错误。其他维度包括创意要素的整合、组织间和组织内部要素的整合、促销组合要素与其他营销组合要素的整合、信息和数据库系统的整合以及各种定向传播间的整合，如多重目标受众定向传播、内部/外部定向传播、公司与单元化传播和地域间的整合。

#### （一）促销组合要素的整合

本书将美国广告代理商协会（The American Association of Advertising Agencies）提出的整合营销传播概念作为重要的核心。美国广告代理商协会认为：整合营销传播是一个营销传播计划的概念。它认识到了复杂方案的附加价值，即评价不同传播方法的战略作用。例如，普通广告、直复营销、销售促进和公共关系以及联合这些方法来提供清晰、一致和最大的传播冲击力（Duncan & Everett, 1993）。这种情况暗示着需要整合每个促销组合要素的目标及所有已利用的媒体。媒体应该被认为是用来传递信息的任何媒体，而不仅仅局限于传统的大众或线上广告媒体。

#### （二）促销组合要素与营销组合要素的整合

促销组合要素与营销组合要素的整合，不仅需要在促销组合的要素中寻求整合，还有必要将促销组合与营销组合中所有其他的要素相整合，并将它们所有的目标相整合。应该认识到的是，每个营销组合要素都具有潜在的传播价值。例如，定价、分销的性质或者产品生产中使用的材料，所有这些都有关于品牌可讲的东西，并且都有传播的冲击力。真正的整合是涉及所有营销组合要素与促销组合要素的整合。

#### （三）创意整合

创意整合是对跨越无数营销传播行动的创意主题、概念和信息进行的整合。尽管拥有一个单独的连贯信息可以产生优势，并且在许多情况下这样做也受到了青睐，但是创意整合不仅仅是对单个主题和信息进行开发。当然，在有些情况下，这种方法是不必要的。例如，当目标受众群体之间存在明确的区别、当提供特殊的产品或有区别的产品、当存在与众不同的公司实体（战略经营单位）（Strategic Business Unit，SBU）时，即使它们属于同一个集团公司也没有必要强行整合。在理解它们互相之间可能产生的影响的情况下，认知共同策划的主题和信息才是必要的。

#### （四）组织内部整合

组织内部整合是对在一个组织内所有相关的内部部门、个人和活动的整合，它产生并影响营销传播。这样的整合可以通过两种方式取得，即对帮助和管理的所有部分之间的传播进行重新组织或与此相反对其加以保证。它包括相关管理和业务目标的连接和整合以及用来促进整合营销传播的资源与预算的供应。这些可以表述为"内部营销"区域。这里同时还包括在利益相关者群体和组织之间所有"联系"的内部管理。许多人认为这是整合营销传播的基础和特别组成部分,它可以在取得和保持竞争优势中发挥主要作用。

（五）组织之间的整合

组织之间的整合,即代表一个公司参与营销传播的所有外部组织之间的整合。它包括在公司组织内所有的相关企业,以它的名义工作的分销链成员和不同的办事处以及线上和线下传播。为了对此加以推动,越来越多的公司在某种程度上主张提供全程"一条龙"的营销传播服务。

（六）信息与数据库系统

信息和管理良好的数据库对于整合营销传播的价值是毋庸置疑的。数据库管理的任务是这样被认识的:当你对传播进行整合时,你必须整合营销活动。要去整合营销,你必须整合销售和推销,而要整合这些功能,你必须整合整个组织……其目的是使组织密切配合而服务于消费者和顾客。"数据库正在迅速成为推动组织经营战略的首要管理工具。"(Schultz,1997)营销传播的中心是公司的利益相关者和目标受众,他们的中介是消费者和顾客。对他们了解得越多,组织的传播就越可能有效。今天的数据库的内容比简单的客户清单要多得多。计算机创造了储存和交叉分析大量数据的能力,例如,服务和销售数据、购买记录以及态度和行为数据,数据有很多领域,它们涵盖了数百万的交易和关系。没有这些信息,真正的整合营销传播是不可能存在的。数据库是健全的顾客关系管理(CRM)系统和活动的基础。在 IMC 的环境中,维度包括营销组合传播要素策划模型中要求的所有相关信息。

（七）以内部和外部受众为目标的整合传播

我们需要在营销传播活动或各种活动的背景下,对不同的受众、"公众"和利益相关者进行考虑。受众的成员可以是组织外部的,也可以是组织内部的,他们将代表各种不同的潜在群体。为了使整个过程取得成功,整合营销传播需要对每一个群体的任务和影响进行考虑。

（八）公司形象传播的整合

企业沟通(如公司形象识别)通常被理解为是与单元化的传播(如产品、品牌、个性或交易传播)相独立的活动,通常其负责人也不同,由担当"公司守卫"的人负责。尽管有这种分隔,但组织仍能够清楚地认识到公司形象识别对其他所有促销活动的战略和战术影响。一些公司所实现的整合要比其他公司的好。一些组织利用它们的公司形象识别作为"保护伞",在它的下面放置所有的品牌。其他的组织选择让它们的品牌保持独立。无论哪种选择,为了保证所有不同形式的沟通之间实现整合、一致和明了,应对整个营销传播过程加以谨慎控制。

### (九) 地理整合

跨越本国和国际边界的整合。由于语言、宗教、文化和法律的变化，地理整合也变得复杂了。有一点也许是很明显的，即在不同的国家、语言、宗教和文化变化的情况下，营销传播采取了不同的形式，在本国境内（甚至更小的范围内）也应该一样认识到这一点。比利时有讲法语的人和讲弗拉芒语的人；马来西亚有华裔和马来人；中国有讲普通话的人和讲粤语等各种方言的人；美洲有许多不同血统的民族群体。由于这些特征，成功地完成整合并在国内和全球树立品牌就变得更加的复杂。

## 第二节 新媒体背景下整合营销传播组织设计

### 一、新媒体背景下整合营销传播组织面临的困境

与传统媒体环境相比，新媒体环境具有客体受众广、传播方式及时、互动性和传播内容丰富的特征，新媒体营销环境下企业整合营销传播组织的发展面临新的困境。

#### （一）新媒体背景下 IMC 与传统组织结构的矛盾

传统的营销组织结构是依据"4Ps"理论建立的，这一理论将营销定义成一种机械的、可分离的职能活动，从企业其他活动中分离出来，授权给一些专业人员，由他们负责分析、计划和实施。4Ps 理论指导下的营销组织结构显然不能适应当今的新媒体市场环境。

除上述问题外，传统企业组织的营销规划系统是"由内而外"的营销规划系统，营销和销售是相互结合的，过去的营销重点是如何把企业所生产的产品或者所提供的服务销售出去，企业营销传播的重心也从外围的消费者身上转移到公司或企业组织内部。这种企业组织的营销规划系统被称作"由内而外"的方式，即这种规划是基于组织内部的销售、营销甚至利润目标设定的财务分析之上的，正是这种由内而外的营销方式和营销传播造成了许多不切实际、徒劳无功的营销传播活动。

新媒体时代信息化带来的更深的改变在经济领域，在去中心化、去平台化的背景下，消费者多元化的消费需求和购买渠道，使个性化成为信息时代消费者的主要特征。企业、厂家等，如何将自己的产品或者服务有效地传达给消费者，成为一道难题。整合营销传播规划与传统营销规划的不同表现在以下两个方面：第一，整合营销传播是将整个规划的焦点置于消费者及潜在消费者身上，而不是放在公司的目标营业额或目标利润上；第二，整合营销传播尽可能使用消费者及潜在消费者的行为信息作为市场细分的工具。所采取的营销规划方式不同，其对应的组织结构必然不同。

#### （二）新媒体背景下整合营销传播组织的实践问题

新媒体背景下，公司目前的内部组织结构（见图 13-1）是整合营销传播最大的障碍，大多数企业现行的内部组织结构与整合营销传播间存在以下问题。

1. 传播在大多数营销组织中不受重视

现在绝大多数企业都没有意识到营销传播是公司的一项重要工作，且新媒体传播

的内容包括文字、图片、视频、音频等丰富的传播内容,能使消费者得到视觉、听觉全方位的购物体验。而在现行公司的组织结构中,营销组织传播活动的制定和实施是被放在最低的管理层次中,虽然高级经理拥有决定权,但事实上传播职能一般是由基层管理人员负责的,这样常常导致决策层压缩或减少传播预算,再好的创意也很难得以实现,从而影响了企业整合营销传播的实际效果。

2. 垂直型公司组织结构带来的弊病

很多公司推行整合营销传播失败的原因都可以归咎于采用垂直型组织结构,归咎于它的品牌经理或产品经理的管理体系。现在的消费者和潜在消费者面临的是一个扁平化的市场环境以及复杂多变的新媒体,这意味着他们可以找到大多数产品和服务的替代品。企业组织结构层次过多是降低组织灵活性、影响员工创造力的主要原因。减少管理层次,使组织结构尽可能扁平化,不仅能够解决信息流动不畅、决策速度缓慢等问题,而且可以给知识员工以较多的现场处置权,缩短上下级之间的距离。整合营销传播营销规划模式要求组织扁平化,要以消费者为导向原则,并建立双向沟通机制。

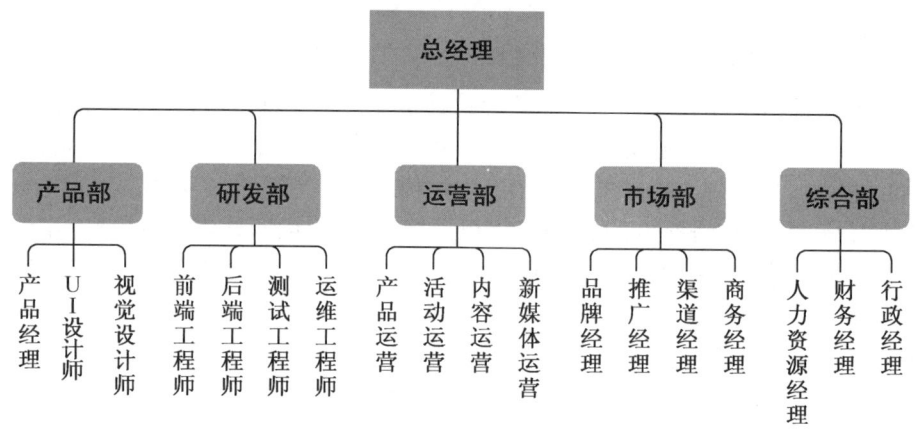

图 13-1 常见的互联网传播公司组织架构图

3. 各类型的部门专家太多——传播活动应由中央集权控制

现在的商业环境越来越复杂,传统组织也越来越依赖各种功能型专家,如广告经理、直销经理、促销经理、事件营销经理等,各职能部门间缺乏良好的协调,从而使得传播方案和传播预算被分割。另外,大多数专家只熟悉本专业,而对其他传播方式知之甚少,更谈不上和其他方面的专家合作,这些都限制了企业整合营销传播的效果。

在现代市场竞争和移动互联网的环境里,集中化或合并的传播功能是必需的。只有中央集权控制的公司组织才能制订出高瞻远瞩的传播计划,并构建出完整的战略;也唯有这些计划和战略,才能使公司所建立的品牌在市场上屹立不倒。在所有的组织中,传播的功能必须由公司的领导层所掌握,而且它必须和财务或公司的其他功能一样,被视为主要活动。规划和组织良好的传播战略固然有可能获得局部成功,但要获得全面性的成功,无疑必须依赖于那些全面了解整个企业运作的通才来掌握公司的传播运营。

传播计划必须协调运作,所以营销组织必须致力于和每一个消费者建立一个清楚而简单的关系。

**4. 管理成本高、管理效率低、稳定性差**

在传统营销传播组织中,企业专门设立特定产品项目经理职位,各产品项目经理为保证任务的完成还要借助于各职能部门的管理,这样就造成组织中员工受到本部门领导和产品项目经理的双重领导,员工横向上受到各项目经理的管理,纵向上受到本部门职能领导的管理,这样的"双层"甚至"多头"领导,责权划分不清,影响了员工工作效率。新媒体环境下,随着产品品类的增加,新媒体营销传播市场的开拓,市场容量随之扩大,传统"矩阵"型营销组织无法按产品品类设立项目经理,从而丧失某些产品,放弃某些局部区域市场。新媒体背景下营销传播组织应做到一切以顾客为中心,从顾客需求出发,考虑如何吸引顾客注意力,最终达到促进销售、实现企业整体长远发展的目标。

## 二、新媒体背景下整合营销传播组织发展趋势

(一) 新媒体背景下整合营销传播组织柔性化发展趋势

人既是管理的主体,又是管理的客体。在新媒体整合营销传播环境下,"以人为本"的柔性化管理的优点越来越明显。企业市场营销组织的柔性化管理采用非强制的方式,依据诱导、感召、激励等方法,启动营销传播组织内部人员的内在驱动力,将企业规则制度转化为营销人员的自觉意识,将企业营销传播目标转化为营销人员的自发行动,从而在最大程度上、从营销人员的内心深处激发营销人员的工作积极性、主动性和创造性。企业整合营销传播组织柔性化管理充分满足了企业营销人员尊重需求及自我实现需求等高层次的需求,这样更能激励企业营销人员的主动性、积极性和创新性。因此,我们有理由相信,在新媒体环境下,企业整合营销传播组织的柔性化发展将是企业经营战略发展的重中之重。

(二) 新媒体背景下整合营销传播组织扁平化发展趋势

企业整合营销传播组织扁平化是打破原来纵向的营销传播组织格局,减少营销传播组织管理层次,精简原来庞大的营销组织队伍,压缩中间职能机构和部门,从而形成一个网络化、结构紧凑、办事干练、高绩效、高效率的整合营销传播组织。企业整合营销传播组织扁平化的发展有利于激励和调动营销组织员工的积极性和主动性。员工拥有决策权,同时实行目标管理,员工对自己的工作做出决策,同时也为自己的决策负责,增强了营销组织成员,特别是基层营销人员的主人翁责任感和使命感。新媒体环境下,互联网、手机等即时信息传播工具的使用,使整合营销传播组织更加趋近于扁平化。企业的营销管理水平也需要适应时代发展,不断精进,更上一个新的台阶。

(三) 新媒体背景下整合营销传播组织整合化发展趋势

整合营销传播组织兼具跨职能团队、网络组织、驱动市场组织和学习型组织的优点,打破原有营销组织内部固定式、模式化的边界,营销组织外部的组织或者成员也有可能在特定时期、因特定项目成为组织内部成员,为了企业特定目标,与营销组织成员

共同完成营销任务,而整合营销传播组织也进化得更敏捷、更灵活、更加个性化。整合化的营销传播组织能够对营销传播资源进行集中管理以保持其效率和规模优势,同时还兼顾差异化的区域和消费者需求,把客户界面营销功能下放到最前线,更为重要的是能够保证事业单元共享品牌、渠道、服务和客户资源。

如何管理打破现有营销传播组织界限的"客户互动"和"内容营销",是新媒体背景下营销传播组织整合化发展面临的一大挑战。基于此,宝洁公司的具体做法是构建集中和分布混合型组织结构:① 集中,即集中营销传播内容的制作,因为这涉及横跨多个不同部门的内容获取(产品、研发、品牌、设计等)、内容策划、多种媒体形态、内容制作等,因此,集中的资源和统一协调才能高质高效,这类内容中心有点类似于一家新媒体出版公司;② 分布,即由于跨区经营多样化和本土化,公司新媒体营销传播渠道决策分布在各地各级采购部门,由一个具备营销传播经验的团队负责。

(四)新媒体背景下整合营销传播组织流程化发展趋势

为应对全新的市场环境,整合营销传播组织必须从职能导向的"垂直型"组织转变为关键营销传播流程和客户参与导向的"协作型"组织,这一流程化发展趋势表现在三个方面。① 客户洞察流程。该流程产出关于客户身份、客户心理及客户行为的深层次知识和可以指导营销传播战略与活动的信息数据。深入的客户洞察要求企业打破部门和职能界限,整合全方位的多层次数据和富有创意的数据分析能力。有效实施该流程应具备两个核心条件:一是新型营销传播组织结构,必须打破部门和职能设置、无缝地分享和整合多层次数据及信息;二是新技能,即企业必须具备数据工程和商业智能分析的团队。② 客户沉浸流程。该流程产出高忠诚度的客户,利用上一流程对客户洞察的信息进一步描绘"顾客决策旅程"的全过程,从而梳理出从"客户需求唤起""搜寻信息""比较选项"到"使用体验""分享传播",再到所有与公司产品和服务的"接触点"。围绕这些接触点展开的整合营销传播将协助客户高效、顺利地完成消费决策流程,同时,引导客户进入公司设计的购买流程并成为忠诚顾客。③ 关键客户管理流程,即针对企业各个具体客户情况实施的差异化营销传播管理流程,通过该流程,企业可以获得高质量的客户关系和绩效。新媒体背景下,营销传播的主要任务是识别高质量客户并与之建立起个性化的价值关系。而如何区分不同的商机、如何辨别客户价值、如何与客户建立关系、如何提升客户终生价值,是这个流程的关键任务。为此,需要梳理出企业的现有和潜在客户,确定"客户分级组合",然后针对不同级别的客户分配不同的营销传播资源和渠道,并通过线上和线下资源获得客户中各级别决策人的联系方式即个人信息,最后通过大数据和社交媒体倾听,针对不同的决策者制定个性化的"营销传播内容"。

## 第三节　新媒体背景下整合营销传播应用执行

整合营销传播遵循统一的品牌核心理念,不断挖掘与消费者更多更深的接触点,从而实现有节奏的整合营销传播。网络时代新媒体迅速发展,让整合营销传播的手段变得多样化,口碑营销、形象营销、公众传播、精准营销和数据库营销都不是相互独立存在的,利用新媒体平台的优势,整合各种营销手段,实现传播执行效果的最大化。

### 一、彰显新媒体背景下整合营销传播的核心元素

新媒体环境下,消费者成为整合营销传播的主体,且消费者本身即具有自媒体特性。他们影响甚至主导了整合营销传播,使整合营销传播成为更具社会化的活动。社会化消费者成为意见领袖,在整合营销传播活动中占据"议程设置"的关键地位。因此,新媒体时代整合营销传播核心要素的内涵和外延,都产生了新的变化。

(一)打造与消费者的社交关联

随着互联网结构的日益开放,消费者的网络行为变得日益复杂、难以捉摸,消费者的自主意识也日益增强。因此,新媒体背景下的整合营销传播应更加注重在社交网络中的品牌形象以及在营销传播效应方面充分满足消费者的心理需要,刺激消费痛点。同时需要更加与时俱进的品牌策略,整合优势品牌资源,与消费者建立新型的社交关联。互联网的社交化浪潮将产品生产理念、传播方式以及企业与消费者之间的关系完全颠覆。互联网被看作"信息综合体",将过去单一信息升级成丰富、多维、立体的信息交换中心。消费者的情感诉求、社交需求,都可通过品牌的拟人化品格在这个中心交互流通。传播社交化作为互联网和大众自媒体时代的鲜明特征,迫使商家必须丰富自己的品牌内涵,强化自身在社交网络中的品牌核心属性,促进消费者的主动传播。只有这样不断积累和沉淀品牌与消费者之间的交互关系,提升消费者的精神体验,才能不断地实现品牌资产的提升。

(二)注重与消费者的价值共享

传统的品牌媒体运营属于硬性推广,而新媒体品牌运营属于软性推广,在这种方式下消费者有自主选择的权利,更有利于宣传。对于企业来说,让目标用户全部参与其中,与消费者形成良好的互动,利于口碑传播,从而形成良好的传播方式。品牌关系和人际交往一样,是一个逐渐建立的过程。因为,品牌关系首先是由消费者提出要求,同时品牌所具备的条件刚好能满足它,从而造就了品牌关系。

在新型的传播环境中,社交化的营销体系要求品牌积极参与社会互动,具有"人"的属性。这不仅能帮助品牌本身创造内容,而且能拉近品牌与消费者之间的关系,使品牌和消费者之间的关系转化成一种以情感为纽带的紧密"社会交往"。一方面,持续保持品牌的人文关怀,以"分享"的态度实现社会价值,高层次的品牌社会价值体现能帮助提升消费者对品牌的好感;另一方面,深度阐述相关品牌的核心价值,打造并实施系列品牌背书活动。

### 二、注重跨界跨平台营销

跨界营销以共享双方优势资源为前提,以利益共赢为纽带,以提升效益或市场拓展为目标而展开。

### (一)门当户对,强强联手

跨界营销要遵循门当户对的原则,找到合适的"另一半"。这个是跨界营销的起点,地位、权益不对等的品牌联姻,势必无法长久。"门当户对"不仅意味着双方品牌各方实力要相匹配,不能高不成低不就,还要在能力上有所互补。跨界合作讲究的就是强强联手,要对合作双方都产生积极正面的影响,才是适合的联合对象。寻找跨界对象时,要明确自己的目标,找到双方的利益共同点,清楚对方想要的是什么。如果品牌之间是上下游关系,这种跨界通常下游品牌会比较被动。在跨界合作拓展过程中,需要找到合作品牌与自身品牌的完美结合点,成功延展自身品牌的消费场景。同时,需要挖掘与合作品牌的结合点,巧妙地融入和借助其品牌力,而非喧宾夺主。

### (二)精准互补,扩大受众

品牌之间的跨界合作,合作目的必须明确、精准、互补。不仅要考虑目标消费群体的一致性,还要考虑对方的品牌特质,包括调性、消费人群在内的相关品牌因素如何连接到自己的品牌上,对特定品牌产生联想。我们所要追求的品牌间的互补,并非功能上的互补,而是消费者体验上的互补。找到目标消费群体,绘制其一天所使用的品牌。简单说,品牌的目标消费者,所用的其他品牌都有可能是自身潜在的合作对象。与目标消费者相似或者相同的品牌合作,一是互换资源,二是吸引不同领域、不同年龄层的消费者,突破壁垒。有些品牌合作看似差别大,关联性不强,但实际上两者发挥各自优势,能达成完美互补的合作模式,通过圈层发酵,精准地触达目标消费者,从而产生品牌叠加共振效应。

### (三)洞悉消费者,投其所好

跨界营销还能有效地帮助品牌进行形象升级,改变在目标受众心中固有的品牌形象,使其更具年轻化、潮流化。要充分理解消费者,突破传统合作界限,哪怕是看似风马牛不相及的结合,也可能是投其所好的成功尝试。品牌跨界合作要为共同的商业目的服务,需要产出优质内容与目标消费人群进行连接,如果没有深度的内容,只有满满的僵化套路,品牌参与跨界便很难擦出火花。跨界营销不论在跨界形式还是营销内容上,都需要与品牌单枪匹马时有不一样的表现。不同行业间的碰撞产生的创意、有趣的玩法,能让消费者感到惊喜,第一时间刷新品牌印象。2022中秋季,五芳斋以微信、社群、抖音、小红书、朋友圈、微博和公众号等多矩阵用户链接方式,引导用户及KOC进行内容输出,让五芳斋的中秋新品、新服务通过多渠道持续触达消费者,让五芳斋和用户之间的链接更为紧密,极大地满足了消费者多元化的购物需求和购物体验。

### (四)找准节奏,互动参与

成功的跨界营销离不开分布精准的营销节奏。作为关系到至少两个品牌的跨界合作来说,双方要高度关注。跨界营销的节奏需要合作各方的密切配合,大致分为"预热—活动期—活动后期"三个阶段,根据不同的行业和时间特点,具体内容会有所不同,但是大致节奏要整体把控。每一个阶段之间的衔接要紧密,在时间序列上连续性地进行传播。跨界合作的最大好处就是可以实现品牌间的资源互换,这其中也包含营销渠道的互换。通过媒体曝光、进行矩阵传播,联动线上线下,是跨界营销扩大效果的关键。2021年年初,洋河品牌以良好的知名度和美誉度,携手京东及其他品类品牌,洞悉疫情之下爱有距离和城市奋斗者归家难两大痛点,创新搭载正在热映的电影IP《没有过不去的年》,以"有家,就没有过不去的年"为主题,推出跨品类年货温暖新势力,共同打造了一场有温暖、有创意、有情怀的联合营销狂欢,跟用户一起买好货、看好戏、过好年,并通过有趣的交互内容和直播动销等方式,将用户代入"2021不一样的年货节"体验场景之中,升华家的内涵,延伸家的情感及文化。

### 三、进行基于消费者洞察的品牌自媒体运营设计

在整合品牌传播阶段,消费者得到的重视程度更甚,且品牌对消费者的了解更深入,品牌需要在深刻洞悉消费者动态的、个性化的需求后再开展整合品牌传播工作,回到"消费者"这个根本出发点。以人为本的传播,多场景切换无缝对接消费者的日常生活,才是效益最大化的传播。

(一)内容定位

要打造优势自媒体,内容的输出要符合受众的喜好,且要有一个非常明确的内容定位,这决定了自媒体运营发展的关注点。例如,杜蕾斯把官方微博定位称为一个"有翩翩风度,又有一点痞,但是风趣逗乐"的人。怡宝在近年来也打造了"怡小宝"的形象,在品牌线上传播和线下活动执行中经常能看到"怡小宝"拟人形象的出现,在日后的自媒体运营中,可以深化"怡小宝"的拟人化人格,和受众建立紧密的关系。

(二)坚持原创

随着互联网的发展,自媒体成为整合营销传播的一大法宝,占据非常重要的营销地位。因此,原创内容要求也被品牌所提出。优质的原创内容,不仅能吸引大量的"粉丝",还是企业联系品牌消费者的重要方式,它可以随时传递品牌信息,随时与用户进行沟通。新媒体背景下企业应该思考的问题是:如何让消费者关注到你,并充分阅读你的内容,如何引导消费者自发地、积极地向社交媒体平台分享。只有解决了这些问题,原创的"自媒体"才能逐渐建立自己的品牌,建立自己的王国,并始终保持在消费者眼中的独特地位。

(三)鲜明个性

作为特定品牌的自媒体,如果能打造自己的鲜明个性,形成自己独特的风格,那么就能快速帮助消费者加深品牌印象。现在的自媒体有些风格尖锐,有些风格幽默滑稽,有些风格专业严谨,无论哪种"自媒体",最重要的是要有品牌独特的个性。只有这样,消费者才能真正记住这个品牌,并时刻关注这个品牌。

(四)消费者互动

新媒体区别于传统媒体最大的优势就是实现了和消费者的零距离互动。只有加深与消费者的交互性,才能让消费者感觉到自媒体账号背后是一个真实的人存在,只有真实,才能让人产生信任度和亲近感。不与消费者互动的自媒体就像一个机器,没有体

温,没有感情,即使内容特别好,消费者也只是偶尔进来看看,绝对不会主动关注和分享。在自媒体运营中应坚持和消费者互动,经常回答消费者的评论和私信,这会让消费者感觉到惊喜,感觉这个自媒体是活生生的人。当你每天坚持用心去和消费者互动时,你就会慢慢积累一批忠实的"粉丝",这些忠实的"粉丝"有时候甚至会帮你回复别的消费者提出的问题,通过聚合忠实的"粉丝"逐渐形成属于自己的社群,未来就会形成自媒体真正的核心竞争力。

### 四、开展面向消费者的品牌自媒体运营

整合品牌传播是一个从消费者到社会性消费群体,再影响至社会公众的过程。要实现这个过程,需要品牌传播创意能形成独特的价值诉求。与整合营销传播理论相比,互联网新媒体时代的品牌传播创意在内容和模式上都产生了巨大转变:从内容上说,新的品牌沟通要能够获得消费者的社会价值认同,与品牌产生共鸣;从模式上说,新的品牌沟通,由品牌整合消费者自发创造的内容,具备很强的整合性。而这两者的结合,能形成"大创意"。同时,"大创意"的实现也要直面娱乐经济时代背景,品牌传播对娱乐化因素的融入提出了变革性的需求。

#### (一) 形成"大创意"

社会化媒体的催化为达成品牌"大创意"提供了有利条件以及信息传播的多元化渠道。大创意是独特的价值诉求,其围绕的中心是品牌核心价值。消费者身处动态的、互动性的、多元化的信息环境,在海量信息多重输出时,能够与消费者达成品牌沟通,不仅仅是促销、路演等形式的活动创意,也不仅仅是通过有趣新颖的形式吸引消费者的创意呈现,而是能够与消费者达成品牌沟通,产生价值共鸣的整合性的创意。这里所说的品牌"大创意",是能够使消费者在特定品牌的传播中获得视觉和听觉的美感,更多的是与消费者达成其所追求的、信仰的、价值观基础上的精神契合和价值共识。当围绕品牌核心价值形成的"大创意"通过多元的媒体组合全方位、立体地覆盖消费者时,消费者与品牌之间便开始产生价值交流,消费者的品牌忠诚度更加巩固。

另外,"大创意"是一种创意方法,以创意性的思维来拉动品牌传播的其他环节。整合品牌传播强调品牌核心价值的输出和交互。在广告执行中,创意是基于前期各个环节而最终执行的,凝结着品牌的目标。而"大创意"是指从品牌传播战略的高度,通过品牌的统一创意指导,贯穿品牌的广告策略、媒介投放等品牌行动。即一切以创意为先导,逐步影响到品牌活动的每个步骤,根据创意调整整合营销传播活动过程中各步骤的实施重点,使整合营销传播目标和广告传播效果同时得以实现最大化。换句话说,"大创意"实现品牌的价值整合。以品牌核心价值为中心,基于社会化媒体传播,将品牌的核心价值从消费者传递到社会公众,参与到社会价值观层面当中去。例如,耐克一直秉承着"Just do it"的品牌理念,传播运动精神,塑造榜样的力量,耐克的广告一直传达的是运动者对坚持的承诺,鼓励运动者从坚持中获得意想不到的乐趣和永不言弃的精神。其不仅仅是宣传耐克品牌,更是传达一种运动的精神和人生的态度,"Just do it"所包含的品牌价值也完全被消费者所认可,并由消费者传播至社会性消费群体,上升至社会公

众层面。这样的品牌"大创意"能有效地激发品牌共鸣,让品牌参与到社会价值观层面当中。

(二)形成"娱乐化传播"

在"娱乐至死"的新媒体时代特征下,娱乐因素也成了整合营销传播过程中的关键因素。随着娱乐产业发酵式地壮大,品牌也进入娱乐经济时代。品牌的"娱乐化传播"也成为整合品牌传播的一大要素。我们所倡导的品牌娱乐化传播,不是指简单地参与娱乐综艺、流行文化等娱乐业的品牌露出,而是以娱乐化的形式执行前面所诠释的"大创意"。创意是内容和精神价值,娱乐化是形式,是创意的加工方式,即通过迎合消费者喜好的方式让消费者获得更愉快的品牌沟通和分享的过程。

娱乐经济时代的到来,在全民娱乐体验的追捧下,消费者内在的心理需求被释放,传统的消费心理被突破,消费者转向追求更时尚的、更有趣的、更具有亲身体验的消费。"娱乐至死"的消费环境使整合营销传播迎来了一个具有变革性的传播因素。再加上社会化媒体和自媒体的催化,娱乐化传播在社会性媒体中的参与和对话能影响到更庞大的消费群体,消费者从以娱乐化方式传播的、基于品牌核心价值"大创意"的体验中,与品牌建立更亲密的互动关系;品牌达成更具有社会性的价值共鸣,获得更高品牌忠诚度。为了让整合品牌传播更具娱乐性,要注重信息的观赏性、玩乐性、时尚型以及个性化的表达。消费者更乐于接受生动的视听信息,品牌信息要具备观赏性,要提高企业形象、产品包装、广告文案的接受度。满足传播的玩乐性,对整合营销传播过程的各个环节进行娱乐化改造、呈现游戏化特点,消费者在参与游戏化的互动体验中愿意接受品牌信息,并达到潜移默化的传播效果。娱乐化传播要迎合消费者追求时尚的需求,把时尚和娱乐相结合。时尚性的整合营销传播能让人眼前一亮,同时也满足了消费者追赶潮流的心情,让消费者乐于自发性地传播品牌信息。

## 第四节 新媒体背景下整合营销传播发展保障

### 一、文化保障

(1)营销传播策略的内部宣导。新媒体整合营销传播策略的实现,首先需要企业管理层及员工的普遍认同和理解,公司全体人员目标一致是保证营销传播策略实施的重要保障。因此,企业管理层要持续不断地对其新媒体整合营销传播策略进行宣导,引导员工积极主动地学习与领会。公司最高管理层需要把任务分配给各部门,各部门根据各自任务制定和落实新媒体整合营销传播策略的短期、中期和长期目标。

(2)在公司内部建立品牌文化。新媒体环境下公司的整合营销传播需要建立品牌核心价值观,在全公司范围内树立品牌观念。品牌核心价值观在企业内部要获得认可,同时要持续开展品牌文化的建设,形成独特的品牌文化,并在企业内部员工中持续确保品牌文化得到正确的理解和传播。

（3）企业文化的营造。公司要实现为消费者提供创新性的、人性化的、能够带来快乐的产品的经营目标，就要在公司内部营造创新性的文化环境，鼓励各部门员工敢于创新，勇于创新，同时鼓励创新，构建良好高效的创新激励政策，在物质上和精神上给予创新者鼓励，让创新成为公司发展的动力，在全公司树立创新文化。同时，对员工给予人性化的关怀，建立员工活动交流区域，提供人性化的办公环境，让员工深切体会到公司的人文关怀；重视团队精神，定期组织集体活动，给予困难的员工帮助和关心，让员工感受到工作的快乐和温暖。

## 二、组织保障

媒介融合下的新媒体整合营销传播策略要落到实处，不能成为一纸空文，这就离不开整合营销传播组织的保障。合理的整合营销传播组织能够帮助公司增强对新媒体整合营销传播策略的信任感。同时严格的整合营销传播组织也保障了新媒体营销传播管理的公平性、公正性、公开性，让新媒体整合营销传播不是为某一个个体或部门服务。公开的标准、合理的组织体系能够让每一个新媒体整合营销传播单位都能看到公司营销战略的结果，以结果作为努力的方向，只有这样，才能更加深刻地发挥整合营销传播组织的作用。

要想取得新媒体整合营销传播最终的收益，一定要做好协同工作，要协调好各个新媒体整合营销传播部门工作人员的协同运转。同时还要做到信息公开，保障新媒体整合营销工作公正性的同时，增加新媒体整合营销传播人员的知情权，让工作人员和营销初步力度能够通过信息公开，从而参与到新媒体整合营销组织的共同建设当中来，保障新媒体整合营销传播措施能够良好推进。

从最直观的角度来说，首先就是要解决媒介融合下的新媒体"整合营销&体系建设"问题，能够使新媒体整合营销传播系统可以对专门的营销传播活动的实践发挥系统性的作用。这要求管理人员配合企业长期营销发展策略对媒介融合下的新媒体整合营销管理模式的要求，详细研究企业营销标准，以使企业管理能够更加符合企业整体对于新媒体整合营销的发展方向，同时作为营销策略实施保障，企业也可以借助现有的人力物力资源，从基层员工当中抽调专门的工作人员对接新媒体整合营销的管理人员，配合企业的发展需求，推动媒介融合背景下的新媒体整合营销传播组织系统的建立与完善。

## 三、技术保障

新媒体整合营销传播对于网络数据的软、硬件要求与传统营销传播方式不同，管理层和IT人员应该对公司现有软、硬件进行升级，以适应新媒体环境下整合营销传播策略的需要。同时，营销传播方式和IT技术不断升级变化，新媒体整合营销传播离不开技术人员的支持，因此，应该配备相应的技术人才，同时加强对员工的培养，让员工紧跟市场变化和需要，持续具备战斗力。首先，官方网站是企业重要的网络宣传方式，官方网站的开发需要前端、后端技术人员的配合协作，应设计出最佳的品牌、产品和技术展现形式，合理的页面布局和用户操作，并对用户行为进行捕捉，分析出用户在页面的操作数据、停留时间、浏览页面等数据,以便进行数据分析,找出用户喜好以及对网站进行优化升级。其次,线上活动离不开IT人员的配合,比如裂变活动需要IT人员开发设计,虽然有第三方平台,但自己开发设计更能满足企业的新媒体整合营销传播的需求。另外,公司的会员系统也需要IT人员根据新媒体整合营销传播的最新需要进行升级。与此同时,小程序的开发、H5等网络传播活动方式也需要IT人员与新媒体运营人员的配合。

### 四、资金保障

广告投放、内容建设、渠道搭建等新媒体整合营销传播策略的实施需要与之匹配的营销预算,需要公司财力的充分支持。因此,公司需要保证提供各部门正常运营的资金需求。首先,在人才引进方面,需要按照公司的整合营销传播组织架构,提供资金用于优秀人才的招募以及对人才进行激励。优秀的人才队伍是公司发展的源动力,也是确保整合营销传播策略取得成功的必要条件。其次,为配合公司的新媒体整合营销传播策略,财务部门应提供软硬件、软硬件的升级配套所需的资金。通过对销售增长率、毛利率、资产收益率和存货周转率等财务指标的监控,及时掌控企业的盈利能力、营销费用和成本等情况,更有效地衡量计划和执行的有效性,及时发现问题和确定原因,并采取适当措施和正确行动,确保营销传播计划的完成和目标的实现。

与此同时,要保障在新媒体整合营销传播过程当中,能够有充足完整的资金链保障,保障每一个营销传播环节都能够完整地进行。风险控制在行业发展与营销策略当中是非常重要的一点,加强营销风险控制能力,就相当于提高了自身的抗风险能力。在当今互联网普遍强力竞争的环境下,有了完善的资金保障和风控意识,就意味着能够在新媒体整合营销传播当中占据一席之地。

### 五、人才保障

营销传播系统中人力资源管理的改善,是目前新媒体整合营销传播管理的最新发展趋势,只有让人力资源管理更加完善,才能够更好地提升公司新媒体整合营销的运转效率和抗风险能力。在新媒体整合营销传播实际的操作过程中,一定要重视人才的培养。要清晰地梳理每一个部门的工作任务和发展主要方向,在这一基础上,做出有针对性的综合人才培养措施。要从新媒体整合营销传播能力出发,培养数据分析能力,提高工作人员的综合能力,对工作人员做出积极的肯定和鼓励。要做到尊重人才、理解人才,主动挖掘现有工作人员潜能、鼓励工作人员发展,为工作人员的全方面、综合性发展提供更高的平台。为新媒体整合营销传播培养全面综合性人才,绝不是被动性的,如果培育人才不具有前瞻性,被动到已经严重缺乏人才时才进行,那么面对的将是新媒体整合营销传播系统涣散的不利情形。新媒体营销传播行业人才培养工作本身就具有极高的活力,可以满足公司长期发展过程中出现的最新需求。只有注重培养全面综合性人才,才能够提高公司新媒体整合营销传播的活力,打造更加强有力的新媒体环境下公司经营发展模式。

> **案例** 小米的新媒体整合营销传播组织管理

小米公司的案例可以说是一个典型的与用户零距离沟通的互联网＋营销传播组织案例。

小米公司于2010年的4月底成立,从MIUI开始到小米手机的推出,再到今天的智能家电的布局,小米公司已经成了中国互联网创新的企业标杆。

在小米的新媒体整合营销传播组织管理三三法则中,包括三个明确的战略:"做爆品""做'粉丝'""做自媒体"。围绕着这三个战略,又构建了三个战术,"开放参与结点""设计交互方式"和"扩散口碑事件"。基于此,小米围绕"怎么与用户做朋友,怎么样充分地让用户参与到企业经营决策中"构建了它与用户保持零距离沟通的扁平化的新媒体整合营销传播组织架构(见图13-2)。

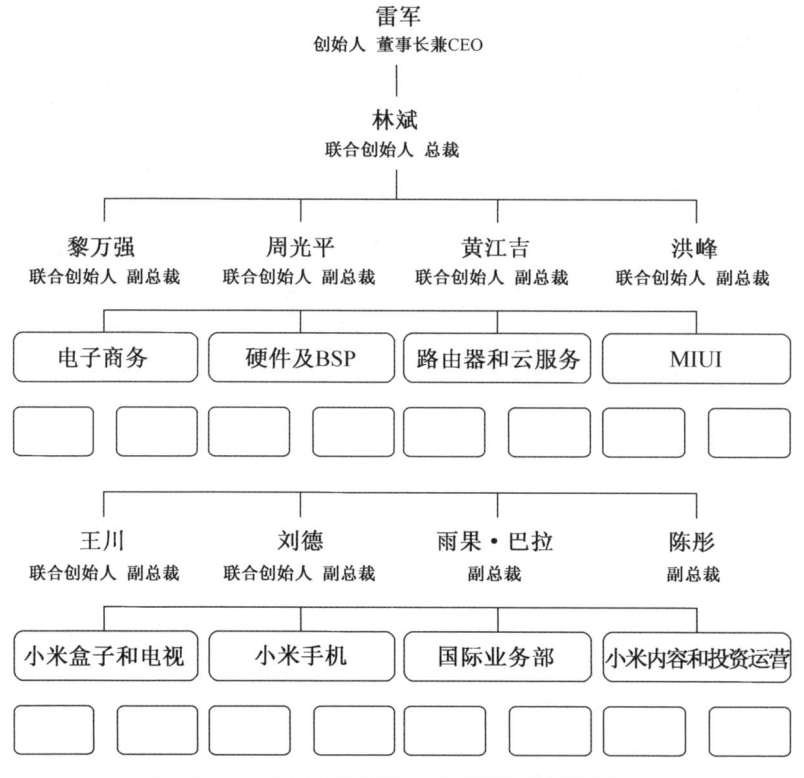

图 13-2 小米的新媒体整合营销传播组织架构

作为最高的一级管理层,合伙人团队是小米新媒体整合营销传播组织架构的核心,中间层是各个主管,而员工层则直接面对用户。小米的合伙人在吸收了雨果·巴拉、陈彤等加入之后,正式构建了围绕小米新媒体整合营销传播组织生态体系的一个合伙人核心管理团队。由黎万强引导电子商务运营、营销、推广团队;由周光平领导硬件和BSP团队;由黄江吉领导路由器和云服务团队;由洪锋领导MIUI团队。王川则是领导小米盒子和小米电视团队;刘德领导小米手机的工业设计和生态链;雨果·巴拉领导国际业务和安卓战略合作团队;陈彤领导小米内容和投资运营团队。

小米为了能够真正做到与用户零距离,构建了一个下层直接面对核心中层部门经理,再由中层直接带领关键员工,即由合伙人、中层到员工的三层扁平化的新媒体整合营销传播组织生态体系,真正实现了充分挖掘用户需求,充分与用户参与互动,基层员工和用户做朋友的整合营销传播终极目标。

**请思考:**点评小米新媒体整合营销传播组织生态体系的优势所在。

## 复习讨论题

1. 试简述整合营销传播计划的主要内容。
2. 联系实际阐述新媒体背景下整合营销传播组织的发展趋势。
3. 联系实际说明新媒体背景下整合营销传播应用执行的主要内容。
4. 联系实际说明新媒体背景下整合营销传播发展保障措施。

# 参考文献

[1] 白寅,张荣,任星耀.再定向营销沟通研究述评与展望[J].管理学报,2022(6):938-946.

[2] 大卫·佩克顿,阿曼达·布劳德里克.整合营销传播[M].北京:经济管理出版社,2009.

[3] 汤姆·邓肯.品牌至尊——利用整合营销创造终极价值[M].廖宜怡,译.北京:华夏出版社,2000.

[4] 丁家永.移动互联时代品牌传播理念、思维及其技术变化[J].心理技术与应用,2014(7):24-26.

[5] 菲利普·科特勒.营销管理[M].梅清豪,译.上海:人民出版社,2003.

[6] 高莹.新媒体时代企业整合营销传播问题研究[J].社会科学辑刊,2013(3):138-141.

[7] 耿旭蓉.新媒体背景下企业市场营销战略新思维[J].开封教育学院学报,2017(1):270-271.

[8] 龚诗阳,李倩,赵平,等.数字化时代的营销沟通:网络广告、网络口碑与手机游戏销量[J].南开管理评论,2018(2):28-42.

[9] 谷学强,秦宗财.竖屏时代抖音短视频创意营销传播研究[J].新闻爱好者,2020(9):65-67.

[10] 桂世河,汤梅.整合营销传播目标的演进与发展趋势[J].管理现代化,2019(1):78-81.

[11] 国秋华,程夏.移动互联时代品牌传播的场景革命[J].安徽大学学报(哲学社会科学版),2019(1):133-137.

[12] 韩然,杨华,路放.用户体验设计在移动互联时代下的应用研究[J].设计,2015(8):116-118.

[13] 何国钧,蓝宁宁.论新媒体时代品牌营销战略的新思路[J].中国管理信息化,2021(10):125-126.

[14] 胡佳豪,戴艳清.基于网络整合营销4I原则的公共数字文化服务营销[J].图书馆论坛,2021(6):25-33.

[15] 黄吉琦.新媒体时代整合营销传播新业态[J].传播力研究,2019(11):122.

[16] 肯尼思·E.克洛,唐纳德·巴克.广告、促销与整合营销传播[M].冷元红,译.北

京:清华大学出版社,2012.
[17] 李晓英.大数据时代互动式整合传播营销体系的建构[J].当代传播,2015(4):80-82.
[18] 李银玲.大学生使用社会性媒体网络状况研究[J].现代教育技术,2011(3):50-53.
[19] 梁丹.自媒体时代整合品牌传播策略探讨[J].营销界,2021(39):54-55.
[20] 罗伯特·劳特朋.整合营销传播[M].吴怡国,钱大惠,林建宏,译.北京:中国物价出版社,2002.
[21] 吕行.基于大数据技术的品牌接触点传播管理研究[D].广州:华南理工大学硕士学位论文,2016.
[22] 毛佳慧,宋波.自媒体时代品牌的在线口碑传播[J].时代经贸,2018(17):60-61.
[23] 澎湃新闻·澎湃号·湃客.传播学十大核心理论:在新媒体环境下的嬗变[EB/OL].https://www.thepaper.cn/news Detail_ forward_ 10519102,2021-03-19/ 2022-09-16.
[24] 桑华.信息时代自媒体传播"个性化新闻"的思考[J].石河子大学学报(哲学社会科学版),2010(2):89-92.
[25] 邵培仁.传播学[M].第3版.北京:高等教育出版社,2015.
[26] 汤姆·邓肯.整合营销传播:利用广告和促销建树品牌[M].周洁如,译.北京:中国财政经济出版社,2004.
[27] 谭天.从渠道争夺到终端制胜,从受众场景到用户场景——传统媒体融合转型的关键[J].新闻记者,2015(4):15-20.
[28] 唐乐.论移动互联背景下营销传播模式的升级[J].现代传播,2015(7):126-130.
[29] 汤姆·邓肯.广告与整合营销传播原理[M].廖以臣,张广玲,译.北京:机械工业出版社,2006.
[30] 特伦斯·A.辛普.整合营销传播——广告与促销[M].张红霞,译.北京:北京大学出版社,2013.
[31] 唐·舒尔茨,海蒂·舒尔茨.整合营销传播[M].王茁,顾洁,译.北京:清华大学出版社,2013.
[32] 王春.通过客户接触点管理提升产品质量[J].通信企业管理,2011(3):40-41.
[33] 王诚.通信文化浪潮[M].北京:电子工业出版社,2006.
[34] 王婕.基于新媒体的品牌营销战略研究[J].生产力研究,2020(1):120-124.
[35] 王蕊.新媒体传播范式下广告传播的新形态及问题探讨——以KOL营销传播为例[J].新闻爱好者,2021(5):93-96.
[36] 魏丹丹.A美妆品牌新媒体营销策略优化研究[D].昆明:云南师范大学硕士学位论文,2022.
[37] 卫军英.整合营销传播理论与实务[M].北京:首都经贸大学出版社,2012.
[38] 吴永搏.F公司网络整合营销传播研究[D].广州:广东工业大学硕士学位论文,

2020年.

[39] 熊澄宇.新媒体与移动通信[J].广告大观媒介版,2006(5):31-33.

[40] 熊开容,刘超.低碳营销传播创新:理念、策略与方法[J].新闻与传播评论,2018(2):42-51.

[41] 杨琳.知识变现背景下数字出版平台的商业探索路径——以知乎的整合营销传播模式为例[J].出版广角,2020(4):55-57.

[42] 杨珩.基于新媒体的品牌营销战略分析[J].现代商业,2021(35):21-23.

[43] 张彬.对"自媒体"的概念界定及思考[J].今传媒,2008(8):76-77.

[44] 张宁.社会化媒体时代的品牌资产建构模式——基于品牌接触点视角的分析与整合[J].新闻界,2013(15):3-9.

[45] 曹虎,王赛,乔林,艾拉·考夫曼.数字时代的营销战略[M].北京:机械工业出版社,2017.

[46] 张程.数字广告媒体创意技术类型和应用——评《数字广告——新媒体广告创意、策划、执行与数字整合营销》[J].中国广播电视学刊,2021(2):135.

[47] 张静,王敬丹.新媒体时代下的短视频营销传播——以抖音为例[J].杭州师范大学学报(社会科学版),2020(4):113-120.

[48] 张志明.新媒体语境下的品牌战略[J].前沿,2016(2):99-103.

[49] 赵志立.网络传播学导论[M].成都:四川人民出版社,2009.

[50] 周齐.城市门户网站建设对城市品牌建设的影响分析[J].无线互联科技,2021,18(14):35-36.

[51] 朱晨波.互联网时代怡宝纯净水的整合品牌传播研究[D].深圳:深圳大学硕士学位论文,2018.

[52] 邹瑞涛.整合营销传播战略及其组织实践[D].武汉:武汉科技大学硕士学位论文,2008.

[53] 马克·戈贝.情感品牌:如何使你的企业看上去与众不同[M].向帧,译.海口:海南出版社,2004.

[54] 奎瑟贝利,布鲁克斯.用户体验设计:讲故事的艺术[M].周隽,译.北京:清华大学出版社,2014.

[55] BRUHN M, SCHNEBELEN S. Integrated marketing communication—from an instrumental to a customer-centric perspective. European Journal of Marketing, 2017, 51(3): 464-489.

[56] DONALD A N. Things That Make Us Smart: Defending Human Attributes in the Age of the Machine[M]. Publisher: Addison-Wesley Publishing Company, Reading, MA Year of Publication: 1993.

[57] GARRETT J J. The Elements of User Experience: User Centered Design for the Web and Beyond[M]. Publisher: Peachpit Press, USA, 2002.

[58] KAPLAN A M, HAENLEIN M. Users of the world, unite! The challenges and

opportunities of Social Media[J]. Business Horizons, 2010, 53(1): 59-68.

[59] KUSHWAHA B P, SINGH R K, VARGHESE N, et al. Integrating social media and digital media as new elements of integrated marketing communication for creating brand equity[J]. Journal of Content, Community & Communication, 2020, 11(6): 52-64.

[60] LU C Y, MAREK M W, CHEN B T, et al. An exploratory study on consumer purchase behavior from live webcasting e-commerce: A means-end chain analysis using facebook live webcasting[J]. International Journal of Online Marketing (IJOM), 2020, 10(3): 1-20.

[61] MORVILLE P. User Experience Design [DB/OL]. http://semanticstudios.com/user_experience_design/, 2004-06-21/2023-01-20.

[62] RUBINOFF R. How To Quantify The User Experience [DB/OL]. https://www.sitepoint.com/quantify-user-experience/, 2004-04-21/2023-01-20.

[63] SCHMITT B H. Handbook on Brand and Experience Management [M]. Publisher: Edward Elgar, Cheltenham, UK • Noethampton, MA, USA, 2008.

[64] VAN RIEL A C R, LILJANDER V, JURRIENS P. Exploring consumer evaluations of e-services: a portal site[J]. International journal of service industry management, 2001, 12(4): 359.

[65] VALOS M J, MAPLESTONE V L, POLONSKY M J, et al. Integrating social media within an integrated marketing communication decision-making framework [J]. Journal of Marketing Management, 2017, 33(17-18): 1522-1558.

图书在版编目(CIP)数据

新媒体整合营销传播 / 张敏，许焕，张国军主编.
— 南京：南京大学出版社，2024.1
 ISBN 978 - 7 - 305 - 27379 - 7

Ⅰ．①新… Ⅱ．①张… ②许… ③张… Ⅲ．①网络营销 Ⅳ．①F713.365.2

中国国家版本馆 CIP 数据核字(2023)第 221319 号

| | |
|---|---|
| 出版发行 | 南京大学出版社 |
| 社　　址 | 南京市汉口路 22 号　　邮　编　210093 |
| 书　　名 | **新媒体整合营销传播**<br>XINMEITI ZHENGHE YINGXIAO CHUANBO |
| 编　著 | 张　敏　许　焕　张国军 |
| 责任编辑 | 徐　媛 |
| 照　排 | 南京南琳图文制作有限公司 |
| 印　刷 | 南京玉河印刷厂 |
| 开　本 | 787 mm×1092 mm　1/16　印张 13.5　字数 312 千 |
| 版　次 | 2024 年 1 月第 1 版　2024 年 1 月第 1 次印刷 |
| ISBN | 978 - 7 - 305 - 27379 - 7 |
| 定　价 | 47.00 元 |

网址：http://www.njupco.com
官方微博：http://weibo.com/njupco
官方微信号：njupress
销售咨询热线：(025) 83594756

\* 版权所有，侵权必究
\* 凡购买南大版图书，如有印装质量问题，请与所购
　图书销售部门联系调换